富의 사회환원

富의 사회환원

이행원 지음

책미래

富의 사회환원

발행일 | 1판 1쇄 2014년 9월 25일

지은이 | 이행원
주　간 | 정재승
교　정 | 홍영숙
디자인 | 배경태
펴낸이 | 배규호
펴낸곳 | 책미래

출판등록 | 제2010-000289호
주　소 | 서울시 마포구 공덕동 463 현대하이엘 1728호
전　화 | 02-3471-8080
팩　스 | 02-6353-2383
이메일 | liveblue@hanmail.net

ISBN 979-11-85134-17-8 03380

국립중앙도서관 출판시도서목록(CIP)

국립중앙도서관 출판예정도서목록(CIP)

富의 사회환원 / 지은이: 이행원. -- 서울 : 책미래, 2014
　　p. ;　　cm

ISBN 979-11-85134-17-8 03380 : ₩14000

논설집[論說集]
신문 사설[新聞社說]

070.431-KDC5
070.442-DDC21　　　　　　　CIP2014026555

논평집을 내면서…

한국일보 논설위원으로 있는 동안 나는 〈사설〉 8백50여 편을 집필했다. 고정칼럼인 〈지평선〉을 5백50여 편 썼다. 그중 3백40편을 모아 《한국 사회와 리더십》이란 책으로 펴냈다. 97년 11월 말께였다. 92년 4월부터 94년 4월까지는 주간칼럼인 〈메아리〉를 썼다. 5년 전 87년 11월에도 한 동안 〈메아리〉를 썼다. 94년부터는 〈일요시론〉을 때때로 썼다. 사회발전을 도모키 위한 노력의 일환이었다.

20여 년 이상이 흐른 지금 나는 '세상사는 참으로 묘하게 되풀이되고 있다'는 것을 새삼 절감한다. 그 시절에 세상을 힘차게 살았던 이들의 '개선노력'은 별 보람도 없이 전혀 진전도 없는 되풀이되는 현상을 목도해야만 하는 심사는 착잡하기만 하다. 따라서 개선을 외쳐댔던 노력들을 책으로 묶어 낼 필요성을 절감했다.

여기에 묶어 내는 〈메아리〉와 〈일요시론〉 등의 주제들은 그때도 뜨거운 사회적 이슈가 됐던 것들로 개선책과 대안을 제시해 시행하라고 주장했던 것들이었다.

그러던 중 2000년 6월 갑작스러운 발병으로 한동안 허송세월을 했다. 그렇지 않았으면 벌써 책으로 만들어졌을 것들이다. 그러나 '세상은 여전' 하기만 하다. 특히 교육감 선출방법은 언제나 말썽이었으며 지금도 여전하다.

어디 이뿐이겠는가. 대학 진학 문제, 거리의 난폭자, 싸움박질로 날을 지새우는 정국, 여전히 우물쭈물하는 교육부, 수도권 공화국의 난제들,

문제시마저 안 되는 재수생 문제, 고학력 저투자의 한국교육 등 짚어 봐야 할 문제들이 너무 많다. 그렇지만 우선 넘기고 보자는 식으로 어물쩍 해버리기 일쑤다.

우리가 살아가는 이 사회가 이처럼 굴러가는 것을 보고만 있어도 되는 것일까. 촉각을 곤두세우고 두 눈을 부릅뜨고 '사회가 굴러가는 모습'을 똑똑히 지켜봐야 한다. 그리하여 갈 길을 벗어나려 할 때는 목청을 드높여 '개선'을 외쳐야 한다.

나는 이 책을 펴내면서 여러분들에게 많은 신세를 졌다. 이 모든 것을 타이핑하느라 수고가 많았던 홍정의 씨에게 감사한다. 또한 출판사를 선정하는 문제 등을 협의하는 데 노고가 많은 임철순 전 한국일보 주필에게도 고마움을 표한다. 출판을 맡아 책을 만들어 준 책미래 출판사에도 감사함을 전한다.

2014년 9월 저자 이행원

1. 끓어넘친 '멜팅 포트'

1) 99.94% 그 후

3월 내내 총선기사로 도배를 하다시피 했던 신문지면 사이로 밝은 기사 하나가 눈길을 확 끌었다.

선거 뒤끝에도 민생문제에는 아랑곳하지 않고 대권경쟁에만 혈안이 된 집권여당의 사분오열하는 행태, 어쩔 수 없이 그것을 추적 보도해야 하는 신문들의 시시콜콜한 관련 기사들로 해서 정치 자체가 더없이 식상해진 요즘에 그 기사는 청량제처럼 신선하기만 했다.

'실업고 취업률 사상 최고 95.8%, 공업계는 99.94%'라는 제하의 이 뉴스는 3월 30일자의 몇몇 신문에만 크지도 않게 보도됐었다. 교육부가 지난 2월에 전국 6백91개 실업계 고교를 졸업한 22만 8천6백41명의 취업실태를 집계 분석한 것이다.

90년도에 이어 실업계 고교의 평균취업률이 90%선을 돌파했으며 올해의 그것이 지난해보다 0.2% 포인트 상승한 것이니, 뭐 그리 대수로우냐고 생각했음직도 하다. 하지만 12년 전인 81년의 실업고 평균취업률이 58% 남짓했고, 공업계 고교취업률도 62% 정도여서 실업계 고교생들을 절망케 했던 때를 되돌아보면 이게 어디 보통 일인가.

그러나 1백%나 다름없는 공업계와 수산·해운계(99.55%) 취업실태와 96%에 가까운 실업고 전체 취업률이 시사하는 진짜 의미는, 수치의 급상승보다는 더 깊은 곳에 있다고 할 것이다.

그것은 바로 독립국가 건설과 함께 출발한 우리 교육의 '잘못된 시작'

이 비로소 바로 잡히는 조짐이 엿보이는 것이랄 수 있다. 인문계 위주로 시작된 고등학교 교육과 대학교육이 만들어 놓은 왜곡된 고학력 풍조가 시정되려는 청신호라는 뜻이다. 우리 전래 공맹 가치관의 허구가 붕괴되는 팡파르와도 같다는 데 또한 참뜻을 찾을 만하다.

새봄의 새싹 같은 이 조짐은 어디에서 나온 것일까. 우선은 우리 기업들이 기능인력 위주의 실리에 눈떠 생산현장에서 공업계 졸업생 등 실업 고졸자를 과감하게 채용하게 됐으며, 생산직 기초기능 인력난이 80년대 후반부터 가중되기 시작했다는 상황 변화를 맞게 된 원·근인을 들 수 있을 것이다.

그래서 많은 기업들은 89년 또는 90년부터 4년 근속 고졸사원의 임금을 대졸 초임보다 높게 지급하기에 이르렀다. 이것이 학생과 학부모들에게 먹혀들어가 2년 전부터는, 고교연합고사 평균성적에서 실업계 고교가 인문계 고교생보다 높게 나타날 정도로 실업계 고교 선호현상으로 이어졌다.

2세 교육은 출발 때부터 이런 식으로 추진했어야 옳았다. 그 '잘못된 시작'이 기업과 학생과 학부모들에 의해 시정되는 횃불이 당겨진 것이다.

그러나 지금은 결과를 단정하기는 아직 이르다. 99.94%의 공업계 취업률의 실상도 현재는 분명치가 않다. 일부 대기업들이 생산라인의 단순공 인력난을 땜질하기 위해 돈 몇 푼 더 주고 공고졸업생을 채용했다면, 취업률 1백%는 무의미하다. 전공계열에 맞는 업종에 제대로 취업을 해야 그게 진짜다.

실업고 취업실상이 그렇게 되려면 이제부터가 중요하다. 그 책임의 절대 몫은 교육부와 실업계 고교에 있다. 이론이 아닌 기능과 실기를 익힐 수 있는 실용교육을 할 수 있도록 실험·실습기재를 교육부가 과감하게 지원해야 한다. 학교는 산업계가 필요로 하는 기초기능 인력을 책임지고 길러내야 한다. 공고를 확충해 인문계 고교진학자를 더 많이 그쪽으로 유인해야 한다. 이것의 성패야말로 기술국가주의의 경쟁 속에서 우리의 생존과 직결되는 중대사다. 입시지옥을 해소하는 첩경이기도 한 것이다.

(92. 4. 3.)

2) 서울대의 '기우와 독선'

서울대 말고 다른 대학이 본고사 과목을 국·영·수 중심의 4과목으로 선정했다면 그리 대수로울 것도 없다.

사학의 명문 중 어느 한 곳이나 중위권대학이 그런 선정을 했다면, 학생 유치에 불리함까지 감수하면서 대학의 특성을 살리겠다는 노력의 가상함과, 자율권을 신장에 보겠다는 용단에 오히려 많은 찬사를 보냈을 것이다.

하지만 그러한 결단을 서울대가 선도적으로 단행했기에 파란과 부작용과 비난의 소리가 고조되고 있는 것이다. 이 사회에서 서울대의 위치와 입장은 특수하다. 24개 국·공립대학의 수장격이고 1백32개 4년제 대학의 모범이 될 만한 자리에 우뚝 서 있다.

아무리 까다로운 입시조건을 내걸고 제발 좀 덜 오라고 해도 대학을 가겠다는 우수집단의 2% 정도는 제발로 찾아와 머리싸움을 하는 곳이 서울대다. 우수학생 유치에 전혀 신경 쓸 필요도 없는 '한국 제일' 대학임을 누가 부인하겠는가.

서울대가 그 특수한 위치와 입장을 모를 리 없다면, 본고사 과목을 선정함에 있어 다음의 전제들을 충분히 고려하고 고민한 흔적이라도 보여줬어야 옳다.

우선 서울대는 자체 입시제도를 마련하면서 자율권 신장 폭을 최대가 아닌 최소 쪽을 택했어야 한다. 본고사 과목 선정 여하에 따라 고교교육 파행의 심화 정도가 좌우될 수 있는 것이다. 파행의 기준은 서울대의 주관이나 시각이 아닌, 객관적인 것이어야 했다. 고교 교장단의 국·영·수 배제 건의는 그래서 충분히 감안됐어야 한다.

새 대학입시제는 학생선발 권한의 완전한 대학회복까지의 잠정적인 제도다. '본고사 과목 3개' 이내란 교육부의 권장사항은 그 때문이며 또한 내신반영률 40% 이상을 의무화해야 하는 조건하에서 완전한 대학별 본고사 방안을 마련한다는 것부터가 사실은 불가능한 일이라는 것쯤은 알았어야 했다.

마지막은 서울대의 과목선정 결과를 지켜본 후 보조를 맞추거나 흉내 냄으로써 '국·영·수 본고사 치는 대학=좋은 대학'이란 어처구니없는 등식의 대학서열 편가르기를 내심으로 노리던 세칭 상·중위권 대학들을 서울대가 선도한다는 책임의식을 갖고 있어야 했다.

결과적으로 볼 때 서울대는 그 특수한 입지 속의 역할을 스스로 저버렸다. 한낱 대학에 그쳤기 때문이다. 대학 자율확대에 목청을 높이고 교육부의 높은 콧대를 꺾어야 한다는 분위기가 교수 공청회장을 압도해 국외 참가자들을 실망시켰다고 들리더니 최종 결정마저 그 차원을 넘어서지 못했다.

국·영·수를 본고사 과목으로 선정한 데 대해 백충현 교무처장은 "고교 교육이 국·영·수에 편중돼 지식편식으로 기형교육이 되고 있다"는 것을 인정했다. 그러면서도 그는 "본고사에서 국·영·수를 빼면 누가 그 어려운 공부를 하겠는가. 고교교육의 질 저하가 걱정돼 불가피했다"고 말했다는 것이다. 그의 말뜻을 알아듣기가 어렵다. 그 말의 진의야 어떻든 일선 고교의 반응은 교육현장을 모르는 대학교수들의 기우로 받아들여지고 있다는 데 문제가 있다고 보인다.

일본어를 제2외국어 선택대상에서 빼버린 것도 일선 고교를 무시한 독선이라는 반발이다. 일본어가 학문도구 언어적 가치야 적다지만, 56%의 고교가 제2외국어로 택하고 있다는 현실을 감안했다면 경과규정으로 불이익 수험생을 배려했어야 한다는 것이다.

어쨌든 천하의 서울대 교수들이라 해서 만사에 완벽하리라는 법도 없다. 오류나 실수 또는 단견이 있었다면 개선하면 된다. 아직 시간도 있다. 본고사 과목선정을 다시 한 번 검토하고 수정·보완하는 용기를 발휘해 주기를 서울대 총·학장과 보직교수들에게 기대한다.

(92. 4. 10.)

3) 교육의 술래잡기

루스 로렌스 양-. 열한 살 때 세계대학의 명문 옥스퍼드에 입학, 대학 과정을 공부하면서 8백 년 옥스퍼드대학 사상 수학 분야에서 가장 뛰어났다는 영국 태생의 천재 소녀.

2년 만에 학사과정을 마치고 대학원과 박사과정 4년 공부 끝에 '17세의 소녀박사'가 됐다 해서 세계적인 화제가 됐었다. 천재적인 두뇌라면 국적을 가리지 않고 유인하는 데 열을 올리는 미국의 유수한 대학들이 로렌스 양을 교수로 모셔가려고 치열한 경쟁을 벌였고, 명문 하버드대학이 그녀를 끌어가는 데 성공했다. 하버드대학 측은 그때 로렌스 양이 아이비리그(미국 동부 사립명문 8개 대학) 사상 최연소 교수라며 흐뭇해 했었다.

해묵은 미국의 시사주간지(89년 5월 중순 발행)를 뒤적여 찾아낸 로렌스 양의 기사를 다시 읽으면서 그녀의 수학적 두뇌가 역시 천부적이었음을 확인할 수 있었다.

초·중등교육을 정규학교에서 받지 않고 컴퓨터상담가인 아버지의 가정교육으로 갈음했다니 정말 놀라지 않을 수 없었다.

그러면서 우리의 교육을 생각해봤다. 로렌스 양이 이 땅에서 태어났다면 어떻게 됐을까. 월반도 허용하지 않는 학제하에서, 하향 평준화된 고교교실의 둔재들 속에 묻혀 갈등과 좌절만을 거듭하다가 아마도 그 천재성은 시들어버리고 말았을 것이다.

5천3백만 명의 영국인 속에서 로렌스 양과 같은 천재 소녀가 나왔다면, 4천3백만 명의 우리 국민 속에서 그만한 천재가 전혀 없으리라는 법은 없다. 우리의 단선 교육제도는 그러한 천재를 발굴할 수도 없으며 키워 줄 수도 없게 되어 있고, 천재는 그만두고 수재들마저도 감당하지 못하리만큼 교육의 수월성 추구가 엉망진창이라는 데 교육의 본질적인 문제가 도사리고 있는 것이다.

'우리 교육 반세기'를 되돌아보면 겉으로는 엄청난 성장을 했다. 그럼에도 불구하고 우리 교육은 근본을 잃어버린 허전함을 지울 수 없다.

입시경쟁 교육, 단편지식 편중교육, 인간성 상실의 교육, 영·수재를 쓸어 묻는 교육 등 여러 가지로 불리는 '병든 교육'의 실상은 본과 말이 전도된 결과다. 근본상실이 초래한 불행한 산물인 것이다.

그러나 더욱 딱한 것은 교육을 담당하는 누구도 '병든 교육'을 입으로만 걱정하면서 실제 행동은 책임 떠넘기기식의 술래 꼬리잡기나 하며 제자리를 맴돌고 있다는 현실이다.

교육부는 교육의 수월성 추구를 위한 용기 있는 도전을 엄두도 못 내면서 입시제도나 바꾸고 뜯어 고치기를 되풀이할 뿐이다. 대학들은 우수한 고교졸업자를 한 명이라도 더 끌어 모음으로 해서 명문 소리를 들으려 한다. 보통의 학생들을 받아들여 질 높은 공부를 시켜 내보내는 '참된 명문'이 되기를 포기한 채 현실안주와 대학이기주의에만 탐닉해 있다.

교육현장인 고교들은 입시제도가 나쁘고, 대학들이 본고사 과목을 잘못 정해 줘서 파행교육을 하지 않을 수 없으면서 역시 책임을 대학과 학부모들의 왜곡된 간판주의 고학력풍조에 돌린다.

새 대학입시제도에 따른 대학별 입시요강을 둘러싸고 교육계가 끝없는 책임전가 술래잡기를 또 계속하고 있는 것이다.

언제까지 이 나라 교육은 외형갖추기에만 몰두할 것인가. 우리의 교육계가 교육의 본질적인 내실화를 위한 새로운 선택과 발상의 전환을 서둘러해야 할 때다. 오는 신세기의 주역이 될 2세들을 지금처럼 가르쳐 낸다면, 치열한 국제경쟁에서 적자생존하기는 정말 어려울 것이기 때문이다.

(92. 4. 17.)

4) '개악이 될까' 걱정된다

열한 번이나 뜯어고치고 바꾼 대학입시제도-. 그 숱한 변천 속에서도 가장 잘 만들어졌다는 '새대입제'가 정작 시행도 되기 전에 엄청난 혼란과 부작용을 낳고 있다.

교육현장인 고교에선 대학들이 국·영·수를 본고사 과목에서 피해 주리라 기대했었다. 교육부도 도구과목을 본고사에서 빼 주도록 대학들을 유도하겠노라 큰소리쳤었다.

그러나 막상 뚜껑을 열고 보니 그게 아니었다. 이름깨나 있다는 전국의 34개 대학들은 국·영·수 중심의 4~2과목을 시험치기로 결정해 버려, 교육일선의 애타는 진정을 외면해 버렸던 것이다. 생각하지도 않았던 '일본어 선택 제외' 파동까지 일으켜 놓았다.

당황해서 갈피를 못 잡는 듯했던 교육일선은 '우수반 편성' 등으로 치열한 경쟁입시 교육에 휘말려 파행수업이 확산되고 있다는 것이다. 일각에서는 입시교육 포기 움직임도 일고 있으며, 공·사립교장단은 지난 23~24일 각각 회의를 열고 대학 측의 재고를 촉구하고 나섰다.

교육부도 지난주 초에 시·도교육감 회의를 긴급 소집해 우열반 편성 운영 금지 명령을 내렸다지만, 그것이 얼마나 먹혀들지는 아무도 모른다. 고교교육의 '정상화'와 대학의 '자율권 신장'이란 두 마리 토끼를 동시에 잡겠다던 '새 제도'가 대학들만 신나게 하고, 고교교육은 결딴을 내는 악재로 둔갑한 것 같으니 아이러니하기까지 하다.

제도마련을 하기까지 4년 여에 걸쳐 겪었던 진통과 논란들은 지나간 난제였다고 할 것이다. 대학들이 이기와 편의에만 집착해 교육현장에 안겨준 부담과 수업파행의 역기능들은, 일선 고교들이 고난을 당하면서 풀어야 할 눈앞에 닥친 난제다. 대학들의 저능아 같은 현실감각을 아무리 탓해봤자 메아리도 없다.

'새 입시제'가 쏟아 내고 있는 난제들은 이것들뿐이 아니다. 또 다른 난제 중 첫 번째는 수학능력시험의 실체가 무엇이냐는 것이다.

교육평가원은 지난해 4차례에 걸쳐 시험문제를 개발해 실험측정을 하고 문제유형을 공개했다지만, 고교 수험 지도교사들과 절대 다수 고2생들은 아직도 그것이 학력고사와 구체적으로 어떻게 다른지를 잘 알지 못해 불안해하고 부담스러워하고 있다는 것이다.

교육평가원은 올해 3차례 더 모의 수학능력시험 문제를 개발해 연 인원 35만 명의 고2생들에게 실험평가를 한다지만, 지난해 방식대로라면 수학능력시험에 대한 불안을 효과적으로 해소시킬지는 여전히 의문이다.

만에 하나 그게 제대로 안 된다면 고교교육에서 입시영향을 최소화하려는 장치로 어렵사리 도입한 수학능력시험 또한 소기의 성과를 거두지 못할 게 뻔하다. 또 다른 난제는 수학능력시험 '2회의 시기'를 언제 언제로 정하느냐는 것이다. 첫 시험시기를 고3의 1학기 중으로 정하면 그 시점이 바로 '고3의 수업 끝'이 돼 버린다. 이것 역시 고3 수업운영의 파행이며 교과 과정이수의 변칙이 아닐 수 없다.

'2차례 시험제'를 도입한 취지를 살리자면 시차가 최소한 3개월은 돼야 하고, 두 번째 시험일은 대학 본고사보다 한 달 반은 앞서 시행해야 한다는 원칙이 전제돼야 한다. 또한 그 시기 결정은 빠를수록 좋고 늦어도 연내에는 이뤄져야 한다. 역시 중지를 모아야 할 쉽지 않은 문제다.

그런데 교육부는 시기결정을 위한 작업에 손도 대지 않고 있다는 것이다. 뒤늦게 허둥대다 또 우를 범한다면 '새 대입제'는 문제투성이가 되어, 개선이 아닌 개악의 제도가 될까 염려스럽다.

(92. 5. 1.)

5) 서울시의회, 왜 이러나

말이 좋아 '민원보좌관'이지 속셈은 '개인비서'를 둬야겠다는 생판 억지로 밖에는 달리 볼 수가 없다. 1년쯤 말을 타다 보니 견마잡이를 두고 싶은 마음까지 동했나 보다. 개인비서를 두든, 견마를 잡히든 제 주머니 돈으로 하겠다면야 구태여 탓할 것도 없다.

그러나 1백32명이나 되는 서울시의회 의원 모두가 저마다 별정직 5급 '유급 민원보좌직원' 1명씩을 거느릴 테니 시민들이 세금으로 비용을 대라면서 관계 조례를 만장일치로 결의했다니, 시의회가 누구를 위해 있는 것인지를 다시 생각게 한다.

한 명의 반대도 없이 통과시켰다는 조례개정의 위법사유는 다시 거론

할 필요가 없다. 그 위법성과 의결절차상의 하자 등은 시의원이 아닌 절대다수 시민들이 이미 공감하고 있기 때문이다. 기가 찰 정도로 역겨운 서울시 의원들의 행태를 보면서 지방자치제를 도입한 근본정신과 취지를 되씹어 보게 되는 것이다.

지방자치를 왜 하자는 것인가. 시민의 대표로 구성되는 지방의회의 가장 핵심적인 존립이유는 주민들이 부담하는 세금이 낭비되지 않고 꼭 쓰일 데 쓰이는가를 감독하자는 데 있으며 시민여론을 행정에 잘 반영해서 민주적 행정이 되도록 하자는 데 있는 것이다.

이러한 개념에서 본다면 서울시의회의 이번 집단이기적이고도 자기편의주의적 행태는 시민들에게 추가적 세금부담을 강요하자는 것이다. 시민여론을 짓밟아 버렸다는 측면에서만도 지방자치의 근본정신을 부인하는 전횡과 독선임이 분명하다.

또 시의원들은 '무보수·명예직'이라는 시민과의 신성하고 엄숙한 약속을 일방적으로 깨버린 폭거랄 수도 있다. 이는 시의회가 멋대로 결정할 사항이 못된다. 선거를 통해서 시민의사를 물어 보고 결정할 중대사안이고 관계상 위법을 개정해야만 가능한 일이다.

서울시 의원들이 어찌 그를 몰랐겠는가. 그러함에도 불구하고 하늘아래 둘도 없는 '힘센 시의회'가 돼 버린 사연은 과연 무엇일까. 양당구조로 짜인 서울시의회가 각기 중앙당으로부터 무슨 내락이라도 받았다는 것인가. 아니면 전원일지로 밀어붙이면 안 될 게 무엇이냐는 식의 못된 '힘의 논리'를 답습해 보겠다는 것인가.

어느 경우라 하더라도 그것은 안 된다. 그렇지 않아도 시민들의 눈에 비친 시의회는 '배지부터 국회의원을 모방하더니 이제는 처우마저도 국회의원 흉내를 내보겠다'는 것이 아니냐.

시민을 등진 시의회가 얼마나 힘을 쓸 수 있는가를 시의원들은 냉철하게 자성해야 할 것이다. 아무리 시의원들이 똘똘 뭉치고 이번 이상의 집단행동을 과시한다 해도 시민이 거는 기대는 지방자치 차원의 역할 이상이 아니라는 것을 알아야 한다.

국회처럼 국가권력의 기본구조 결정이나 국가정책의 기본방향 설정 또는 입법활동까지 해주기를 바라지는 않는다는 말이다 더 솔직히 말한다면, 지방의회가 다루는 사안들은 지역에 살면서 일상적으로 느끼고, 알고 있는 일이기 때문에 과도한 노력이나 엄청난 전문지식을 요하는 것도 아니라는 뜻이다.

간혹 전문성을 요하는 사안이 있겠지만 상임위에 배치된 전문위원의 자문을 받으면 된다. 자문위원들이 모자란다면 그 수를 약간 늘리면 해결할 수 있다.

'1의원 1보좌관'제는 지방자치 선진국 어디에도 없다. 서울시 의원들이 그걸 둬서 무얼 어쩌자는 것인가. 시민들에게 사과성명이라도 빨리 발표하고 '없던 일'로 해야 마땅하다.

(92. 4. 24.)

6) 끓어넘친 '멜팅 포트'

나는 꿈을 갖고 있네/그 언젠가는/흑인노예의 피로 얼룩졌던/조지아주의 산언덕 위에/흑인노예의 후손들과/노예의 주인이었던 백인의 후손들이/형제간의 애정을 갖고/정답게 한자리에 앉게 될/그날이 오기를.

나는 꿈을 갖고 있네/그 언젠가는/흑인노예제를 고집해/흑인들에게 혹심한 고통을 줬던/미시시피 주까지도/자유와 정의가 꽃피는/오아시스로 변모하게 될/그날이 오기를.

미국의 흑인인권운동 지도자였던 마틴 루터 킹목사는 흑·백인종 차별의 서러움을 이렇게 절규했다. 지난 63년 8월 23일 워싱턴의 링컨기념관 앞 광장에 모인 20만 군중에게 그가 사자후했던 '나는 꿈을 갖고 있다'던 그 유명한 연설의 마지막 대목이다.

연설문이라기보다는 차라리 시라고 해야 할 것 같다. 미국의 비참했던 흑인노예사의 촌철살인이다. 자신부터가 흑인노예의 후예로 태어난 킹(1929년생)은 보스턴대학에서 철학박사학위를 받으면서 목사가 됐다. 그후 비폭력무저항주의로 흑인인권신장 운동에 앞장섰다. 그 공로로 노벨평화상(1964년)까지 받았던 킹목사는 68년 4월 4일 제임스 얼 레이라는 한 백인이 쏜 총탄에 맞아 39세의 짧은 생애를 마감했다.

그 후 미국흑인들의 인권과 사회경제적 신분상승은 얼마나 나아졌는가. 킹의 '꿈'은 악몽이었다는 혹평이 없는 것은 아니지만, 그래도 지금처럼 신장된 흑인의 인권은 킹의 희생과 투쟁의 성과라는 평가가 지배적이다.

아프리카의 흑인 20명이 1622년 노예상인에 이끌려 미국 땅에 상륙한 지 3백70년, 흑인노예해방이 있은 지 1백27년, 미국대법원이 흑·백인종 차별 금지선언을 한 후 34년이 되는 오늘에 이르기까지 대통령후보 경쟁자 제시 잭슨도 나올 수 있게 됐으며 토머스 판사, 파월 합참의장, 톰 브래들리 LA시장과 주지사도 낼 만큼 흑인들의 인권과 지위는 향상됐다. 스포츠계와 가요계를 누비는 혜성 같은 흑인 슈퍼스타들도 수없이 많다.

그러나 이들만을 보고 미국의 흑인들이 백인과 평등한 인권과 지위를 향유하고 있다고 할 수 있을까. 2억 5천만 인구의 12.1%를 점하는 흑인들은 대부분 경제적 배분과 사회적 지위에서 여전히 불평등한 처지에 놓여 있고, 경찰관 배지를 안전보다는 위협의 상징처럼 느끼고 있다는 데서 흑·백관계는 긴장적일 수밖에 없다는 것이다. 그 이유가 흑인들에게 더 많이 있다손 치더라도 말이다.

잡다한 인종들의 이질적 요소까지도 가마솥에 펄펄 끓여 융화시킴으로써 무한한 국력의 바탕을 마련한다는 '멜팅 포트'(Melting Port). 그래서 위대해 보이는 미국이 국기를 다지는 데 2등 공신이라 할 흑인들에 관한 한 아킬레스건처럼 느끼고 있다는 것은 미국이 풀어야 할 힘겨운 숙제인지도 모른다.

흑인청년 로드니 킹을 덤벼드는 개 패듯이 짓이긴 LA경찰관 4명에게 무죄평결을 한 배심원들의 백인우월주의 행태가 LA흑인폭동의 뇌관이 됐다는 것은 세계의 양식인들이면 다 아는 사실이다.

그런데도 '멜팅 포트'에서 끓어 넘친 불타는 쇳물이 왜 한인들의 상권만을 결딴내야 했는지, 그 동인이 분명치 않아 우리는 서글프다. 흑인밀집지역과 맞닿았고 그로 인해 흑인들이 상대적 박탈감을 느껴서 분노했다는 것인가.

아니면 일천한 이민사와 서툰 정착과정에서 어쩔 수 없이 치러야 할 대가라는 것일까. 이 모든 가능성을 감안한다 해도 경찰과 주방위군의 늑장 출동과 결정적일 때 수수방관했던 공권력의 속셈을 이해할 수가 없다. LA시와 경찰은 한인지역의 무방비에 대한 책임을 져야 할 것이다.

(92. 5. 8.)

7) 교육감

교육감. 서울특별시·직할시·도의 교육과학에 관한 사무를 집행하는 기관들의 직명이다. 그 자리에 앉는 사무집행 수장의 직함이기도 하다.

지방교육자치에 관한 법률(지방교육자치법)안이 91년 2월 6일 국회에서

의결됐고, 3월 25일 발효됨에 따라 8월에 시·도교육위원들이 선출됐다. 2중간선이지만 법적으로는 민선임이 틀림없다.

지방교육과학회에 관한 심의·의결기관인 민선 시·도교육위원회가 91년 9월 2일 첫 회의를 개회하면서 그렇게도 염원했던 지방교육자치가 부활되어 자치시대를 맞이했던 것이다.

그러나 지방교육자치가 행해지고 있는지 피부로 느끼는 국민들이 몇이나 되는지 알 수 없을 만큼 교육자치는 유야무야하다. 교육자치법이 민선 교육위원회를 무력화시켜 놨기 때문이다. 하자투성이인 법의 조항 조항들을 적시하기에는 이 지면이 너무 비좁다. 하지만 교육감의 지위와 권한은 자치로 해서 많이 나아졌다. 교육의 자주성과 전문성 그리고 지방교육의 특수성이라도 살리기 위해 집행의 장만이라도 위상이 격상되고 외부의 간섭이 적어지게 된 것은 정말 다행스러운 일이다.

그러나 그 직함이 영 마음에 걸린다. 교육감이라는 이름은 우리 관직의 어디를 찾아봐도 뿌리가 분명치 않다. 형식적으로 교육자치를 한답시고 임명하는 교육위원(5명)과 당연직 교육위원인 시·도지사와 교육감등 7명으로 구성되는 합의제 집행기관인 시·도교육위원회시절(64년 1월 1일 실시된 구교육법), 당연직 의장인 시·도지사로부터 교육업무를 위임받아 집행하는 사무장 역할을 할 때 붙은 이름이 시·도교육감이라는 직함이다. 그보다 멀리는 1952년 지방행정자치를 처음 실시하면서 교육자치는 군단위만 시행, 당시 군교육행정책임자를 교육감이라 칭했던 것이 유래랄 수 있다.

문제는 그 유래에 있는 게 아니다. 교육행정 사무집행 책임자에게 왜 하필이면 감시·감독·감찰의 냄새가 물씬 풍기는 '감'이라는 기분 나쁜 한자가 따라붙었느냐는 것이다.

아마도 더 깊은 유래를 따라 올라가면 군사문화에 뿌리가 닿지 않을까 한다. 군에는 헌병감·경리감·부관감·공병감·병첩감 등 감자 돌림의 참모들이 수두룩했던 시절이 있다. 경찰 고위직에도 '감'자 계급이 있다.

관직이나 계급에 위엄을 보탬으로써 뽐내보고 싶어 하는 독재정권이나 권위주의 시대에 흔히 있던 관행의 산물이다. 새파란 판·검사도 '영감님'이라고 불러 줘야 좋아하던 때도 있었다. 지금 그런 말을 쓰면 과공비례(過恭非禮)가 된다.

그런데 유독 교육감이라는 구시대의 관직명이, 그것도 학식과 덕망과 인품을 제일의 덕목으로 한다는 지방교육 사무집행 수장의 점잖은 머리 위에 꼴사납게 올라앉아 있으니 여간 민망한 게 아니다.

독임제 집행기관의 장이면서도 '長字'직명을 마다하고 남을 으스스하게 하는 감자 항렬의 참모직함을 부끄러운 줄 모르는 '監님들'의 속마음은 어디에 있는 것일까.

15개 시·도교육감들이 다 그렇지는 않은 모양이다. 김상준 서울시교육감은 문교부차관 시절인 88년에 교육감이란 직함을 싫어해 업무성격에도 맞고 한결 부드러운 교육장으로 개명하려다 뜻을 못 이뤄 지금도 애석해 한다니 말이다.

어찌됐든 지난 91년 2월 지방교육자치법을 제정할 때 교육감이라는 참모형 직함은 의당 교육장으로 바꿨어야 한다. 법의 초안을 만든 교육부 실무진들의 생각이 짧았던 때문일까. 현직 교육감들의 두꺼운 얼굴 탓이었을까. 그럴 리야 있겠는가. 체면 탓에 직함에 무신경했기 때문일 게다. 바꿨으면 한다.

(92. 6. 12.)

8) 교특법, 어디 갔나

오늘은 제11회 '스승의 날'이다. 초·중·고교의 학생들은 오늘 아침 선생님들의 가슴 위에 빨간 카네이션 한 송이를 달아 드리고 은혜에 감사하는 날이다.

정부도 '스승의 날' 기념식을 베풀고 모범교원 40명에게 국민훈·포장을 수여하는 등 4천8백62명의 교원들을 표창해 선생님의 노고에 고마움을 표한다. 해마다 하는 연례행사다.

교육부는 며칠 전 과장급 이상 중견직원들이 '은사초빙 사은의 밤' 행사를 열었다고 한다. 1백여 분의 옛스승 부부를 모셔서 술잔을 올리고 옛정을 나누는 뜻깊은 자리를 가졌다 해서 언론이 대서특필하기까지 했다. 전에 없던 일이다. 듣기에도 흐뭇했다. '스승을 예우'하는 사회분위기 마련에 횃불을 당기려나 하는 기대까지 걸어봤다. 하지만 금방 허황된 생각이 꼬리를 문다. 법이 보장해 준 예우와 처우, 그리고 신분보장을 위한 실질적인 노력들은 제쳐두고 저런 행사나 한다는 것이 바로 겉치레 예우가 아닐까 해서다.

전교조 사태로 교육현장은 숱한 상처를 받았다. 교직자들의 사기는 떨어질 대로 떨어졌다. 40만 교직자들을 그렇게 놔둘 수는 없다고 해서 제정한 것이 '교원지위 향상을 위한 특별법(교특법)'이다. 31일이면 공포된 지 꼭 1년이 된다. 그 교특법은 지금 어디에 가 있는가. 시행은커녕 실종의 위기에 직면해 있다는 것이다.

본법 13조와 부칙 3조로 된 교특법의 핵심은 교원단체가 교육부 등 정부당국과 대등한 위치에서 '교원의 처우·근무조건·교권신장·교직의 전문성 향상' 등의 현안에 대한 교섭·협의를 할 수 있는 길을 터놓았다는 데 있다.

그런데 모법은 '교섭·협의'를 위한 구체적인 사항들을 시행령 즉 대통령령으로 정하도록 해놓았다. 교육부는 한국교총과 시행령을 마련하는 과정에서 행정 편의대로 만들려고 고집했다는 것이다. 교총과 6차례나 협의회의 끝에 시행령 시한을 그런대로 입법취지에 걸맞게 마련, 지난해 10월 16일 장관과 교총의 장이 합의·서명까지 했다.

　이처럼 어렵게 만든 시행령 초안은 국무회의에 상정·의결하기 위한 절차로 지난 4월 21일 관련 5개 부처 차관회의 심의에 부쳐졌으나 '선언적인 법률'이라는 이유와 타 부처 공무원과의 형평에 어긋난다는 반대에 부딪쳐 시행령 시안이 무산될 처지에 놓였다.

　그래서 교특법은 대통령이 엄연히 공포, 그날부터 발효되도록 돼 있는데도 언제 햇빛을 보게 될지 모른다는 것이다. 사태가 이 지경이 되자 교육부는 교총과 합의한 시행령 시안을 무시하고 교섭·협의규정을 일방적으로 제정하려 한다는 것이다. 교총은 교육부의 그러한 움직임은 입법정신에 위배되는 것이라면서 정 그렇게 한다면 모법 자체의 개정을 14대 국회에서 추진하겠다며 채비를 서두른다는 소식이다. 교육부와 교총이 맞붙어 싸운다는 것도 말이 안 된다.

　관련 부처 차관회의가 정말 교특법을 '선언적 의미의 법'으로만 봤다면 전교조 사태 때의 그 극심했던 교육현장의 상황에 대한 망각의 탓 때문이라 아니할 수 없다. 시행령은 입법정신을 살릴 수 있도록 제정돼야 한다.

　교직을 더 홀대하다가는 제2의 전교조 사태가 안 난다는 보장이 없다는 것을 알아야 한다. 말만의 예우나 겉치레 대접으로 교직을 더 이상 방치해서는 안 된다. 실질적이고 가시적인 권익보장과 예우를 해야 한다. 그것은 바로 2세 교육을 위하는 일이기 때문이다. 법률을 서명·공포한 대통령과 정치권의 지도부가 관심을 기울여야 할 중요사안이다. 교특법의 법정신을 살리도록 하자.

(92. 5. 15.)

9) 대학 좀 덜 가자

우리 국민 1인당 GNP는 일본의 4.7분의 1에 미칠까 말까 한다. 세계은행이 90년을 기준해서 조사 분석, 지난 18일 공개한 세계 각국의 개발지표를 보면 일본의 1인당 GNP는 2만 5천4백30달러로 스위스(3만 2천6백80달러) 핀란드(2만 6천40달러)에 이어 세계 3위다. 우리는 5천4백달러로 26위에 머물렀다.

1인당 GNP가 많다는 것이 국민들의 '삶의 질'과 꼭 정비례한다고 단언할 수야 없는 것이지만, 그래도 이웃나라의 내실한 국부를 숫자로 보는 것 같다. 부럽다 못해 얄밉다는 심사까지 동한다.

19·20일자 일부 신문의 해외토픽란에 실린 일본 관계기사 하나가 또 눈길을 끈다. 일본 총리실이 3천여 명의 학부모를 대상으로 처음 실시해 18일 발표했다는 '자녀에게 기대하는 교육수준' 여론조사 결과다.

내용인즉 아들의 대학진학을 바라는 학부모는 54%, 딸은 23%만이 대학가기를 원한다는 것이다. 맹목적으로 대학에 가지 않는다는 일본 사회 풍토에 관한 얘기를 익히 들어왔지만, 이 조사는 그것을 거듭 확인해 주고 있다.

우리는 어떠한가. 86.3%의 학부모들이 아들을 대학 또는 대학원까지, 75.7%가 딸도 대학 또는 대학원까지 보내야겠다고 한다. 90년의 조사결과다. 87년 조사 때의 아들 84.5%, 딸 70.4%보다 각각 1.8%, 5.3%로 상승해 해가 갈수록 고학력 열기가 더욱 뜨거워지고 있다.

국민들의 달아오른 고학력 열기는 고등교육기관 취학률(18세 인구의 고등교육기관 입학비율)에 그대로 반영돼 우리는 세계 3위란 높은 고학력 취학률을 자랑하기에 이르렀다. 세계 제1인 미국(59.6%), 아르헨티나(40.8%)에 이어 세 번째(39.7%)로 높다.

자녀교육에 가장 열성이라는 이스라엘(34%)을 제쳤고, 대학교육이 오래전에 정착된 영국(22.8%), 프랑스(34.5%), 독일(26%), 그리고 경제부국 일본(30.1%)을 앞선 지 오래다. 정말 이것을 좋다고만 해야 할 것인가.

부존자원이 없는 우리가 자녀교육이라도 많이 시켜 인적 자원으로 국제경쟁에서 적자생존할 수밖에 달리 무슨 방법이 있느냐. 그렇다면 국민들의 고학력 열기야말로 상을 주고 북돋워 줘야 할 일이지 그게 왜 걱정이 되느냐면서 70년대의 경제발전의 초석이 됐던 고학력 양산을 반증으로 댈 수 있을는지 모른다.

그러나 그것은 그렇지가 않다. 그때는 대학 등 고등교육기관의 취학률이 10% 안팎일 때의 일이다. 이제는 우리의 고학력 열기는 지나쳐도 한참 지나친 것이 돼 버렸다. 득보다는 실이 더 많을 수밖에 없게 된 것이다.

과다한 고학력 열기는 국민들의 마음속에 출세주의 교육관만을 심어 놓아 2세 교육 자체를 망가뜨린다. 초·중·고교의 교육현장이 점수따기식 입시교육을 벗어나지 못하게 하는 파행교육의 근원도 바로 비틀린 고학력 풍조에서 연유한 것이다.

어렵고 위험하고 더러운 일을 기피하는 이른바 '3D현상'도 따지고 보면 깨끗한 사무실에서 펜이나 굴리며 편히 살아야겠다는 잘못된 출세관을 낳게 한 고학력 풍조 때문이다. 제조업을 비롯한 생산현장의 엄청난 기능인력 부족사태야말로 실속 없는 고학력 풍조가 낳은 표본적인 역기능이다.

국민들의 고학력화가 보다 나은 개개인의 삶 그리고 국부와는 어떤 상관계수가 있는 것인지를 우리는 비록 얄미운 이웃 일본이지만, 그들에게서 배워야 할 것 같다. 그리하여 대학을 좀 덜 가고도 손해 보지 않고 살 수 있는 사회를 만들어 가야 한다. 정부가 해주기만을 기다리는 것은 백년하청일 것이다. 이제는 국민들이 깨달아 행동에 옮겨야 할 일이다.

(92. 5. 20.)

10) 국·공립대학

전국 41개 국·공립대학 총장들이 지난 26일 한자리에 모였다고 한다. '21세기를 향한 국·공립대학'이란 주제를 놓고 세미나를 했다는 것이다.

고도기술·정보화사회, 자율·민주화사회, 개방·국제화사회, 다양·다원화사회로 특징지어지는 새 세기에 대응할 국·공립대학의 성격과 위상을 새로이 정립하고 주어진 역할을 잘 해낼 길을 찾아보기 위해 심도 있는 토론을 했다는 보도다.

처음 있는 일이다. 반갑고 기대되는 바가 크다. 솔직히 말해서 국·공립대학인들은 너무 오랜 기간 무사안일 속에 안주해 왔다는 것을 그 누구도 부인키 어려울 것이다.

물론 그 원·근인을 따져본다면 대학인들보다는 정부와 교육 당국에 더 많은 잘못이 있다. 획일화된 대학제도와 정책, 독재정권과 권위주의 정권의 지배와 통제는 대학운영의 자율성이나 창의성은 말할 것도 없고, 학문의 자유자체가 침해받을 정도였으니 말이다.

그러나 억압 속의 암울했던 그 시대가 끝나게 되기까지는 짧지는 않았다. 통제와 획일에 순치됐던 대학인들이 '자율의 날갯짓'을 하게 되기까지 그토록 많은 준비기간이 필요했는지 얼른 수긍이 가지 않는다. 그래서 국·공립 대학인들의 이번 만각(晩覺)을 더욱 반기고 싶은 것이다. 큰 의미 부여를 하는 소이도 그 때문이다.

국·공립대학의 기능과 사명에 대한 김종운 서울대 총장의 주제논문은 사학들과 쓸데없이 경쟁이나 하며 분수를 모르는듯했던 '국립의 위상과 역할'을 분명히 해주는 혜안이다. 유난히 돋보인다.

김 총장이 첫 번째로 꼽았듯이 국민의 세금을 재원으로 국·공립대학을 설립해 운영하는 1차적 목적은 경제·지리적 이유 때문에 불리한 처지에 있는 우수한 인재들에게 교육기회를 공평하게 제공하자는 데 있는 것이다. 전문기술인력 등 국가적 요청을 수용하는 것도 사학의 특수한 건학정신에 맞먹는 것이다.

따라서 재원이 많이 소요되는 분야와 국가목적상 육성해야 할 분야, 수요가 매우 적어 사학이 손댈 수 없거나 소외되기 쉬운 분야의 교육프로그램을 국·공립대학은 우선적으로 개설해 교육해 내야 하는 것이다. 공교육체제의 선도적 역할을 수행해야 하는 책임성 또한 가볍지 않다. 세계 속에서 한국대학의 위상을 높이기 위해 대학교육의 국제경쟁력을 강화하는 중책도 서울대를 비롯한 선두그룹의 국립대학이 맡을 일이다.

그러함에도 불구하고 서울대를 필두로 한 국립대학들이 백화점식 학과나 개설·운영하면서 재정난에 허덕이는 사학들과 우수고교생 유치에 도토리 키재기식 경쟁에서 우위라고 자족하며, 주어진 자율권한을 대학인들의 이기와 편의로나 써먹으면서, 나태와 안일에 탐닉하다가 학생들에게 봉변이나 당한대서야 어찌 우리 공동체의 최고 지성과 양식이라 자부할 수 있겠는가.

국·공립대학 총장들의 이번 세미나야말로 사명감을 내동댕이치고 낮

잠에 빠진 것 같던 국·공립 대학인들의 잠을 깨우는 경종과 촉매제가 됐으면 하는 바람이 그래서 더욱 큰 것이다.

우리의 경제가 새로운 용이 되느냐 지렁이가 되느냐는 기로에 서 있는 것과 똑같이 우리 대학들도 심각한 위기상황에 처해 있다. 대학인 스스로는 물론이고 정부와 국민 모두가 알아야 할 때이다. 대학교육의 수월성 추구를 할 수 없다면 국제경쟁에서 우리는 낙오자가 될 수밖에 없다.

국·공립대학의 교육내실에서부터 새롭게 출발해야 한다. 벼랑 끝이 그리 멀지 않기 때문이다.

(92. 5. 29.)

2. 거리의 난폭자

1) 수학능력시험

입시지옥으로 비유되는 치열하고 비정한 대학입학 경쟁 속에서 대학입시제도의 변화가 미치는 영향은, 그 어떤 제도의 변화보다 더욱 민감할 수밖에 없다. 좋든 싫든 그것은 어쩔 수 없는 우리의 현실이다.

고교내신성적·대학수학능력시험·대학별고사 등 3대 선별자료를 골격으로 하는 새 대학입시제도에 대한 학생과 학부모 및 고교교사들의 불안은 그래서 지극히 당연한 것이라 할 수 있다.

그러나 새로운 변화에 대한 불안이 일시적이고 일반적인 차원을 넘어 공포증후군으로까지 자리 잡는 것 같기도 하다. 변화에 대한 적응 노력보다는 부정적인 반응과 거부 심리마저 짙어지는 것 같아 우려를 하지 않을 수 없다.

특히 대학수학능력시험에 대한 불안과 부정적 반응이 심한 것 같다. 한국교총 최태식 연구위원의 조사결과(한국일보 5월 31일자 11면 보도)가 그것을 말해 준다. 고교생·교사·학부모 1천6백 명을 대상으로 설문조사한 것을 보면, 고교생의 39.5%가 대학수학능력시험에 대해 잘 모르고 있으며, 19.6%는 전혀 모른다는 등 59.1%가 '모른다'는 반응이었다고 한다. 고교학부모들은 58.7%가, 고교교사들마저도 20.5%가 잘 모른다고 했다. 또 고교생들의 58.4%가 대학수학능력시험이 시험준비의 부담만 가중시킨다고 답했고, 고교교사들도 69.9%가 '부담가중'이라고 답해 부정적 반응을 보였으며, 학부모들도 56.4%가 역시 같은 거부반응이었다는 것이다.

새 입시제도가 확정 발표된 것은 지난해 4월 2일이다. 1년이 넘었다. 새 대학입시제도가 도입한 수학능력시험은 개선안서는 '적성시험'으로 명칭이 붙어있던 것이었고, 입시사상 처음 시도하는 제도여서 누구에게나 낯선 것이 사실이다.

하지만 국립교육평가원에서 수학능력시험제를 도입키로 하면서 새 제도 확정 전인 90년 12월 모형문제를 개발, 고교 2년생들에게 1차 실험평가를 실시한 이래, 제도 확정 후인 91년 5월·7월·11월 그리고 지난 5월 27일 등 무려 5차에 걸친 실험평가를 해 그 제도를 주지시켰다고 자부한다. 그 말대로라면 첫 대상자인 고교 2년생들과 일선 고교교사들은 대학수학능력시험의 개념·성격·출제방향과 평가영역, 그리고 현행 학력고사문제와 어떻게 다른 것인가 하는 정도는 이미 알고 있어야 한다.

그런데도 고교생과 교사가 아직도 수학능력시험 자체를 잘 알지 못한다는 숫자가 그렇게 많고, 시험준비를 '별도로 할 필요가 없다'는 교육부의 설명과는 딴판으로 시험준비 부담을 가중시킨다는 부정적 반응이 만만치 않다는 것은 교육평가원의 실험평가의 방식과 표집대상 범위 선정 등에 잘못이 있다는 것을 입증하는 것이 아닌가 한다.

8월과 11월에 실시할 실험평가부터는 한정하지 말고 현재의 고2 재학생 45만 6천여 명과 재수생들에게도 원하면 실험평가를 경험할 수 있게 하고, 기왕의 실험평가 문제들을 일선 고교와 학생들에게 공개해 수학능력시험에 대한 불안과 거부반응을 씻어 주는 데 교육부와 평가원이 역점을 둬야 할 것이다.

고교생과 교사, 그리고 학부모들도 대학수학능력시험은 94학년도 대학입시 때부터는 틀림없이 시행되는 요지부동의 입시제도라는 것을 명심하고 그에 적응하는 노력을 해야 한다. 새 제도에 따른 모험이나 불안은 모든 수험생들에게 공통된 것이다. 거부반응을 보이며 불안해 하면 그만큼 손해가 가중될 뿐이다. 극복하는 노력과 긍정적인 마음가짐이 새 제도 속에서 승리하는 길임을 빨리 깨달았으면 좋겠다.

(92. 6. 5.)

2) 어느 교통의경

차를 운전하는 사람들이 흔히 하는 말이 있다. 교통경찰관보다 교통의경이 더 무섭다는 것이다. 교통의경에게는 도대체 말이 통하지 않는다는 것이다. 그 때문인지 걸어 다니는 로봇이라고 불평하는 운전자마저 봤다.

운전자들이 '안 통한다'고 하는 말은 무슨 뒷거래를 해서 묵인 받을 수 있다는 나쁜 의미로 하는 것은 아니다. 의경들이 하는 교통단속은 법규만을 내세워 경미한 위반을 할 수밖에 없는 불가피한 상황이나 사정을 조금도 참작해 주지 않는다는 뜻이다. 걸렸다 하면 범칙금납부통지서(스티커)부터 뗀다는 불평의 소리인 것이다.

그런데 '별난 교통의경'을 만난 적이 있다. 3주 전쯤이다. 강남성모병원 앞 네거리에서 강북쪽으로 오기 위해 잠수교 남단 차도 고가육교를 타고 오다가 잠수교로 직진하지 않고, 반포대교를 타기 위해 육교가 끝나서 5m쯤 오다가 차선을 바꿨다. 대교 남단 신호정지선에 다다랐는데 교통순경이 나타나 차를 단속지점으로 빼란다. 시키는 대로 했다. 면허증을 내라더니 스티커를 뗄 차비를 한다. 명찰을 보니 '의경 아무개'다.

경찰보다 무섭다고 익히 들었던 '의경'에 걸려든 것이다. 내가 무얼 '잘못했소'했더니, 거기서는 '직진밖에 안 된다'는 설명이다. 면허증을 내주면서 내가 위반한 지점에 '직진만 해야 한다'는 표지가 불분명하니, 다른 사람들을 위해서라도 '표지를 분명히 하라'고 한마디 했다.

그리고 '교통의경'이 떼준 노란쪽지를 보지도 않고 받아 넣고 회사 사무실에 왔다. 꺼내 보니 빨간글씨로 '지도장'이라 인쇄돼 있고 "이번에 한하여 지도·경고하니 다시 위반하지 않도록 주의하기 바란다"는 내용이다. 기분이 참 묘했다. 말귀를 알아듣는 '교통의경'이 언제부터 생겨났는가. '지도장'제는 또 무엇인가. 범칙금 몇 만 원을 물지 않는 것 때문이 아니다.

우리 교통경찰관들에게 언제부터 이런 재량권한이 주어졌다는 것인가. 그 '교통의경'의 사람 좋음 때문일까.

하도 신기하고 이상해 경찰에 전화를 해봤다. 대답인즉, 서울경찰청에서 사고원인이 되지 않는 가벼운 교통법규 위반은 현장상황을 참작해 처벌이 아닌 계도로, 질서의식과 준법정신을 자율적으로 높이고 단속을 위한 단속을 한다는 교통경찰에 대한 불신과 오해를 씻어 주기 위해 '지도장'제를 도입했다는 것이다. 지난해 10월 25일부터란다.

근 8개월여 동안에 65만 8천여 건을 스티커 대신 '지도장'으로 처리해 운전자들로부터 좋은 반응을 얻고 있다는 것이다. 이인섭 청장이 직접 낸 아이디어라고 한다. 충남경찰청이 뒤따라 실시하고 있다는 것이다.

이는 분명히 교통단속행정의 진일보가 아닐 수 없다. 평가할 만한 제도이다. 선진국들의 교통법규를 보면 지극히 엄하고 까다롭다. 하지만 집행하는 교통경찰관에게 재량권이 주어진다. 교통법규는 생활법이다. 상황과 사정이 법규를 위반하게도 하고 공로시설물이 잘못돼 있어 법규를 위반하게도 한다. 이때 판단을 해야 하는 주체는 사람 즉 교통경찰관이어야 한다. 교통법규가 할 수는 없는 것이다. 하찮은 위반자에게까지 범칙금을 물리는 처벌은 반발심리만을 부추길 뿐이다. 교통경찰을 미워하고 불신하게 된 큰 원인이 되기도 했다.

서울경찰청이 도입한 '지도장'제는 그런 요인을 없애 주며 경직된 교통 법규를 인간화하자는 것 같아 보여 신선하고 산뜻한 감까지 준다. 교통문화 정착은 단속만으로는 안 된다. 운전자들의 자율정신이 뒷받침돼야 한다. 그 자율성을 높여 주는 '지도장'제를 전국적으로 실시했으면 좋겠다.

(92. 6. 19.)

3) 이면영 총장의 장거

홍익대학이 학교재정의 실상을 공개했다. 91년 3월 1일부터 92년 2월 29일까지 1년간 학교재정 운영결과에 대하여 공인회계사의 감사를 받은 결산공고를 23일 한 석간신문에 냈다.

'대학도 이제 회계를 공시합니다'라는 공고제목이 말해 주듯이 이것은 우리 대학, 특히 사학사상 처음 있는 일이다.

그 재정실상에 눈이 끌린다. 당기자금 수입합계가 3백63억 8천1백66만여 원이다. 수입총액을 크게 나눠 본다. 입학금·수업료·기성회비 등 통칭 학생등록금의 비율이 60.82%다. 부채임금·장기차입금·교육차관 등 빚이 20.24%, 순수법인 전입금 5%, 기타 수입금 13.94% 등으로 짜여졌다.

당기자금 지출총액 3백10억 4천8백54만여 원의 지출내역을 보면, 교수봉급 등 인건비가 26.39%로 역시 가장 많다. 다음은 연구비(20.60%), 교육시설비(11.27%), 부채상환(8.73%), 실험기계구입 및 실험실습비(7.31%), 장학금(6.44%) 순이다. 장학금 총액은 등록금 총액의 10% 의무규정을 지켰다.

누가 봐도 건전재정이랄 수는 없다. 부채성 수입비중이 너무 크다. 부채상환으로 허덕이는 사학 재정난을 실감케 한다. 그러나 홍익대의 재정

실상을 보면서, 놀라워하는 것은 대학재정의 취약성을 새삼 확인했기 때문이 결코 아니다.

'건학 1백 년'을 눈앞에 둔 사학도 몇 개나 있다. '우리 교육 근 반세기' 동안에 아메바처럼 팽창한 사학들은 대학수에서는 75%, 대학생수에서는 80%를 수용하고 있다. 이 나라 고등교육에서 막강한 역할과 위치를 차지하고 있는 것이다.

그러면서도 대학 재정운영은 여전히 베일에 가려져 있다. 비공개주의를 금과옥조처럼 고수한다. 소규모의 사기업도 그 공정성을 인정받기 위해 공인회계사의 감사를 거친 결산공고를 내는 것이 상식화된 세상이다. 하물며 사람을 기른다는 대학과 대학을 경영하는 학교법인이 '결산공고'를 하지 않는다는 것은 사학 스스로가 공익성과 공정성을 인정받으려는 노력의 포기라 아니할 수 없는 것이다. 교육선진 어디에도 없는 특례다.

홍익대의 결산공시는 그래서 한없이 돋보인다. 이 나라 사학들의 떳떳하지 못한 재정 비공개주의를 깨부수는 혁신의 메시지이다. 프레스토 승용차를 직접 운전하고 교수연구실보다 더 비좁은 총장 집무실을 구비할 정도로 티없이 맑은 처신을 해온 이면영 총장이나 되니까, 치켜들 수 있는 사학재정의 밝은 횃불인 것이다. 사학사에 길이 남을 장거다.

나머지 96개 사립대학들도 재정운영 공개주의를 서둘러 도입해야 한다. 지금은 비록 이 총장의 갑작스러운 재정실상 공개가 돈키호테처럼 보일는지도 모른다. 그러나 그가 의롭게 열어 놓은 길은 우리 사학들이 좋든 싫든 가야 할 정도다. 사학들이 위기라고까지 말하는 재정난을 극복하자면 그 길밖에 없다. 사학에 대한 지원논리가 사회적인 합의를 얻자면 대학 재정운영의 공정성이 신뢰를 회복해야 한다. 그것이 가장 우선하는 전제조건이다.

등록금을 현실화하는 문제 1%도 안 되는 국고보조를 일본처럼 15~20%로 끌어올리는 어려운 현안, 언젠가는 도입해야 할 기여입학제 등 사학재정난을 근본적으로 해소하는 정책들을 앞당겨 실현시킬 수 있는 바탕 마련은 바로 사학재정의 공개에서 출발해야 한다. 그렇지 않고 사학들이 부실한 학교재단의 치부가 드러나는 것을 꺼려 비공개주의에 더 이상 연연하면서 입으로만 재정위기를 외쳐 대어 본들, 그 말을 믿을 국민이 얼마나 있을 것인가. 정말 심각하게 생각했으면 한다.

(92. 6. 26.)

4) 거리의 난폭자

승용차를 직접 운전한다는 한 시민이 전화를 걸어왔다. 택시운전자에게 분한 꼴을 당했다는 이 시민은 대단히 노해 있었다.

하소연인즉 이렇다. 30일 하오 5시쯤이라고 했다. 종로구청 앞에서 무교동으로 빠지는 왕복 2차선 도로를 따라 가다가 종로 대간선도로와 만나는 4거리 못 미쳐서 세종로 쪽으로 우회전하려 했다. 중앙장의사 부근 횡단보도 앞에서 적신호에 걸렸다.

횡단보도에는 행인들이 떼 지어 건너갔다. 곧이어 횡단보도 신호등은 청신호가 적신호로 바뀌었지만, 노인과 어린이들이 여전히 횡단보도를 건너고 있었다.

그런데 뒤에선 택시운전자가 경적을 울리며 차를 횡단보도 앞쪽으로 빼라고 손짓까지 하며 아우성을 치더라는 것이다. 4거리에는 아직도 적신호이고 횡단보도에는 노약자들이 길을 건너는 중인데 어찌 차를 빼란 말인가. 행인들이 다 건너간 후에야 차를 앞으로 빼줬다.

그랬더니 험상궂게 생긴 택시운전사는 눈을 부라리며 입에 담기 민망한 욕설을 퍼붓고 가더라는 것이다. "내가 정말 잘못한 거냐"고 이 시민은 거듭거듭 물었다. 그는 또 오늘(1일)부터 불법 영업택시를 엄벌하는 교통법규가 시행되고, 단속도 한다는데 "무례·폭언·난폭한 행동 그리고 타인에까지 탈법운전을 강요하는 거리의 난폭자인 못된 택시운전사들도 정말 단속을 하느냐"고 묻기도 했다.

이 시민이 당한 것과 같은 택시운전사의 횡포가 어디 이뿐이겠는가. 승차거부·부당요금 요구·장기정차·호객행위·난폭운전 등 명백한 불법 영업행위는 차라리 낫다.

참다 못하면 신고라도 해서 처벌을 받게 할 수 있는 법이 보호해 주는 길이라도 있으니까. 하지만 어쩌다가 요행으로 탄 택시가 '따블' 또는 '따따블'을 외치는 승객이라도 만나게 되는 날은 먼저 탄 승객은 '재수 없게 물건' 취급을 당해야 한다. 당신 때문에 2~4배 돈을 낼 승객을 놓쳤다는 운전사의 언행은 듣기 힘들 만큼 노골적이다. 인격을 모독하기까지 한다.

왕복 양차선의 지선도로에서 택시는 합승승객만 봤다 하면 어디서나 상관없이 급정거한다. 뒤따르는 일반 운전자는 방심하면 들이받지 않을 수 없다.

이제 택시는 택시운전사의 '승낙' 없이 함부로 탔다가는 큰코다치는, 세계에서 둘도 없는 괴물 교통수단으로까지 변모하고 있다. 그래서 승객들은 어쩌다가 택시를 혼자 타게 되면 운전사의 눈치부터 살핀다. 비위를 맞춰야 한다. 부녀자들은 웬만한 거스름돈을 받을 엄두도 못 낸다. 택시운전사들의 이러한 횡포야말로 불법운행과 탈법 영업행위보다 승객들을 훨씬 겁먹게 한다. 억울함을 호소할 길이 없기 때문이다.

신고해 봐도 경찰이나 행정당국 또한 처벌은커녕, 신고자를 되레 우습게 여긴다. 지금 우리 사회는 어쩌다가 이런 세상이 돼 버린 것이다.

물론 전국의 회사택시 7만 9천6백여 대를 모는 14만 6천3백여 운전사와 9만 2천여 개인택시 운전사 모두가 하나같이 '거리의 난폭자'일리야 있겠는가. 일당벌이가 빠듯한 고달픈 삶속에서도 심장병 어린이 수술비를 지원하는 '사랑실은 교통봉사대' 같은 착한 '택시기사'들이 훨씬 많다.

'난폭 운전사'야 어물전의 꼴뚜기 정도일 게다. 그런데 그 일부인 못된 운전사들이 '전체 택시기사'들의 얼굴에 먹칠을 하고 있다는 데 문제가 있는 것이다. 이들을 뿌리 뽑는 일은 경찰이나 당국의 단속만으로 될 일이 아니다. '택시노련'을 비롯한 전체 택시기사들의 자정노력이 뒷받침 돼야 가능한 일이다. '택시가 택시답도록 하는 운동'을 '택시기사'들이 펴야 할 때가 바로 지금이 아닐까 한다. 그래야만 '모범택시'든 '고급택시'든, 새 제도의 도입이 환영받을 수 있다.

(92. 7. 3.)

5) 전 공무원의 모서(冒暑)훈련

올여름 더위가 아무래도 심상치 않다. 벽두부터 하는 꼴이 지독스럽게 무더울 징조가 분명하다. 6월 중순부터 시작해서 8월 초까지 긴장마가 예상된다던 기상청의 성급했던 예보가 빗나갈 때 이미 수상쩍긴 했었다.

아니나 다를까. 영·호남을 비롯한 남부지방에는 10년래 최악이라는 가뭄이 닥쳐 산하를 목타게 하고 있다. 웬만한 저수지들은 바닥을 드러낸 지 오래다. 댐의 방류량 부족으로 발전 중단위기를 맞게 된 발전소까지 생겨날 지경이라고 한다. 가뜩이나 위태롭다던 전력수요에 적신호가 울릴 판이다. 거북이 등짝처럼 입을 쩍쩍 벌린 벼논을 보며 애태우는 농심이 안타깝기만 하다.

그저께 대구가 37.8도까지 수은주가 치솟았고 이달 들어 연 6일째 계속되는 30도를 넘는 불볕더위가 대지를 숨막히게 하고 도시를 헐떡이게 만들어 놓고 있다.

삼복더위가 무색하리만큼 빨리 밀어닥친 혹서 속에서 전국의 83만 공무원의 정부투자기관 및 산하단체 임직원 20만명 등 1백만 명이 넘는 공직자들은 지금 모서훈련까지 겹쳐 더욱 무덥고 짜증스럽다.

찜통처럼 꽉 막힌 세종로 정부제1종합청사와 과천 제2종합청사에서 근무하는 1만 5백여 공무원들은 한 사무실에 1~2개 밖에 없는 선풍기가 내뿜는 찬바람은 '죽은 사람 콧김' 정도의 효과도 없어 하오 2~4시 사이에는 땀으로 옷을 적셔야 한다.

팔이 아프도록 부채를 부쳐대지만 바깥보다 더 높은 기온을 감당키는 정말 힘이 겹다. 낮 최고기온이 28.2도였던 지난달 30일 하오 3시 20분께 제1종합청사 14층 한 사무실의 실내온도는 32.5도였다는 것이다.

그럴 수밖에 없는 것이 정부종합청사는 완전 중앙냉방식으로 설계돼 있다. 냉·난방열효율을 위해 사무실의 열 수 있는 창은 조그만 것 한두 개뿐이다. 북향창들은 아예 밀폐다. 종합청사만 그런 것도 아니다. 일선 동사무소나 구청 사무실도 비슷하다.

지지난해와 지난해에 사무실 창들을 중앙냉·난방에 맞춰 밀폐로 뜯어 고쳐 놓았기 때문에 큰 창문들을 열 수가 없다. 그렇지 않더라도 바깥기온이 30도가 넘을 때는 창문을 열어 봤자다.

기온이 30도가 넘으면 불쾌지수가 80 이상 된다고 한다. 불쾌지수 80 이상이면 대부분의 사람이 불쾌감을 느껴 사소한 일에도 짜증을 잘 내게 된다는 설도 있다. 공무원이든 공직자든 그들도 보통사람들이다. 무쇠돌이나 로봇 태권V가 아니다. 30도가 넘는 찜통 사무실에서 일이 손에 잡힐 리 만무일 것이고, 능률을 기대할 수 없다는 것은 너무나 뻔한 것이다.

비상절전운동을 펴지 않으면 전력예비율이 2.5%밖에 안 돼 공무원들이 솔선수범할 수밖에 없다는 정부의 의지와 노력에 대해서는 이해가 가고도 남는다. 하지만 목적이 좋다 해서 수단이 아무래도 되고, '하라면 하는 것이 공무원이니까' 전력부터 아끼기 위해 몰아세워 놓고 보자는 것은 비민주적이고 권위주의 시대 발상의 잔재처럼 보인다. 올여름 관공서 냉방기 일체가동 금지를 결의한 지난 5월 29일 국무회의는 이러저러한 이유들로 해서 생각이 짧았다고 보지 않을 수 없다.

1백만 공무원·공직자들에게 극기훈련이나 모서훈련을 시키려는 것이 아니라면, 28도가 넘는 한낮에는 제한된 시간만이라도 냉방기를 가동할 수 있도록 관공서 절전대책을 융통성 있게 운영해야 한다. 그리고 더 많은 전력을 소비·낭비하는 민간차원에서도 전력을 아껴쓰도록 범국민운동화해야 한다. 국민들도 전등 한 개라도 끄고 에어컨·선풍기를 덜 사용하는 절전운동 대열에 기꺼이 나서야 한다. 이 나라가 공무원들만의 나라가 아닌 이상, 나 몰라라 할 수는 없는 것이다. 총리와 관계 부처장관들은 생색과 전시의 냄새가 물씬 나는 나는 절전대책보다는 온 국민적 참여를 유도할 수 있는 효과적인 대응방안을 다시 마련해야 할 것이다.

(92. 7. 10.)

6) 대학총장의 신사고

대학의 총장기능은 고매한 학자의 역할 이상이 기대된다. 교육자일 뿐 아니라 학문과 대학행정의 선도자로서 행동이 요구되기 때문이다. 학생과 교수 그리고 대학의 대표이자 보호자로서 활동해야 한다. 문제가 생기면 설득과 수습의 수완도 발휘해야 한다.

그러나 오늘날 우리 대학의 총장들은 대학을 대표하는 체면 유지자로 존재하고 있다 해도 과언이 아닌 경우가 너무 많다. 외부 압력이 거셀 때 어쩔 수 없이 순치당했던 초라한 모습과 관행이 불행하게도 여전히 유전되고 있는 것이다.

독재정치와 권위주의 통치하에서 대학총장들의 졸업식사를 분석한 한 학자는 '시국을 감안한 현실감각의 고취, 후진성 극복에 대한 상식적 견해의 토로, 인격수양에 대한 낡아빠진 훈설뿐'으로 '고루한 상식을 반주하면서 자기만족에 도취해 있었다'고 꼬집었다. 한국 지성의 향로 개척에 대한 확신을 찾아볼 수 없었다는 뜻이다.

6·29선언 이후 대학의 민주와·자율화의 장은 마련됐다. 우여곡절 끝에 총장직선제까지도 도입됐다. 그러나 진짜 역량과 문제의식을 갖춘 참신한 지성이 대학행정의 수장으로 등장한 것을 보기는 정말 어려웠다.

지난 14일 제12대 연세대 총장으로 선임된 송자 교수의 총장관과 포부는 그런 의미에서 볼 때 기성총장들과는 참으로 다른 데가 많다. 특별한 관심을 갖게 한다. 그의 문제의식과 현실감각은 가히 신사고적이라고 할 만해서 반갑다.

우선 기여입학제 도입에 대한 송 총장 피선자의 접근사고에서 현실감각이 돋보인다. 여타 대학인의 생각과는 상당한 거리가 있다. 대교협이나 대학교무처장들이 93년 또는 94년 획일 실시를 밀어붙이는 것과는 달리 '대학의 자율화가 좀 더 진척된 후 대학특성에 맞게 고려돼야 한다'는 전제조건 제시가 대학인으로서는 특이한 발상이라 할 만하다. 현실감각과 국민정서를 꿰뚫어 보는 날카로움이 엿보인다. 대학도 경영을 아는 이가 행정을 맡아야 한다는 그의 경영총장론 또한 미국 등의 선진대학에서 이미 일반화된 것이지만, 우리 현실에서는 앞선 사고라 할만하다.

더욱이 그가 총장으로 선임된 후 짧은 소감에서 밝힌 '무시험 전형에 의한 입학생 선발방식 도입구상'은 잘만 된다면, 고교생들을 입시지옥으로부터 해방시키고 고교의 전인교육을 촉진할 수 있는 입시제도의 일대 혁명이 될 수 있다는 큰 뜻이 담긴 것 같아 보여 큰 의미를 부여했다는 데 있다.

또 그것은 교육정책을 좌지우지 해온 정부가 '우리 교육 근 반세기' 동안에 11번이나 바꾸고 뜯어 고치면서도 아직까지 우리 실정에 적합한 대학입시제도를 마련하지 못한 것을 대학이 앞장서서 시도해 보겠다는 것이다. 그의 구상이 꼭 실현됐으면 좋겠다.

이 글을 쓰는 나는 새 총장이 될 송 교수와는 일면식도 없었고, 연세대의 동문은 더구나 아니다. 하지만 그는 연세대에 건전한 새바람을 일으킬 선도적인 총장이 될 자질을 물씬 풍겨 큰 기대를 하게 되는 것이다. 물론 오늘날은 백악준·유진오·김활란 박사들처럼 교육 거두시절과 같은 '총장 영웅시대'는 아니다. 그렇다고 해서 한국지성과 사회를 이끌어 가야 할 대학의 총장들이 더 이상 무기력하고 무능한 채 안주만 하고 있어야 할 그런 시대도 아니다.

"한국의 대학도 빨리 잠에서 깨어나 21세기를 준비해야 한다"는 송자 총장 피선자의 말이 총장 피선의 단순한 소감이 아니기를 바라는 소이가 바로 거기에 있다 할 것이다. 한국대학이 처한 '위기'탈출에 송자 새 총장의 신사고가 참된 기여를 했으면 한다. 그것은 연세대만이 영광에 그치는 것이 아니다. 이 나라 대학, 특히 사학들의 새 이정표가 될 수 있기 때문이다.

(92. 7. 17.)

7) '최악의 체험' 그 후 1년

지난해 8월 1일~4일까지 영동고속도로 피서 절정기의 교통정체는 우리 교통체증 사상 최악으로 영원히 기록됨 직하다. 주말인 토·일요일도 아닌 목요일이었던 작년 8월 1일의 서울~강릉 사이 교통체증은 정말 상상을 초월한 것이었다.

평일이면 4시간, 주말이래야 5~6시간 거리에서 저마다 마이카를 몰고 나온 피서객들은 시속 5~10km밖에 못 달려 무려 16~20시간을 고속도로상에서 진땀을 빼는 곤욕을 치러야 했다.

그도 그럴 것이, 영동고속도로 하루 적정이용 가능 차량은 9천 대에 불과하다. 그런데 여름휴가 피크라 해서 차깨나 있다는 사람들이 너나없이 영동고속도로로 밀려들었다. 그 초과 차량이 무려 3배 이상인 3만 대가 넘었으니 평소의 3배 이상 정체는 불가피할 수밖에 없었던 것이다.

더욱 사실적으로 표현하면 중부고속도로의 시작점인 하남시 인터체인지에서부터 강릉까지 차량들이 쭉 늘어서서 이동하는 꼴이었다. 개중에는 사고 차량·새치기 차량까지 끼어드니 달리는 시간보다 서 있는 시간이 더 걸렸다. 그래서 심한 경우는 23시간이 걸린 사람도 많았다.

그 최악의 영동고속도로가 올여름 휴가 피크인 8월 1일~4일 소통상황이 지난해보다 절반 가까이 좋아졌다는 이변이 생겼다고 한다. 그야말로 주말인 토요일이었던 지난 1일 서울-강릉간을 7~8시간에 갔다는 것이다. 작년의 절반 내지는 3분의 1 소요시간이다.

교통여건 변화로 미뤄 본다면 올해 피서 피크엔 훨씬 더 심할 것으로 예상됐었다. 우선 차량이 지난해 이맘때의 3백84만 대에서 1백만 대가 많은 4백85만 대로 증가했다. 그렇다고 영동고속도로 여건이 나아진 것은 별로 없다. 차선이 확장된 것도 아니고 신갈-원주간 확장공사 때문에 오히려 정체요인이 더 생겼다.

그렇다면 영동고속도로의 휴가철 절정기의 교통체증 이변을 어떻게 해석해야 할 것인가. 첫째는 한국도로공사와 경찰의 대응태세가 지난해 최악의 체험을 통해 훨씬 나아졌다는 점을 꼽을 수 있을 것이다.

휴가철 시작 한·두달 전부터 분산휴가를 유도한 도공의 유비무환 정신과 자세, 경찰의 병목지점 집중관리 등이 주효했다는 것을 높이 평가하는데 인색하고 싶지가 않다.

그러나 그보다는 더욱 바람직스러운 경향은 피서객들이 지난해 최악의 교통체증 체험을 통해 최선의 교훈을 스스로 터득하게 됐다는 사실에 주목할 필요가 있을 것이다.

특히 역시나 선진국의 선례를 알고 배우는 지혜가 부족해 스스로 당해본 후에야 '뜨겁고 찬 것'을 가릴 줄 아는 우리이고 보면 지난해 여름 휴가 피크가 던져 준 교훈은 정말 값진 것인지도 모른다.

체험한 후에야 비로소 깨닫고 실천하는 이 값진 교훈을 승화시켜 몸소 겪지 않고서도 지혜로 터득할 수 있게끔 국민들을 유도하는 방안을 찾아 접목시킬 수 있다면, 교통문화 정착은 더 말할 것도 없고 사회 전반적인 질서확립의 토대를 마련하는 계기가 되지 않을까 하는 기대마저 하게 되는 것이다.

체험한 후에 배우는 데는 세계 어느 누구에게도 뒤질 게 없는 우리들을 체험 없이도 지혜로 배워 행동으로 옮기게 하는 한 단계 높은 차원의 사회가 되도록 해 보자. 언제까지 사회질서 영점이라는 불명예를 덮어쓰고 있을 것인가. 우리 모두 다 같이 생각할 때다.

(92. 8. 7.)

8) 난항 겪는 고교체제개혁

인문계 편중에 '대입위주 교육'으로 중병을 앓고 있는 고교교육을 공고 중심의 '취업위주 교육'으로 일대전환을 하겠다는 고교교육 체제개혁이 시행에 들어간 것은 지난 90년 5월부터다.

미군정하에서 미국식 교육을 본뜬 교육체제가 골격을 잡았고, 건국 후에도 2세 교육을 어떻게 유도하겠다는 국가차원의 장기적인 교육목표와 철학 부재 속에서 그저 고등교육의 대중화 추세만을 부추겨온 우리 교육 근 반세기 결과는 '너도 나도 대학을 가야만 산다'는 고학력 과열현상을 더없이 심화시켜 놓았다.

인문고와 실업고의 비율이 68.4 대 31.6이란 기형적인 현실은 인문계 대학위주의 고학력 풍조와 뿌리 깊은 숭문사상에서 비롯된 우리 사회의 잘못된 출세주의를 웅변적으로 설명해주고 있는 것이다. 선진 산업국가들은 우리와는 정반대다. 기술과 기능을 중시한다.

교육부의 고교교육 체제개혁은 90~95년까지 6개년 계획으로 인문계 편중의 이러한 고교교육 체제를 50 대 50으로 개혁하자는 게 골격이다. 또 인문고 안에서도 취업계열 과정과 대학진학 과정을 35 대 65로 조정함으로써 맹목적인 4년제 대학진학에 제동을 걸자는 것이었다.

이 개혁이 성공하면 고졸자의 67.5%를 취업쪽으로 유도하고 대학진학 희망자를 32.5%까지 낮춰, 교육 만병의 근원인 대학입시 과열과 재수생 누증을 해소해 '우리 교육 40년 숙제'를 풀어 보겠다는 것이었다. 가히 혁명적이라 할 만한 것이다.

그러나 이 훌륭한 교육개혁 시책이 막상 시행에 들어간 지 3년이 됐지만 실적이 너무나 미미하다. 인문고 대 공고중심의 실업고의 개편율은 4.4%에 그쳤다. 인문고 비율 68.4%가 64%로 낮아진 반면, 공고 등 실업고 비율이 31.4%에서 36%로 많아졌을 뿐이다. 3년 시행결과가 이래서는 50대 50의 원대한 이상은, 한낱 꿈으로 그치고 말 위기에 처했다 해도 과언이 아닐 듯하다.

원인을 알아보니 첫째가 역시 재원문제란다. 인문고를 공고로 개편한다거나 아예 공고와 실업고를 신설하려면 많은 추가재원이 소요된다. 수많은 사립 인문고를 개편 유도하는 데는 엄청난 규모의 국고지원금이 있어야 한다.

그러나 이 부분의 교육부 예산은 90년 첫해에는 6백87억 원이나 됐던 것이 91년에는 33.8%인 2백32억 원으로 줄었다. 올해분도 절반이 안 되는(41.6%) 2백86억 원에 그쳤다.

정부가 하는 일은 매사가 이런 식이다. 시작할 때는 의욕이 넘치고 요란스럽게 떠들어대다가도 계획시행 중간쯤 가면 시들해진다. 특히 당장 생색이 나지 않는 교육투자에는 국가예산을 주무르는 경제기획원의 칼 놀림이 매정하기가 이를 데 없다. 그러면서 경제기획원과 상공부 등은 입만 열면 제조업을 비롯한 산업 분야의 기능인력 부족으로 우리 산업의 경쟁력 약화 책임을 교육부의 잘못 때문이라고 떠넘기기 일쑤다.

고교교육 체제개혁을 저해하는 요인은 또 있다. 학부모와 동문들이 왜 공고로 전환하려느냐 면서 반대한다는 것이다. 인문 선호의 낡은 사고가 아직도 사회저변에 깊게 깔려 있다는 증거이다. 이러한 요인들이 겹쳐서 실사구시에로의 고교교육 체제개혁은 암초에 걸려 난항을 하고 있는 것이다. 정말 안타까운 일이 아닐 수 없다. 잘못 시작된 우리 교육의 핵심 난제를 바로 잡으려는 이번의 개혁 시책마저도 실패로 끝난 게 된다면 우리의 병든 교육풍토는 영원히 치유될 수 없게 되는지도 모른다.

주무인 교육부는 더 말할 것도 없지만 반정부·범사회 차원에서 재원과 지혜와 노력의 뒷받침이 있어야 마땅할 것이다. 특히 예산당국인 경제 기획원의 각별한 이해와 예산할애를 당부하고 싶다.

(92. 7. 31.)

9) 서울시 민선교육감

오는 26일에 서울시 첫 민선교육감이 탄생한다. 13일 후의 경사다.

1천만 수도 서울의 '교육수장'이며 7만 1천여 초·중등교사와 2백20만 초·중·고교생들의 사표가 될 교육감을 민선으로 뽑는다는 것은 우리 교육사에 새로운 획을 긋는 중대사임이 틀림없다.

지난해 9월 2일 심의·의결기관인 교육위원회가 민선위원으로 구성되면서 지방교육 자치시대가 열렸다. 서울의 경우 근 1년 만에 집행기관인 교육감까지 민선을 하게 되는 것이다. 이제 교육은 모양새 면에서는 명실상부한 자치체제를 갖추게 되는 셈이다.

지방행정자치가 의회만을 민선으로 구성해 놓은 채 '지자체장의 선거'를 뒤로 미룸으로 해서 그것이 볼모가 되어, 국회의 정상기능이 마비상태에 빠져 버린 딱한 현실과 비교해 보면, 교육자치만이라도 정착을 향한 착실한 발걸음을 하고 있다는 것이, 얼마나 다행스러운 것인지 모르겠다. 그러나 교육감 선출이 시민직선이 아닌 교육위원들에 의한 간선 탓인지, 시민들의 관심권 밖에서 내연하는 듯해 아쉽다는 생각도 든다.

민선교육감은 후보등록 없이 22명의 서울시 교육위원들이 무작위 비밀 투표로 선출한다. 과반수 즉 12표 이상을 얻으면 된다. 2차 투표까지 과반수 득표자가 없으면 다수득표자 2명을 놓고 결선투표를 해 최다득표자로 하고, 최다 없이 다수득표자가 2인 이상일 때는 연장자를 당선자로 하는 방식이다.

이처럼 '얼굴 없는 후보'들을 놓고 하는 선출방식이다 보니 '監자리'를 원하는 자·타천 인사들이 드러내놓고 득표운동을 할 수가 없다. 하지만 뒤집어 놓고 보면 '교육경력 또는 교육전문직 경력 20년 이상이거나, 두 경력 합산 20년 이상인 교육계 인사'는 누구나 교육감으로 뽑힐 수 있다는 개연성이 있기도 하다. 따라서 득표운동은 훨씬 비공개적이고 은밀하며 치열해질 수 있다는 폐단 또한 없지 않다. 그래서인지 서울의 교육계가 속으로 끓어오르고 있으며 정치판을 방불케 하는 비방과 마타도어까지 오간다는 소문이 있다. 듣기에도 여간 민망한 게 아니다.

어찌됐던 첫 민선교육감으로 물망에 오른 인사들은 현직 고교장 4~5명, 교육위원회 의장과 위원 등 3명, 교육관료 출신 1~2명, 전 교육부장관 1~2명과 현교육감 등이라는 전문이다. 김상준 현교육감은 본인의 의사와는 무관하다는 것이다. 이들의 면면들을 보면 바로 '이 사람'이라고 꼽을 만한 이가 있는 것 같지도 않고, 관선 때나 적합할 사람들뿐인 것처럼도 보인다. '민선의 중책'을 위임받은 교육위원들의 어깨가 한층 무겁겠다는 생각이 저절로 든다.

따라서 선출권한을 행사하는 교육위원들이 꼭 유의했으면 하는 주문을 한다면, 첫 서울시 민선교육감을 교육위원 중에서 뽑는 것만은 자제했으면 하는 것이다.

그 이유는 간단하다. 갓 출발한 지방교육자치의 발전을 저해할지 모를 선례를 서울시 교육위원들이 만들지나 않을까 하는 노파심에서다. 교육자치가 시작된 이래 충북·제주·충남·전북 등 4개 도교육위원들은 자신들 중에서 교육감을 뽑아내는 우를 범하지는 않았다.

심의·의결기관으로는 첫 당선된 교육위원들만은 집행기관의 장자리를 탐하거나 넘봐서는 안 된다. 그보다는 지방교육자치 정착의 초석으로서

열심히 일했다는 평가를 받는 것이 훨씬 영광스러울 것이다. 그 최초의 시험대가 바로 교육위원으로서 최대의 권한행사인 '교육감 뽑기'라는 것을 각별히 명심했으면 한다.

(92. 8. 14.)

10) 만만한 교육부

교육부는 참으로 만만한 곳인가 보다. 다 같은 정부부처이면서도 교육부는 다른 부처에 의해 우습게 여겨지는 경우가 너무 많다. 보기에도 딱하고 애처롭다는 생각이 드는 때가 비일비재하다.

국가예산 편성권한을 거머쥔 막강한 경제기획원은 긴축예산 편성방침만 섰다 하면, 교육부가 요구한 예산액을 눈 하나 깜짝 안하고 뚝뚝 잘라 버리기 일쑤다. 내년 예산편성에서도 예외는 아닌 모양이다. 교원처우개선을 위한 각종 수당에 소요될 7백50억 원의 요구액을 기획원이 난색을 표해, 각급 학교 교원들의 교직수당과 교직수당 가산금, 장애자학교 근무 특별수당, 실과교원수당을 지급하겠다는 교육부의 내년도 교원처우 개선약속이 무산될 위기에 처했다고 들린다. 힘없는 교육부를 깔보고 우습게 대하는 부처가 어디 경제기획원뿐이던가.

지난해 정기국회가 정부예산안을 심의하면서 하고많은 부처예산 중에서도 유독 교육부의 교육여건 개선예산요구액 1백71억 원을 삭감, 전국 초·중·고교의 8천여 주임교사 수당이 장장 21년째 단돈 1천 원에 동결되는 불상사를 빚기도 했던 기억이 아직도 생생하다.

상공부는 아예 교육부의 고유 업무인 교육자체를 손대보겠다는 엉뚱한 정책구상을 교육부와 한마디 상의도 없이 탕탕 터트리기까지 할 정도다. 지난해 상공부는 제조업 경쟁력 강화에 필요한 기술인력을 충원키 위해 기업들이 산업기술대학을 설립할 수 있도록 하기 위한 산업기술교육육성법의 입법추진을 의원입법 형식을 빌려 끈질기게 밀어붙이다가, 민자당의 제동에 걸려 법안이 국회에 상정되지 못했었다.

그랬던 상공부는 며칠 전 지난해보다도 훨씬 파격적인 기술교육기관 설립추진 계획을 또다시 내놓아 교육부는 물론이고, 교육에 관심 있는 많은 국민들을 어리둥절하게 했다.

주요 내용인즉 기술교육기관의 신설·정원 등에 대한 정부의 승인제도를 폐지하고, 고교 이후의 학제를 학문계와 기술전문대학·기술대학·기술대학원으로 이어지는 기술계로 이원화하는 등 교육제도 개편을 추진해 나간다는 것이었다. 이를 위해 현행교육법과 구별되는 산업기술 교육법 제정도 서두르겠다는 것이었다.

이게 사실이라면 현행 교육제도와 체제의 일대 개혁이라 아니할 수 없다. 5공시절 교육개혁심의회가 3년 반에 걸친 개혁연구 작업 때도 손을 대지 못했던 중대한 교육개혁 과제다.

그런데 이 중차대한 교육개혁안이 진짜 교육을 주관하는 교육부도 알지 못하는 사이에 상공부에서 성안되어 일부 지상에까지 보도되기에 이르렀다는 것은 아무리 좋게 생각해도 수긍이 안 된다. 교육부의 무능 탓인가, 상공부의 월권 때문인가. 그런데도 교육부는 유구무언이다. 교육부 자세가 이 모양이니까 누구나 한번쯤 건드려 보고 싶을 만큼 만만한 존재가 돼 버렸는지 모른다. 부처간의 이기주의나 패권다툼 속에서 힘도 없고 점잔이나 빼는 교육부가 번번이 당하는 것이 '교육부 내부사정'으로 끝날 수만 있다면 우리 또한 무관심할 수도 있을 것이다.

그러나 교육부가 당하는 피해는 곧 교육본질에 피해를 입히게 된다는데 문제의 심각성이 있는 것이다. 학군제를 뿌리째 뒤흔들 만큼 후유증을 유발하고 있는 서울의 '8학군병'도 근원을 따져보면 서울 강북인구를 강남으로 유치하기 위해 강북의 유수한 고교 19개를 행정적으로, 그것도 8학군 안에 집중이전시킨 데서 비롯됐다.

교육이 외적요인, 즉 통치권이나 정치 또는 행정, 심지어는 다른 부처의 정책수단으로 쓰이게 되면 2세 교육은 필연적으로 손상되게 마련이다. 교육부가 홀대당하고 만만한 취급을 당하는 것은 2세 교육 자체를 만만하게 생각하고 우습게 보는 것과 똑같은 결과를 초래할 수밖에 없다. 그것을 걱정하게 되는 것이다.

(92. 8. 21.)

3. 정국의 아킬레스건

1) '개악될까 두렵다'

39년 만에 부활된 지방교육자치가 엊그제로 1년을 넘겼다. 교육자치 실시 1년 동안에 도출된 법적·제도적·의식적 측면의 여러 문제들을 차분하게 점검하고 개선을 위한 대안들을 마련할 단계다.

그러나 본질적인 문제에 접근하는 노력보다는 교육감 선출방식이 잘못돼 교육자치가 제대로 안 되는 양 그 문제에 대한 개선논란만이 무성하다. 교육자치가 안고 있는 문제제기가 잘못돼가고 있는 느낌이 든다. 아무리 교육위원과 교육감을 비록 이중 간선과 간선이긴 하지만, 민선으로 뽑는다고 한들 현행의 법령하에서는 지방교육이 자주성과 중립성, 그리고 지방의 특수구성을 제대로 살리고 민주화된 교육의 참모습을 보이기란 요원할 수밖에 없다.

교육위원회가 지방교육 시책결정에 참여할 수 없도록 한 법률적 제약을 풀지 않는 한, 중·고생들의 학원수강 허용이라든가 육성회비 인상폭 조정 등 교육행정과 시책의 현안결정에 주민들의 의사가 반영될 수 없다.

지방교육에 주민이 참여하여 관주도의 획일 행정을 민주화한다는 교육자치의 큰 뜻은 그래서 공염불일 수밖에 없고, 그로 인해 주민들은 교육자치를 피부로 실감하지 못하고 있는 것이다.

교육자치를 하자고 했더니 교육감과 교육청 관료들은 중앙(교육부)으로부터 자신들의 독립성 내지는 자율성만을 강조하는 자치로 오인하는 측면도 많다. 단위학교와 교원들 또한 자치의 주역은 자신들이어야 한다고 생각하기도 한다. 교육위원들도 아전인수격의 과잉욕구로 교육감과 갈등을 빚는 사례가 적지 않다. 하지만 이러저러한 시행착오들은 너그러이 봐 줄 수 있다. 정치판의 거의 불치병 같은 파행과 비교하면 '교육자치 1년'은 우등생의 후한 점수를 줘도 아깝지 않다.

한 살밖에 안 된 지방교육자치에게 뜀박질을 못한다고 몰아세우는 조급함이 문제라면 더욱 문제다. 본질을 제쳐 두고 곁가지가 비틀린 것부터 바로 잡아야 한다는 문제의식의 왜곡이 더욱 걱정되기도 한다.

대표적인 것이 교육감 선출방식을 당장 바꿔야 한다는 성급한 개선논의다. '무등록·무추천제'의 현행 교육감 선출방식은 물론 완벽하거나 이상적인 제도는 못 된다.

그렇다고 대안으로 제시된 '후보등록제'나 '후보추천위원회제'가 현행의 이른바 교황 선출방식보다 나으리라는 보장도 없다. 잘못하면 개선이 아닌 개악의 소지가 더욱 많다. 후보등록제는 정치판 선거방식을 도입하자는 것이다. 후보를 등록시키고 소견발표를 하게 하고 공개적인 득표활동을 할 수 있게 하자는 방안이다.

현행의 선출과정 비공개방식과 얼굴 없는 후보의 은밀한 득표공작이 부정과 의혹의 소지가 되니, 공개적인 선거운동을 하게 되면 그것이 적어질 것이라니 궤변에 가깝다. 마음먹고 선거판을 차리게 할 때 교육감 선거가 국회의원 선거보다 돈 덜 쓰고 중상모략 없고 깨끗한 선거가 되리라는 기대는, 현실을 모르는 탁상공론이다. 추천위원회제는 위원회를 어떻게 구성하느냐가 관건이지만, 십중팔구 관선교육감 추천 때의 재판이 될 공산이 크다.

단점이 있기는 하지만 현행 제도는 현직 초·중등교장들이 퇴직부담 없이 교육감에 뽑힐 수 있는 길이 열렸다는 게 큰 장점이다. 진짜 교육감이 될 만한 인사를 영입하는 방법이기도 하다. 어찌됐건 교육의 수장을 뽑는 방식은 정치판과는 달리 선출방식과 절차가 보다 교육적인 것이어야 한다. 너무 서둘지 말고 현행 제도로 나머지 9개 시·도 교육감을 선출해보면서 개선방안을 마련해도 된다. 바꾸고 뜯어고치는 것만이 능사는 아니다. 그러다 보면 지방교육자치만 흠이 나고 시행착오만 거듭될까 두렵기까지 하다.

(92. 9. 4.)

2) 정국의 아킬레스건

노 대통령이 지난 연초 기자회견에서 전국 2백75개 지방자치단체의 '장선거'를 "연기하자"고 제의했을 때만도 그것이 '3·24총선' 후 정국을 결정적으로 경색시키는 최대의 현안이 되리라고 누가 짐작이나 했겠는가.

노 대통령으로 하여금 '연기결단'을 내리도록 한 청와대의 참모진들은 두말할 것도 없을 것이고, 대통령의 제의를 합법화해야 하는 민자당 쪽에서도 총선을 코앞에 두고서 공천과 절대다수 의석 확보란 발등의 불로해서 '장선거 연기'야 어떻게 되겠지 하는 식이었다.

그것을 합법화하지 못했을 경우에 생길 수 있는 문제의 심각성을 심도 있고 차분하게 생각하고, 서둘러 대처하려했던 노력의 흔적을 찾아볼 수 없다. 공교롭게도 그때 국민여론 또한 '장선거 연기제의'에 반대보다는 찬성하는 쪽이 우세한 듯했었다. 총선 과정에서마저도 뜨거운 이슈가 되지 못했던 게 그때의 상황이었다.

그러나 '3·24총선'에서 민자당이 과반수보다 2석이 모자라는 1백16석을 얻는 데 그침으로써 결과적으로 총선에 참패하면서, '장선거연기' 제의는 합법화 절차를 추인받지 못한 채 '6월 30일'이란 법적시한을 넘기고

만 것이다.

정부쪽에서는 14개 국회의 임기가 개시되는 5월 30일 이후 7일 만인 6월 5일 '장선거 시한'을 못 박은 지방자치법 부칙 2조를 개정하기 위해 정부발의 개정안을 국회에 내놓기는 했다. 민주·국민 두 야당이 누구 좋으라고 그에 응했겠는가. 이미 때를 놓쳤던 것이다.

정부·여당의 합법화 추인조치는 적어도 절대다수 의석을 점하고 있던 13대 국회에서 단독이든 탈법이든 처리했어야 했다. 선거 후 어떻게 되겠지 한 무모함과 14대 국회 개원과 동시에 처리하겠다는 안이한 전략이 여당 입장에서 보면 일을 꼬일 대로 꼬이게 한 꼴이 됐다.

엎친 데 덮친 격으로 연기군의 관권선거 폭로사건으로 해서 야의 '장선거 실시' 주장은 백만 원군을 얻은 격이 돼 버렸다. 그렇다면 야가 주장하는 '장선거=공정한 대선 절대보장' 논거의 타당은 어느 정도나 되는 것일까. 지자체의 장을 선거로 뽑은 후에 대선을 치른다고 하면, 지자체장은 임명된 장과는 달리 대선에 말 그대로 초연할 수 있을까.

정당의 공천이 허용되는 15개 시·도지사가 소속 정당의 눈치를 전혀 보지 않고 선거의 공정·공명에만 전념한다고 보장할 수 있을까. 동시선거를 한들 크게 다를 것이 없다. 잘못하면 중앙당의 도책 내지는 시·군·구 지구 당책으로 전락할지도 모를 시·도지사와 시장·군수·구청장이 선거를 치르게 된다면, 어떤 의미에서는 임명제하에서보다 선거운동이나 간여가 더 노골화될 소지가 클는지도 모른다. 우리의 정치·행정·의식풍토를 전제로 해서 볼 때 말이다.

만에 하나 그렇게 된다면 지자체장 선거가 대선에서 야·여 어느 편에 유·불리할 것이냐는 '3·24총선'의 지역별 득표상황으로 미뤄 판단이 어렵지 않을 듯도 하다. 문제는 여쪽에서 '장의 선거' 실시를 아킬레스건처럼 생각한다는 데 있고, 야 또한 그것을 꿰뚫어보기에 '장선거 실시'가 아니면 경색된 정국을 대선 때까지 몰고 가겠다는 정략에 있다 할 것이다. 대선포기 위협론이 제일 야당에서 나오는 것만 봐도 그렇다.

우리가 지방자치를 빨리 정착시키고 그러기 위해서는 장선거도 가급적 앞당겨야 함은 긴 설명이 필요 없다. 그것을 합법적으로 연기시키지 못한 정부·여당의 잘못은 그래서 크다. 합리적인 대안을 제시해야 할 책임은 그래서 더욱 막중한 것이다.

야의 주장이 힘을 얻는 것도 그 때문이라 할 수 있다. 그렇다 치더라도 장선거 연장이란 정국의 아킬레스건이 의회정치의 상징인 국회 자체를 함몰시키고, 정치 전체를 없게 하는 유일무이한 절대가치가 돼도 되는 것인지는 여·야 정치권이 다시 생각해 봐야 한다. 3당 대표가 그 해답을 못하고 대선까지 간다면 국민들이 표로 정답을 제시할 수밖에 없을 것이다. 지자체장 선거는 많은 정치적 가치 중에 하나일 뿐이지 그게 결코 전부일 수는 없는 것이다.

(92. 9. 18.)

3) 5백만 대의 자동차

서울의 자동차 보유 대수가 90년에 1백만 대를 넘어선지 불과 2년 반 남짓한 사이에 50만 대가 더 늘어나, 지난 14일 1백50만 대를 넘어섰다. 지난 연말 1백37만 5천 대를 기록했던 서울의 등록차량 대수는 하루 5백50대씩 증가해 올 들어서만도 13만 대 이상이 늘어난 것이다.

이 같은 차량 대수는 서울 인구 1천90만 명과 대비하면 7.2명당 1대씩이며, 2백90만 가구로 치면 1.8가구당 한 대꼴이어서 서울 자동차 보유 실태는 이미 포화상태에 달했음을 입증하고 있다.

그러나 홍수처럼 폭증하는 자동차의 증가추세는 서울보다 지방이 심하고, 지방중에서도 수도권인 인천·경기와 그 인접인 충북이 더욱 심해 수도권 교통사정이 하루가 다르게 악화되고 있다는데 더욱 고민이 있다 할 것이다.

89~90년 무렵 서울의 차량 증가 수는 연 27~28%씩이나 됐지만, 워낙 심해진 체증탓 등으로 해서 지난해부터 25% 안팎으로 약간 둔화됐다. 그러나 그 과다한 증가추세가 지방으로 확산되면서 전국의 차량증가는 폭증하고 있다.

지난 연말 4백24만 7천8백16대였던 전국의 자동차 대수가 지난 8월 말로 4백89만 9천2백67대에 이르러 하루 평균 전국에서 2천3백 대씩 차량이 늘어난 셈이며, 오는 10월 10일에는 5백만 대를 돌파하리라는 것이 교통부의 전망이다.

인구 4천3백만 명에 5백만 대의 자동차를 보유했다면 인구 8.6명당 1대꼴인 셈이다. 서울의 평균 7.2명당 1대에 크게 뒤질 것도 없으리만큼 차량보유 욕구는 전국적으로 일반화돼 있는 것이다. 그런데 문제를 더욱 어렵게 하는 것은 전국 자동차의 51% 이상이 서울과 인천·경기 등 수도권에 집중됐다는 현상이다.

수도권이라야 전 국토의 12% 넓이밖에 안 된다. 이 비좁은 수도권에 전국 인구의 42% 이상이 몰려 살고, 전국 자동차의 절반 이상도 그들이 소유하고 있으니 수도권의 교통사정은 이제 주택난보다 훨씬 심각한 두통거리가 돼 버린 것이다. 설상가상으로 수도권인 경기 지역의 차량증가 추세는 전국 최고인 충북(36.5%) 다음으로 높아 36.4%를 기록하고 있다.

더욱 비관적인 것은 정부가 분당·일산·과천 등 수도권의 신도시들을 서울 도심과 연결하게 될 전철 4개 노선의 완공·개통시기를 짧게는 6개월 길게는 2년을 연장해야 한다는 계획 차질이다. 말이 신도시이지 모두가 서울의 베드타운 구실밖에 못할 이 세 인구 집중요인들은 엄청난 교통수요를 유발할 것은 불을 보듯 뻔하다.

이들이 일시에 대량으로 이용할 수 있는 전철이 입주와 때맞춰 개통되지 않을 때, 자가용 승용차를 구입해 개별적으로 교통문제를 해결하려 할 것은 너무나 당연하다. 그렇게 되면 수도권의 모든 도로는 체증으로 차를 타는 것이 걷는 것보다 느릴 날이 미구에 닥쳐올는지 모른다. 그 많은 차들을 주차시키기 위해 주택가와 아파트 단지에서 주차전쟁이 생기지 않는다고 누가 보장하겠는가.

'자동차 5백만 대 시대'를 맞이하는 정부의 교통대책은 지금처럼 문제가 생겨야만 뒤쫓아가는 식이어서는 안 된다. 사회간접자본 투자의 절대 몫을 지하철 등 대중교통 수단확보와 물류 교통시설 투자로 전환해야 하고, 승용차 보유에 대한 무슨 대책도 써야 할 때가 왔다고 본다. 이제 교통문제는 많은 국가대책 사업 중 가장 비중 높고 우선적으로 대처해야 할 화급한 난제가 됐다는 인식의 전환에서부터 새로운 정책의지를 갖고 대처해야 한다. 그렇지 않으면 차에 걸려 넘어져 아무것도 못하는 그런 나라가 될는지 모른다.

(92. 9. 25.)

4) 독일 교통정책의 새 방향

뛰어난 선능과 안전성으로 세계적인 명성을 자랑하는 벤츠와 BMW 승용차를 생산, 전 세계의 고급 승용차 시장을 석권하다시피 하는 독일.

메르세데스 벤츠 사가 생산·판매하는 벤츠상용차(화물수송용 대·중·소형 트럭 등)만도 유럽 EC 산하 국가들이 보유한 상용차의 30%를 점유하리만큼 자동차산업은 독일의 대표적인 국책산업이다.

세계에서 유일하는 속도무제한의 아우토반(초고속도로) 체제를 유치하면서, 승용차가 시속 2백km 내지 2백30~2백40km까지 달릴 수 있도록 허용하는 이슈도 자동차산업의 발전과 육성을 위한 것이라는 숨은 뜻 때문이라는 것이다.

1886년 카를 벤츠와 고트리프 다임러가 각각 세계 최초의 자동차를 발명했다는 역사적인 동인도 있겠지만, 20세기에 와서 특히 전후 40여 년 동안 독일의 교통정책의 기본은 철도보다는 도로 위주였다.

그 결과 독일에는 고속도로 4만 2천4백km(이중 1만 1천5백km는 동독지역), 주정부도로 9만 7천1백km(동독측=3만 4천km), 지방도로 47만 3천4백km(동독측=7만 7천4백km) 등 공로 총 연장길이가 62만 3천8백km(동독측=12만 4천8백km)나 돼 35만 6천km²의 국토를 거미줄처럼 연결하기에 이르렀다. 미국 다음가는 긴 도로망이다.

우리는 국토가 독일의 4분의 1 정도이기는 하지만 고속도로는 1천5백50km 남짓에 독일의 28분의 1에 못 미치고, 도로 총 연장길이도 5만 6천7백15km로 독일의 11분의 1에 불과한 것을 보면, 독일의 도로 규모가 어느 정도인지를 실감할 만하다.

그러나 독일도 철도투자는 역시 소홀해 서독측 1만 7천6백km의 철도의 동독측의 1만 4천km를 합쳐 봤자 4만 1천6백km밖에 안 된다. 우리의 철도 연장길이 3천91km와 비교하면 13배가 넘는 것이지만 독일의 육상도로망에 비하면 너무나 초라한 것이다.

그 독일이 통독을 계기로 92년부터 2010년까지를 계획기간으로 하는 교통시설 투자 20년 계획을 지난 7월 15일 확정하면서 중점투자의 기본 방향을 철도와 수로 부문으로 전환했다는 것이다.

계획기간에 쏟아부을 투자 규모는 자그마치 4천9백30억 마르크, 우리 돈으로 환산하면 2백66조 2천억 원이 넘는 천문학적인 재원이다. 이 엄청난 투자재원 내역을 보면 교통시설 보수투자에 1천9백20억 마르크, 지역교통시설 보조비 7백60억 마르크, 기타 30억 마르크와 2천2백20억 마르크는 신규 교통시설과 개발에 투입한다는 계획이다.

이 중에서도 관심을 갖게 하는 것은 신규 시설 투자액의 48.7%와 기존시설 투자비의 39.5%를 고속철도와 자기부상열차 개발 등 새로운 철도개발과 시설에 투자하며, 동독쪽의 기존 철도를 전철화, 준고속철도화에 투입한다는 것이다. 철도 분야 투자가 도로 투자를 제치고 우선적으로 그리고 훨씬 많은 투자비를 점유하게 되는 교통 투자계획은 독일 역사상 이번이 처음이라는 설명이다.

친위대 장교 중의 장교와 같은 강한 인상을 풍기고 상대방의 심정을 꿰뚫을 듯한 광채 나는 눈빛의 소유자인 동독 출신의 교통부장관 귄터 크라우제 박사는 이러한 교통 투자정책의 전환을 '새로운 교통혁명'이라고 서슴없이 말하면서 이 계획 집행의 장애를 제거하기 위한 특별법안을 연방의회에 제출해 놓고 있다고 밝혔다.

39세의 패기에 넘치는 크라우제 장관이 주도하는 이 교통정책의 새 방향은 20세기의 유럽 자동차산업을 선도했던 독일이, 21세기에는 고속철도와 자기부상열차 등 새로운 철도기술로 세계 철도산업의 패권을 잡겠다는 원대한 계획의 일환처럼 느낄 수밖에 없었다. 우리의 교통정책 방향도 새로운 선택을 해야 할 처지에 놓여 있다. 독일의 혁명적인 교통정책 방향이 타산지석이 될 수는 없을 것인지를 정책당국자들이 연구해 봤으면 한다.

(92. 10 .16.)

5) 자기부상열차

프랑스의 TGV·독일의 ICE·일본의 신간선은 시속 2백50km로 질주하는 고속철도 수송시스템이다. 일본의 신간선은 64년 첫 노선 5백15km을 개통한 이래, 4개 영업노선 총 연장길이가 1천7백5km나 되고 다섯 번째 노선 42km를 건설 중이다.

프랑스의 TGV는 81년에 제1노선 4백26km를 개통한 후 제2노선 2백94km 등 7백20km가 영업운행 중이고 3백30km의 제3노선이 내년에 완공될 예정이다. 고속철도 분야에서는 후발국인 독일은 91년 6월 함부르크-하노버-카셀-프랑크푸르트-만하임-슈투트가르트-뮌헨 간 8백km의 기존철도를 보강해 고속철도시대를 열었다.

이 고속철도노선 중 시속 2백50km 속도를 내는 구간은 4백27km라는 것이다. 그러나 독일은 2010년까지 3천2백km의 철도망을 고속화해서 시속 5백km의 자기부상 초고속열차(TRANSRAPID), 시속 2백50km의 고속열차, 시속 1백60km의 중고속열차로 철도를 다양화한다는 계획이다.

짧은 독일여행을 하면서 호기심을 한껏 자극한 것은 고속철도의 후발국인 독일이 '자석의 힘을 이용하여 열차가 궤도 위를 1cm 정도 높이로 떠서 달리는 최첨단의 철도기술인 초고속 차세기 열차'인 자기부상열차 기술개발에서 프랑스와 일본을 제치고 훨씬 앞서가고 있다는 사실이었다.

신간선·TGV·ICE가 아무리 빠르다 해도 공학적 기본구조는 철도와 바퀴다. 기관차와 열차를 지탱해주고 유도하며 가속과 제동이 바퀴와 레일에 의존할 수밖에 없다. 처음으로 등장했던 열차가 바퀴로 궤도 위를 달려야 하는 기본적 기술원리를 크게 벗어나지는 못하고 있는 것이다. 그러나 자기부상열차는 근본적으로 기술원리를 달리한다. 전자기의 힘으로 열차를 부상시켜 지탱케 하고 목적지까지 유도하며 추진력 또한 자기의 힘으로 시속 5백km까지 낼 수 있게 한다는 것이다. 바퀴와 레일이 접촉할 필요가 없는 철도기술이니 철도공학 시스템을 근본적으로 혁신하는 새로운 혁명을 예고한다고 해야 할 것이다.

문제는 이 혁명적인 수송시스템이 대량수송이 가능해 상업적으로 수지타산이 맞을 수 있을 것이냐는 것과 시속 5백km의 속사체가 터널을 통과할 때 공기압력을 견뎌 낼 수 있을 것이며, 열차를 뜨게 하고 움직이게 하는 전자파가 승객의 인체에 유해하지는 않겠느냐는 점 등에 있다 할 것이다. 그러나 독일은 니더작센 주의 앰스랜드 강변의 도시인 멤펜-듈펜 간 31.5km에 자기부상열차 시험철도를 가설, 89년부터 기관차와 90석의 객차 등 2량의 자기부상열차를 시험운행하면서 기술상의 문제점을 보완, 상업적으로 실용화해도 문제가 없다는 결론을 내기에 이르렀다고 한다.

지난 66년부터 자기부상열차 기술개발에 착수한 독일은 87년에 상업용 최종모델을 TRANSRAPID 07로 확정하기에 이르기까지 숱한 기술적인 시행착오를 겪었다는 것이다.

90년 4월에는 시험운행 중 사고가 발생해 1년 이상 시험운행이 중단됐다가 지난 91년 9월부터 시험을 재개했다는 것이다. 지난 9월 28일 직접 시험운행 중인 자기부상열차를 시승했다는 크라우제 독일 교통부장관은 "날아가는 화살을 탄 기분이었다"면서 "터널을 지날 때 공기압력을 전혀 느끼지 못했으며 쾌적했다"고 자랑했다.

그는 또 내년에 착공하는 함부르크-베를린 간 4백km의 새 철도는 자기부상열차를 운행하는 차세기 철도로 건설, 승객 1천60명 가량이 탈 수 있는 10량을 운행키로 계획을 추진하고 있다면서, 97년 완공·개통할

때 초청할 테니 "꼭 와서 타보라"며 자신있다는 듯이 웃었다

공학자도 아닌 내가 남의 나라의 첨단 철도수송시스템 혁신에 유독 관심을 갖고 자료를 모으고 현장을 누비느라 땀을 흘린 까닭은, 남들은 지금 무엇을 하고 있는지를 알고 싶어서였다. 또한 우물 안 개구리처럼 눈 딱 감고 너무 성급하게 경부고속철도 조기건설만을 밀어붙이고 있는 교통정책 당국자들에게 고언해 줄 만한 교훈이라도 찾을까 해서이기도 했다. 시속 5백km의 자기부상열차가 우리의 좁은 국토에는 부적합할 것 같다는 결론을 내리게 된 것도 의외의 결실일 듯하다.

(92. 10. 23.)

6) 학문의 근친상간

친지나 형제자매 등 가장 가까운 혈연 간의 교배를 근친상간 또는 동계교배라고 한다. 동형접합체의 출현을 높여 주는 효과가 크기 때문에 집단 내의 형질균등화를 목적으로 할 때 이용된다. 그러나 동계교배는 자주 반복하면 생존상 불리한 열성 유전자가 짝지어질 가능성이 많아 가급적이면 피하는 게 유리하다는 것이 정설이다.

이와 같은 동·식물계의 근친상간이나 동계교배의 역기능은 학문의 세계에도 '마찬가지'라는 것이다. 즉 전임강사·조교수·부교수·교수 등을 임용할 때 '자기대학 출신 우선 채용제도'는 학문의 경쟁력을 약화시키는 결정적인 요인이 된다는 이론이다.

금세기 초에 미국 하버드대학의 찰스 엘리어트 총장에 의해 제기된 '학문의 근친상간 해독론'은 구미 선진대학들에서 이론 없이 수용된 지 오래다. 그래서 다른 대학출신을 교수요원으로 '우선 임용'하는 것을 불문율로 하고 있다. 선진국의 명문대학들은 '대학의 학문발전 속도는 자기

대학 출신자의 교수채용 비율에 반비례한다'고 믿고 있을 정도다.

아이디어 프러덕티비티(Idea productivity)란 말도 그 때문에 생겨난 것이다. 같은 지식 또는 연구만으론 1백의 생산성밖에 안 나온다. 서로 다른 지식이나 연구방식을 교합하면 생산성이 2백이 될 수도 있고 3백이 될 수도 있다는 이론이다.

그러나 우리의 대학들은 자기대학 출신을 교수요원으로 우선 채용하는 것을 자랑스러운 전통인양 생각하고 있다. 이름깨나 있거나 오래된 대학일수록 학문의 근친상간 실상은 훨씬 심하다.

얼마 전 교육부가 국회에 낸 1백21개의 4년제 대학들의 자기대학 출신 교수채용 3개년 실태가 그것을 입증해준다. 서울대는 90년 채용한 22명과 91년의 36명을 1백% 서울대 출신을 채용했으며, 올해 채용한 59명 중 47명(80%)도 서울대 출신이어서 3년 평균치가 90%였다.

고려대는 90년 33명 중 26명(76%), 91년 34명 중 27명(79%), 92년 35명 중 29명(83%)이 동문출신으로 평균 80%다. 연세대는 90년 42명 중 40명(95%), 91년 50명 전원(1백%), 92년 53명 중 50명(94%)이 동문출신으로 평균치는 96%로 국내 대학 중 단연 제일이었다. 경북대 65%, 부산대 59%, 이화여대 55%다. 명문을 자처하고 전통을 자랑하는 대학들이 거의 다 이 모양이다.

세계의 명문인 하버드대학은 제대학 출신 학사 교수요원은 11.7%, 제대학 박사교수라야 16.3%에 불과하다. 스탠퍼드대학은 동문출신 학사 교수요원은 아예 없고 동문 박사교수도 1.1%다.

자기대학 출신 우선 임용제도는 선·후배교수 간의 결합력, 대학의 특성과 전통의 유지, 교수와 학생 간의 동문의식에서 연유되는 유대강화, 요즘처럼 대졸자 취업난이 심각할 때 졸업생의 취업률을 높인다는 긍정적인 면이 없는 것은 아니다. 하지만 그것도 동문출신 비율이 20% 안팎일 때나 기대할 만한 것이지, 그것이 우리처럼 60~80%를 넘고 1백%에 가까워 다른 대학 출신이 얼씬도 하지 못할 정도가 되면 대학의 핵심적 본질인 학문의 발전이 침해당하고 경쟁력을 상실하는 역기능이 더욱 크다는 것이다.

우리 대학의 총장들도 이를 모르지는 않으면서 "남이 그러니 나도 그럴 수밖에 없다"는 식이다. 개선의 의지를 포기한 상태여서 더욱 한심스럽기만 하다.

대학교수들이 평가받기를 두려워하고 부교수만 되면 65세 정년보장을 주장하며, 제자교수에게 대물림이나 하면서 학문적 경쟁 없이 현실에 안주하는 무사안일에만 몰두한다면, 국제수준급의 대학을 만들어 대학교육의 우월성을 추구하는 일과 참된 국제경쟁력을 기르는 중대사를 누구에게 기대해야 할 것인지, 정말 걱정스럽기만 하다.

(92. 10. 30.)

7) 수학능력시험의 공포

94학년도부터 시행될 '새 대학입시제도'에서 가장 특징적인 변화를 꼽는다면 수학능력시험제를 도입했다는 것이다. 고교내신성적, 수학능력시험성적, 대학별 본고사 성적 등 세 가지 기본 전형자료 중에서 고교내신성적을 40% 이상 반영하는 것만을 의무화했을 뿐, 수학능력시험과 대학별 본고사 성적반영 비율은 대학의 재량에 맡긴 것이 '새 대학입시제도'의 내용이다.

수학능력시험제도는 쉽게 보면 현행의 학력고사를 대신하는 시험형태라 할 수 있다. 다만 특별히 다른 점을 든다면 현행의 학력고사 문제 출제가 '사지택일'의 객관적 출제여서 암기위주나 문제풀이 위주의 교수·학습만을 하는 고교교육의 결정적인 폐단을 바로잡기 위해, 통합교과적이고 탈교과적으로 고등 사고능력을 측정할 수 있는 문제를 출제하는 것으로 바꾼다는 것이다.

그런데 현실은 그렇게 간단한 것 같지가 않다. 일선 교육현장에서는 수학능력시험에 대비키 위해 무엇을 어떻게 가르쳐야 할지 방향조차 모르겠다는 교사들의 불평이, 이 제도 도입발표 때와 다름없이 여전하며 학생들과 학부모들은 불안의 단계를 넘어, 공포 신드롬(증후군)과도 같이 확산되고 있는 추세까지 보인다는 것이다.

지난 6일 국립교육평가원이 개최한 '수학능력시험'을 주제로 한 심포지엄에서 발표된 일선 교사들과 해당 교수들의 반응이 그것을 입증하고 있다. 언어영역에 대해 발표한 한 교사는 수학능력시험에 대한 고교교사들의 정서가 호의적이 아니라고 했고, 또 다른 교사는 그 개념과 실체가 무엇인지 아직도 모르는 실정이라고 불평했으며, 한 대학교수는 출제형식과 경향이 생소해 교사들이 진학지도에 어려움을 겪고 첫 수험생이 될 고2생들과 학부모들이 당혹해 하고 있다고 했다는 것이다.

우리 국민들의 심성이 변화에 쉽게 적응하기보다는 기존의 것에 젖은 타성에서 벗어나기를 싫어하는 보수성향에 가까운 형이고 보면, 새 제도에 대한 거부반응이 만만치 않으리라는 것을 예상 못 했던 것은 아니다.

최근에 와서 수학능력시험에 대한 거부심리가 공포 신드롬으로까지 확산하기에 이른 데는 3당의 대통령 후보들이 하나같이 내거는 대학입시제도 개선공약이 한몫을 했다고 보인다. 서로 집권하면 대학입시제도를 바꿔 대학에 가고 싶은 사람은 모두 갈 수 있게 하겠다는 실현불가능한 공약들을 제시해, 가뜩이나 새 입시제도에 불만스러운 교사·학생·학부모들에게 잘하면 수학능력시험을 안 치러도 될는지 모른다는 허황된 기대심리를 부추겨, 새 입시제도에 대한 거부반응을 확산시켜 가고 있는 징후까지 보이기 때문이다.

그러나 그것은 헛된 생각일 뿐이다. 수학능력시험을 도입한 '새 대학입시제도'는 94학년도, 즉 내년 이맘 때 대학입시를 치르게 되는 현재의 고2생들로부터는 틀림없이 시행되는 입시제도임이 분명하다.

교사든, 학생이든, 학부모든, 새로운 변화가 겁이나 거부반응을 보이며 대통령 후보들의 실속 없는 공약에 솔깃해 새 제도에 적응하기를 두려워한다면, 그만큼 손해를 볼 수밖에 없다는 것을 깨달아야 한다.

모두가 다 당해야 하는 변혁이라면 구태여 두려워할 일이 아니다. 생소하고 모르기는 모든 수험생이 마찬가지다. 문제는 누가 더 새로운 제도에 적응하는 데 적극적인 자세로 임하느냐에 달려 있다 할 것이다.

교육부와 국립교육평가원의 책임도 없다고 할 수는 없다. 2년 동안에 7차례에 걸쳐 1백59만 9천 명의 고교생에게 수학능력시험 실험평가를 했음에도 불구하고 일선 교사와 고교 2년생들의 입에서 그것이 무엇인지, 어떻게 대비해야 하는지 방향마저 모르겠다는 불평의 소리가 터져 나온다면, 실험평가가 성공적이었다고 할 수는 없는 것이다. 실시하기까진 1년여의 여유가 있다. 수학능력시험에 대한 거부반응을 최소화할 수 있는 세심한 대책이 있어야 할 것이다. 그것은 정책 당국의 책임이자 의무이다.

(92. 11. 13.)

8) 공약남발과 리더십의 훼손

전후 세대인 46세의 빌 클린턴이 세계 유일의 초강대국 지도자로 등장했다. 당선 직후 제일성으로 클린턴이 말한 '미국에 있어 하나의 새로운 시작'인 변화의 파고가 거세게 일 것 같다. 미국민들은 지금 클린턴이 '비틀거리는 미국'을 다시 일으켜 세워 주기를 바라는 희망찬 기대에 차 있을 만도 할 것이다.

그러나 우리 입장에서 한미관계에 큰 변화가 없으리라고 자위적인 기대를 하면서도 불안한 구석이 없다고 할 수는 없다. 통상 마찰문제와 주한미군 정책이 특히 그러하다. 그러나 아무려면 지미 카터 전 미국대통령 때처럼 한미관계가 미묘해지기까지야 하겠는가. 77~81년 1월까지 미국을 이끌었던 카터는 선거공약인 주한미군 철수를 재임 절반을 넘길 때까지 미련스럽게 고집, 우리를 불안케 했고 박동선사건과 인권외교로 그가 불러일으켰던 양국 간의 우여곡절은 아직도 기억에 생생하다.

카터가 미국대통령에 당선됐을 때 동부의 핵심 지도계층에서 "할렘가에까지 찾아가 선거공약을 하고 대통령이 된 자"라는 비웃음의 소리가 있었다고 한다. 실현도 못 할 공약을 흑인들에게까지 남발한 카터는 미국정치인들의 불문율을 어겼다는 비꼼이었다는 것이다.

워터게이트 망령에 시달리고 있던 미국인들에게 '도덕정치'를 들고 나와 백악관의 주인이 됐지만, 그것은 '미국 제일'을 기초로 하는 패권주의 미국에서 실현할 수 없는 공약이 될 수밖에 없는 것이어서 카터 리더십의 본질적인 허상만을 드러내고 말았다는 것이다. 그리하여 카터는 무능한 대통령으로 단임에 그칠 수밖에 없었다는 것이 미국 정치학자들의 평가다.

공약남발과 그 불이행이 리더십의 권위붕괴와 통치불신을 초래해 지도력 부재의 대통령으로 국민들에게 비쳐야 했던 대통령이 우리에게도 있다고 보는 학자가 있다.

행정학자인 김용서 교수(이화여대)는 그의 저서《한국형 보수주의와 리더십》속에서 "노태우 대통령은 후보시절에 선거용 선심공약을 남발, 리더십의 기초적인 요건을 불비한 측면을 보였었다. 유세기간에 공약을 남발하고 다니면서 그것이 얼마나 엄청난 규모의 재원을 필요로 하는지, 그 재원조달이 거의 불가능한 우리 경제 현실을 파악함도 없이, 다시 말해 지도자로서 예견력이나 통찰력 없이 공약을 남발했다는 점에서 처음부터 리더십에 문제가 있었다"고 진단한다. 김 교수는 "실현불가능한 공약 남발과 '보통사람의 시대' 개념의 혼미, 중간평가 불이행 등이 노 대통령의 리더십을 자승자박하는 무거운 짐이 되어 그의 통치과정 전반을 위축시켜 갔다"고 평가하고 있다.

김 교수의 진단과 평가가 어느 정도 정확한 것인지에 대한 결론은 유보하고 싶다. 그러나 12월 대선을 향해 뛰고 있는 민자·민주·국민당의 3 대통령 후보들이 경쟁적으로 남발하는 실현불가능한 공약들을 보면서, 하나같이 지도자로서의 목표설정 능력에 의문을 갖지 않을 수 없고, 김 교수의 진단처럼 공약남발이 그들의 리더십을 결정적으로 훼손하게 된다면 7공정권 또한 6공과 같은 가치혼란이 초래하는 '착각의 논리'가 성행하는 사회가 되지 않을까 두렵다.

한 나라의 최고지도자는 국민들에게 기대감을 불어넣어 줘야 한다. 그 기대감은 국민들의 실생활에서 가시적으로 반영될 수 있어야 한다. 그러나 아무리 대통령이라 하더라도 자신이 제공할 수 없는 기대를 국민들로 하여금 과잉기대하게 한다든가, 그도 어찌할 수 없는 어려움에 대하여까지 과잉의존토록 해서는 안 된다. 대통령은 국민적 기대감을 고취시키면서도 국민적인 욕구불만과 좌절감을 어떻게 최소화하느냐는 것이 훌륭한 리더십의 요체라는 것을 3당의 후보들이 생각했으면 한다.

(92. 11. 6.)

9) 서울시의 속단과 허풍

서울시 청사를 새로 건축하는 문제는 지난 30년간 역대 서울시장들에게 '잘 익은 뜨거운 감자'와 같은 것이었다. 한입에 덜렁 삼키자니 입안을 온통 델 것 같고, 그냥 두고 보기에는 식욕이 너무 동해 참을 수가 없었던 그런 것이었다. 그래서 역대 시장들은 저마다 군침을 질질 흘렸지만, 아무도 먹지 못해 아직도 뜨거운 김이 모락모락 나는 먹음직스러운 감자로 남아 있게 된 것이다.

'시청을 다시 지은 시장'으로 기록에 남고 싶다는 명예욕으로 해서 역대 시장들이 청사 신축에 군침을 흘렸던 과정은 아직도 시청에서는 생생한 얘깃거리로 남아 있다. 65년 4월 4일~70년 4월 18일까지 시장이었던 김현옥 씨와 그 후의 양택식 시장 때는 서울시청의 청사부지는 여의도로 확정돼 있었다. 양시장은 72년 상반기에 여의도 새 청사부지에서 신축공사를 착수한답시고 착공의 삽질까지 한 일도 있다. 결국은 여의도 체비지를 팔기 위한 연극이었다.

구자춘 시장 때는 삼성동 한국종합전시장(KOEX) 자리로, 정상천 시장 때는 현재의 서초동 법원청사 자리로 오락가락했다. 염보현 시장 때는 88올림픽 개최에 명분을 걸어 87년 11월 현 시청 자리에 다시 짓기로 결정, 발표하고 현상설계를 위한 용역을 서울공대 교수에게 맡겼으나 갑작스러운 경질로 백지화되고 말았다.

김용래 시장과 고건 시장 때는 되돌려 받게 되는 용산 미8군 기지땅이 후보지로 떠올랐었다. 이처럼 역대 시장마다 군침만 흘리다만 서울시 청사 신축문제가 시장부임 5개월밖에 안 되는 이상배 시장에 의해 결단이 내려졌다는 것이다. 서울 6백년(1994년 11월) 기념사업 시민위원회(각계 대표 53명)가 기념사업의 일환으로 '시청사를 신축하는 문제를 포함시켜 신축을 위한 기본구상만이라도 확정하자'는 건의가 이 시장 결단의 배경이라는 전문이다.

그러나 내가 보기로는 이 시장의 결단은 앞뒤가 맞지 않으며, 청사 신축을 위한 조사 및 도시계획적인 검토만을 위해서라면 구태여 10억 원까지를 예산에 반영할 필요가 있었겠는가 하는 의문점들이 많아 수긍하기가 어렵다.

지난 26년에 일제총독부에 의해 건축된 식민통치의 상징적 관공서 건물 중 하나이고, 그 후 66년 동안 낡고 비좁아 실용적 측면만을 생각한다면 청사 신축의 당위성이나 필요성은 충분하다. 그러나 시청을 다시 짓느냐는 것과 부지를 어디로 할 것이냐는 결정을 하는 데는 서울시장의 독단이나 시청관리들만의 논의 또는 기념사업 시민위원의 건의만으로 해서는 될 일이 아니라고 본다.

최소한 시민적인 합의도출을 위해 전문가 토론회와 시민공청회를 거쳐 민선시의회에 부쳐야 하는 과정과 절차를 밟는 게 우선해야 한다. 위치선정과 규모 등은 통일 후 수도 서울시청이라는 국가차원의 배려가 있어야 하고 지방자치가 본격화할 때 정부와 서울시, 서울시와 구청 간의 위상과 기능까지 고려해야 할 만큼 '서울시 청사를 다시 짓는 일'은 중요하고도 민감한 문제라고 보기 때문이다.

그런데도 각 신문들이 보도한 내용을 보면 중구 태평로 1가 31 지금의 자리 3천7백 평을 신축부지로 확정한 것처럼 돼 있고, 층수와 규모, 착공연도까지 자세히 나와 있다. 도대체 이게 무슨 소리인가. 청사 신축을 기정사실화하려는 서울시의 허풍이라면 일의 앞뒤도 모르는 철부지들의 장난 같아 우습기까지 하다.

서울시의 당무자는 예산자체가 조사 및 계획검토를 위한 것일 뿐 기본

설계비는 아니라고 극구변명하지만, 10억 원이나 되는 예산이라면 기본 설계비가 포함된 것쯤은 알 만한 사람들은 다 알 수 있다는 것도 잊어서는 안 될 것이다. 어찌됐던 백지화가 될 것이 틀림없는 헛된 꿈에 가뜩이나 부족한 시예산 중 10억 원이 녹아날 것을 생각하면 안타깝기만 하다. 서울시 청사 신축문제는 멀지 않아 등장할 민선시장에게 넘기라고 권하고 싶을 뿐이다.

(92. 11. 20.)

10) 한 아버지의 입시체험기

2년 전인 91학년도 전기대학의 합격자 발표가 난 직후에 친구에게 들은 실화다. 2남 1녀를 둔 그 친구는 그보다 2년 전에 장남이 전국 최고득점자 그룹이 몰린다는 최고 명문대학교의 법과대학에 손꼽을 만한 우수한 성적으로 합격을 해, 그 집에는 입시고통이 없는 것으로 알려졌던 친구였다. 그러나 대학입시는 그 집에도 역시 '입시'였던 모양이다.

딸이 명문 여자대학에 합격했다고 해서 축하술잔이라도 나누려고 만난 그 친구는 "입시지옥의 문턱까지 갔다 왔다"며 허풍부터 떨었다.

실화의 내용은 이렇다. 입학원서를 쓰기 전 고3 담임이 불러 학교엘 갔다. 추천하는 학과는 딸이 가겠다는 대학의 하위성적 그룹에 속하는 곳이었다. 10차례의 모의고사 성적표와 내신 4등급으로, 학력고사 실수가 없어야 그것도 가능할 것 같다는 눈치였다. 딸의 적성이나 전공하고 싶어 하는 학과는 물론 아니었다. 대학을 낮출 수밖에 없었다. 3일을 설득했지만 딸아이는 고집불통이었다. 원서접수 마감날까지 학과를 못 정하고 하오 2시 반께 대학엘 갔다. 남들이 한다는 눈치지원을 해볼 셈이었다. 그러나 그것은 더 어려웠다.

하오 4시가 돼서 접수대열의 끝에 섰다. 마침 폐쇄회로 TV화면에 하오 3시 30분의 접수상황이 나오고 있었다. 고교가 추천한 학과는 이미 1.8 대의 1이었고, 딸의 적성학과는 40명 모집에 23명이 접수한 상태였다. 기왕에 자신이 없을 바에야 네가 가고 싶은 데에 응시해 보자고 해봤다.

"아빠! 거기는 1등급들이 가는 데야…" 하면서 망설였다. 그래도 아직은 "덜 몰렸잖아" 했더니 딸도 그러자고 했다.

마감 15분을 앞둔 하오 4시 45분에 받아든 접수번호는 '43번'. 3명을 초과했으니 일단 안심했다. 그러나 저녁 9시 TV뉴스에 방영되는 마감결과는 83명이 지원해 2.07대 1이었다. 고교가 추천한 학과는 2대 1. 딸의 말처럼 그 학과는 1등급이 가는 상위그룹 학과였고 20%의 제2지망자까지 계산하면 실질경쟁률은 2.6대 1이었다. 눈치지원이 결국은 상향 소신지원이 되고 말았다.

불합격은 뻔해 보였다. 고심 끝에 얻은 결론은 딸아이의 마음을 안정시켜 최고실력을 발휘케 할 수밖에 없는 다른 묘안이 없었다. 새벽 6시 20분에 학교에 가는 딸을 차에 태우고 20분 걸려 가는 등굣길에서 격려를 했다. 모든 책임은 지원을 잘못하게 한 아빠에게 있다. 실패하면 후기 대학도 좋고, 재수해도 괜찮다. 그러니 최선을 다해 보라고 용기를 북돋워줬다. 3일째 되자 아이는 침착해졌고 시험 4일 전까지의 '17일간 동승 학교길'에서 딸아이는 자신감을 되찾은 듯이 보였다.

그해의 학력고사는 수학문제가 유난히 까다로웠다. 대부분의 수험생들이 수학에서 10~15점을 덜 받았으니, 아이는 오히려 20점을 더 받았고 다른 과목에서도 제 실력의 최고 점수를 땄다. 같은 학교에서 간 1등급들이 다 실패했는데도 4등급이 유일하게 합격하는 기적을 만들었다는 것이다. 억세게도 입시운이 좋은 집이라고 웃으며 들었지만, 그 친구가 딸을 격려한 방법은 하도 지혜로워 보여 아직도 잊히지가 않는다.

자녀들에게 자신이 없는 아버지, 아무 말도 할 수 없는 아버지, 특히 대학입시에 관해서는 학교에 일임하거나 어머니들에게 맡겨 버리고 자신은 골치 아픈 입시에서 도피하려는 아버지가 대부분인 것이 요즘의 세태이다.

대학시험을 앞둔 자녀들은 늘상 접촉하는 어머니의 말 백 마디보다도 아버지의 관심과 신뢰가 용기를 샘솟게 하고, 자신감을 갖게 하는 데 훨씬 효과적이라는 것을 세상의 아버지들은 알았으면 한다. 오늘 하오 5시면 전기대학 입시원서가 마감된다. 12월 22일의 시험날까지는 꼭 24일이 남았다. 너무 때가 늦었다고 체념하지 말고 자녀들을 격려할 수 있는 방안을 나름대로 모색해 보라고 수험생들의 아버지들에게 권하고 싶다.

(92. 11. 27.)

4. 자율 속의 획일

1) 선택의 기준은…

월트 휘트먼 로스토는 경제발전 단계론을 제창해 유명해진 미국의 경제학자다. 로스토는 경제성장의 단계를 ① 전통사회의 단계, ② 도약준비 단계, ③ 도약의 단계, ④ 성숙의 단계, ⑤ 대중적 대량소비단계 등 5단계로 나누고 있다.

그러나 많은 정치학자들은 로스토의 발전단계론을 토대로 하면서도 신생독립국가의 발전단계를 4단계로 구분, 보다 알기 쉽게 설명한다. 그리고 그 단계에 따라 보다 적합한 정치지도자의 자질과 리더십의 조건을 제시하기도 한다.

4단계론에 의하면 제1단계는 독립주권국가를 수립하는 단계다. 이 단계에서는 중앙집권적 권력이 형성되고 산업화의 선행조건을 준비하는 시기로, 우리의 경우는 48년 건국에서부터 1차 경제개발 5개년 계획이 착수됐던 64년까지가 이에 해당된다고 보는 학자가 있다.

제2단계는 근대화·산업화를 주축으로 하여 국가발전을 추진하는 시기다. 권위주의적인 정치체제와 리더십이 산업화, 제일주의, 밀어붙이는 것이 공통된 현상이다. 우리의 65~85년까지를 이 단계로 구분한다.

제3단계는 국민들의 민주적인 저항이 더 이상 억제할 수 없을 만큼 커져서 정권이 그 요구를 수용, 민주화가 정착하기 시작하게 되는 시기다. 우리에게서 87년의 '6·29선언'은 제3단계 진입의 시발점이라고 보며, 2천년 초까지가 이 단계에 속한다는 논리다.

제4단계는 가치의 분배가 국민의 최대관심사가 되며 그 결과로 권력과 부의 편중이 완화되면서 고도의 대중소비단계를 거쳐 탈산업화시대로 진입하게 된다는 시기다.

정치학자인 한승조 교수는 제1·2단계를 산업화 전기로, 제3·4단계를 산업화 후기로 크게 구분한다. 그는 전기에는 민주정치제도가 있어도 형식에 그칠 뿐이며, 실제로는 권위주의 체제와 리더십이 모든 것을 압도하게 된다고 설명한다. 후기에 들어서야만 중산층이 형성돼 권위주의적 권력에 대한 국민적 저항이 증가하게 되면서 민주화 과정이 정치불안·경제불안·사회무질서를 야기해 새로운 민주정치 체제는 또 다른 정치위기를 겪게 된다는 것이다. '6·29 선언' 이후 우리가 경험하고 있는 정치지도력 부재현상에 대한 실감나는 해석인 것 같아, 공감이 가는 측면이 적지 않다.

이 같은 국가발전단계론적 시각을 구태여 적용하지 않더라도, 우리가 맞게 될 21세기는 '민주화 투쟁이 어떻고' '누가 더 투쟁적이었느냐'는 식의 논리나 되풀이하면서 정치·사회적 혼란과 무질서 그리고 이기주의에 사로잡혀 '나라경제'를 더 이상 제물로 삼으며 질척대고 있을 시간적 여유를 허용하지 않을 게 분명하다.

오는 18일 선거로 뽑힐 대통령의 책무야말로 코앞으로 다가선 21세기를 대비할 통치자다. 산업화 후기 즉 성숙한 단계의 정치과업을 담당해야 할 리더십을 발휘해야만 할 지도자라는 점에서 그 어느 때의 대통령을 뽑는 일보다 중차대한 의미를 지닌 선거인 것이다.

그 선택의 기준은 어떤 것이어야 할 것인가. 무엇보다 먼저 생각해야 할 대목은 와해된 민족공동체의식을 회복시켜 땅에 떨어진 도덕성과 질서의식을 되찾게 해야 한다. 정직·근면·성실한 사람이 잘살 수 있는 사회를 만들어 경제에 활력을 불어넣을 수 있어야 한다. 부정적 심리에 젖은 젊은 세대들을 바른 길로 인도할 수 있는 지도력이 있어야 한다.

이러한 전제를 놓고 한 표를 행사할 선택의 기준을 세운다면 도덕성·지도자적 자질·역사의식과 과업선정에 대한 인식도·조직 관리 및 문제해결능력·지지기반과 사회적 이미지·보좌하는 인적 구성원·사회개혁에 대한 비전·지도전략과 기법 등을 따져 보고 표를 찍어야 할 것 같다. 이모든 조건을 갖춘 지도자가 없다면 차선이 누구인가를 택할 수밖에 없을 듯하다.

(92. 12. 4.)

2) 유권자의 책무

미국의 경제학자 존 갈브레이스는 《불확실성의 시대》란 저서 속에서 스위스 민주제도의 힘의 원천을 3가지로 꼽고 있다.

첫째 스위스인들은 투표결과에 끝까지 관심을 갖는다는 것이다. 그렇게 함으로써 정치가 국민들의 뜻을 저버릴 수 없도록 한다는 것이다. 둘째는 공동체 의식이다. 특정한 이득을 위해서 사회전체가 희생되는 것이라면 손실이 너무 크다는 것을 스위스인들은 너무나 잘 안다. 따라서 공동체 즉 국가와 사회의 이익은 개인이나 당파 혹은 조직의 이익에 우선한다는 데 국민적 합의가 잘 이뤄진다고 한다. 셋째 스위스인들은 공리공론적인 원칙보다는 실제의 결과에 대해 보다 많은 관심을 기울인다. 이러한 정신이 명분보다 실리를 앞세우게 되어 타협정치의 원동력을 만들어 낸다는 것이다.

우리 유권자들의 투표행태, 더 넓게는 정치의식에 관하여 학자들이 조사·분석한 내용들은 대략 다음과 같이 요약할 수 있을 것 같다.

첫째로 자기의 확신이나 관심에서 자율적으로 결정하여 투표하기보다는 권위에 대한 복종심, 국가권력에 대한 무조건적 추종심이 정치 행태에서도 그대로 반영되고 있다. 따라서 정치적 상황에 따른 자극 또는 집단압력에 반응하여 투표하는 경향을 보여 왔다.

둘째는 정치인들이 부추긴 지역간의 대립의식 즉 지역감정에 맹목적으로 좌우되어 투표하는 현상을 드러냈다. 예컨대 건국 후 5·16군사혁명까지, 특히 56년의 3대 대통령선거와 58년 국회의원 선거에서는 여촌야도 현상을 현저하게 보였다.

63년 5대 대통령선거에서는 표의 남북현상이 나타났다. 그 후 67년 6대, 71년 7대, 87년 13대 대통령선거에서는 뿌리깊은 지역감정의 표출이라고 할 표의 동·서대립 향상을 드러내 왔던 것이다.

그러나 오늘 투표를 하게 되는 유권자들의 정치의식이나 투표행태에서이 같은 전통적 성향이 그대로 표출된다고 볼 수 있을까. 아마도 그러한대입공식이 맞아 떨어지기에는 상황이 너무 판이하고 유권자들의 정치의식 또한 달라진 점이 너무 많아 이제까지의 경험논적 정치학 저술은고전으로 밀려나야 하지 않을까 한다.

이번 대선에서는 유권자의 투표행태에 압력을 가할 만한 기존의 권위나 여당으로 대변될 만한 국가권력의 행사가 없어졌다는 상황을 들 수있다. 쉽게 말하면 여야 대결상황이 아니었다. 그로 인해 대선에서 두드러진 이슈가 없었다. 굳이 핵심적 이슈를 찾자면 '경제를 되살리는 일'이라 해야겠지만, 그 또한 어느 후보의 전유물이 됐다고 할 수는 없었다.

지역감정이 이번 선거에서 어느 정도 다시 살아날 것이냐가 표의 향방을 크게 좌우할 수 있을 것으로 볼 수도 있겠지만, 그보다는 차라리 유권자의 56%를 점하면서도 무주공산인 수도권의 44.4%(서울 25.4%, 경기

14.7%, 인천 4.6%)와 TK권의 11.6%(대구 5%, 경북 6.6%)란 압도적인 유권자들이 어느 후보에게 쏠리느냐가 승패를 가르는 새로운 척도가 되지 않을까 한다. 어찌됐든 결과야 24시간 후면 판명이 날 것이다.

오늘은 2천9백42만 유권자들이 빠짐없이 투표장에 나가 신성한 책무를 행사해야 한다. "나의 한 표쯤이야 어떻겠느냐"는 정치무관심으로 해서 기권하는 행위야말로 이 나라 정치발전을 근본적으로 저해하고, 정치적 부패를 눈감겠다는 무책임한 행위다.

누구를 뽑느냐는 것도 중요하지만 뽑힌 대통령에게 유권자가 감시의 눈초리를 늦추지 않고 있다는 표의 압력을 보여 주는 것이야말로 유권자의 책무라는 것을 잊어서는 안 될 것이다. 그렇게 될 때 비로소 우리의 정치도 스위스처럼 보다 성숙한 민주화와 선진화를 이룩하게 될 것이기 때문이다.

(92. 12. 18.)

3) 59만 응시생들에게

두 번의 큰 실패에도 불구하고 전혀 다른 방향으로 삶을 다시 시작해 끝내는 미국의 대통령까지 된 해리 트루먼의 인생역정은 좌절과 역경에 처한 젊은이들에게 인생교훈이 되기에 충분할 것이다. 미국에서 가장 어려운 지역인 미주리 주 출신의 트루먼은 고등학교만 졸업했다. 가업인 농장을 경영하는 일로 사회에 첫발을 내디뎠다. 1차 세계대전이 터지자 야전포병학교에 들어가 교육과 훈련을 받고 포병소위로 출정했다가 전쟁이 끝나자 소령으로 퇴역했다.

퇴역 후 그는 유전개발사업에 손을 댔다가 크게 실패했다. 의류제조업을 시작했으나 더욱 참담한 실패를 하고 말았다. 거덜이 난 트루먼은 30

세가 넘어 야간대학에 들어가 법률공부를 시작, 38세에 도재판소의 판사가 됐다.

거듭되는 실패에도 굴하지 않고 새로운 인생을 열심히 개척해 갔던 것이다. 50세에 고향 미주리 주에서 연방 상원의원(민주당)에 선출됨으로써 정계로의 또 한 차례 삶의 변전을 시도한 트루먼은 10년 만에 부통령이 됐다. 그 유명한 프랭클린 루스벨트 대통령의 4선 러닝메이트로.

45년 4월 루스벨트의 급서로 트루먼은 마침내 미국의 33대 대통령이 됐다. 일본에 원자폭탄 투하결단으로, 태평양전쟁을 종결짓고 재선 대통령이 된 그는 6·25전쟁이 발발하자 즉각적으로 미군을 파병, 공산화될 뻔했던 한국을 구해 줬다. 우리로서는 여러 가지 의미에서 잊기 어려운 미국 대통령 중의 한 사람이다. 트루먼 회고록을 보면 그는 실패를 거듭할 때마다 "그것은 하나의 계획이 실패한 것이다. 내 자신이 실패한 것은 결코 아니다"라고 자신을 채찍질했다는 구절이 유난히 눈길을 끈다.

1백1개의 4년제 대학에 응시한 59만 여의 수험생들은 지금 더할 수 없는 불안한 심경 속에서 결과를 기다리느라 숨을 죽이고 있을 그런 순간이다. 내일부터는 합격자 발표가 나기 시작할 것이다. 합격의 영광을 안게 될 16만 4천2백50명을 제외하면, 2.6배나 되는 42만 1천1백56명의 응시자들이 실패의 쓰라림을 안고 좌절감속에 빠져들게 될 것이다. 수험생 학부모들의 마음은 오죽이나 초조하겠는가.

입시철만 임박하면 입시생을 둔 친척이나 친지들의 집에 전화마저 걸기가 겁이 날만큼 이 사회는 입시열병을 앓고 있다. 이 딱한 현실이 언제쯤이나 나아질 수 있을 것인가. 도무지 앞이 보이지 않아 답답하다.

어찌됐건 현실은 미련을 갖고 어물대는 것을 용인할 만큼 관대하지가 못하다. 3.56명 중 1명이 합격할 정도로 전기대학의 문이 비좁은 것이 현실이고 보면 불합격을 수치스러워할 것도 없다. 실의에 빠지고 좌절할 일은 더욱 아니다.

　문제는 수십만 명의 낙방 수험생들이 처음 경험하게 되는 쓰라린 역경을 어떻게 이겨내고 새로운 방향으로 재기하느냐에 있는 것이다. 오늘의 역경을 인생 수련의 계기로 삼아 힘차게 다시 일어선다면, 그것은 트루먼의 인생에서 보듯이 전화위복이 될게 틀림없다.

　"불은 쇠를 단련시키고 역경은 사람을 강하게 만든다"는 로마의 철학자 세네카의 말을 새겨 보도록 하자. 겨울의 추위가 심할수록 오는 봄의 나뭇잎은 한층 푸르게 마련이다. 이 세상에서 끈기보다 강한 것은 없다. 재능도 그것을 이기지는 못한다. 인생에서 성공과 실패를 좌우하는 것은 끈기와 결단, 그리고 역경 속에서 좌절하지 않고 다시 일어나 힘차게 도전하는 강한 의지일 뿐이다.

　입시결과를 초조하게 기다리는 청소년들에게 낙방의 실패쯤은 두려워하지 않는 용기와 의지를 가져 보라고 권하는 이유가 바로 그 때문인 것이다.

(92. 12. 25.)

4) 고교평준화 개선의 전제

　연합고사에 의한 학군내 추첨 배정방식의 고교입시제도인 평준화는 일류 고교병과 중학생들의 과열과외 그리고 캠퍼스 내의 치맛바람을 몰아내는 데 결정적인 기여를 한 제도임이 분명하다. 국민학생과 중학생들을 입시지옥에서 해방시켜 건전한 신체발달을 도왔으며 중·고생들의 대도시 집중억제, 국·중학부모들의 과외비 경감, 부실사립학교의 정원미달 사태방지, 학교격차 해소와 고입재수생 해소 등 중·고교의 교육적 병폐를 없애는 데도 큰 역할을 했다.

그럼에도 불구하고 고교평준화는 학력격차가 극심한 수재와 둔재를 한 교실에 수용해 교육의 우월성 추구를 망쳤으며, 그로 인해 학교의 평준화가 아닌 고교생들의 학력을 하향 평준화시켰다 해서 제도실시 19년 동안 불만과 비판이 끝없이 이어져 왔던 것이 또한 사실이다.

따라서 평준화란 획일적인 틀 속의 고교입시제도를 융통성 있고 다양하게 보완하고 개선해야 한다는 데는 사회적인 공감대가 이뤄졌다고 할 만하다. 어떻게 고치고 보완해야 하느냐는 방법론이 문제인 것이다.

5공시절 교육개혁심의회마저도 오래 연구했건만 결론을 내지 못했었다. 90년 2월에는 대통령이 "평준화 지역 고교에서도 경쟁입시를 부분적으로 부활해 보라"고 명령했건만 교육 당국은 대안 모색에 실패했었다. 평준화 개선문제는 그만큼 까다롭고 어려운 문제다.

이러한 논란 속에서 74년 서울과 부산에서 시작된 이래 80년까지 6대도시와 도청소재지 시 및 큰 도시 등 21개 시단위에 확대됐던 평준화 제도는 90학년도에 목포·군산·안동시가, 92학년도에는 이리시와 강원도 (춘천시와 원주시)가 이를 전면폐지, 경쟁입시란 옛제도로 회귀함으로써 현재는 15개 대도시 단위 시지역에 실시되고 있다.

그런데 지난 5일 충북 도교육청이 도내 유일한 평준화 지역인 청주시의 일반계 고교의 학생선발방법 개선시안을 발표, 오는 3월까지 최종안을 확정해 94학년도부터 실시하겠다고 나섬으로써 평준화 개선문제가 다시 부상했다.

시안은 두 가지다. 평준화를 아예 폐지, 학교별 경쟁입시를 하는 제2안과 청주시내 8개 고교의 수용인원(4천8백48명)만큼을 수학능력시험으로 선발한 후, 지원고교에 성적순으로 선배정(2지망까지 허용)하고 나머지는 미달고교에 추첨 배정한다는 혼합형의 제일안이다. 교육청은 제일안을 선호하는 것 같다.

평준화를 폐지, 경쟁입시를 부활하면 강원도 춘천과 원주에서 이미 2년 실시 결과 고득점을 하고도 고교진학을 못해 고입 재수생이 생겨나고, 중학생 과외과열이란 부작용과 역기능이 있다는 것을 감안했기 때문인 듯하다.

그러나 혼합형도 부작용과 역기능은 역시 마찬가지일 것 같다는 게 나의 소견이다. 성적 우수집단이 선배정됨으로 해서 고교의 서열화가 확연해지고 그리하여 등장하게 될 일류고 진학을 위한 중학생들의 과열과외와 학부모들의 사교육비 부담가중, 학교서열화가 초래할 학생과 학부모들의 열등감과 위화감, 그로 인해 생겨날 일류고 진학을 위한 고입 재수생 누증과 그나마 자리 잡아가는 일부 사립고의 퇴보 등은 어떻게 대비할 것인가. 지방화 시대에 따른 지방교육의 자율화 신장도 좋고 경쟁시대에 맞게 내 고장 인재를 잘 교육시킬 좋은 고교를 육성하는 것 또한 나무랄 일은 아니다.

그러나 중졸자의 97.4%가 진학하는 고교라면 그것은 이미 만인을 위한 교육기관이다. 모든 수험생과 학부모에게 입학 부담을 새롭게 가중시키는 제도는 평준화를 개선·보완하는 대안으로 부적합하다. 고교 전체 수용인원의 10~15% 정도의 학생을 수용할 1~2개 고교를 선정해 경쟁입시로 뽑게 하고, 나머지 학생들은 성적 순위 아닌 배정방식으로 입학할 수 있게 하는 이원화 방안이 고교진학의 보편화 시대에 더 적합한 대안이 아닐까 한다. 충북도 교육당국이 교각살우의 우를 범하지 않게 되기를 당부하고 싶을 뿐이다.

(93. 1. 8.)

5) 교육대통령에게 거는 기대

김영삼 차기 대통령은 "교육대통령이 되겠다"고 공언했다. 국민들이 생생히 기억하는 약속이다. 김 차기 대통령은 지난 9일 대학교육협의회의 임원단인 대학총장들을 접견하면서 "교육대통령이 되겠다는 국민과의 약속을 반드시 지키겠다"고 거듭 확인했다고 한다.

차기 대통령은 이 자리에서 "교육문제는 대통령이 해야 할 일 중 절반에 해당된다 해도 지나친 말이 아니다"라면서 대대적인 교육혁신으로 오늘의 교육문제를 해결하겠다는 굳은 의지를 보였다고도 한다.

국가의 흥망을 좌우하는 중대한 문제가 '2세 교육'이라는 교육의 참된 의미를 역대 어느 대통령이 김영삼 차기 대통령만큼 심도 있게 깨닫고 있었던가를 비교해보지 없을 수 없다. 그래서 기대 또한 클 수밖에 없는가 보다.

솔직히 말하면 나는 민주당의 교육부문 선거공약에 대해서는 극히 몇 개만을 제외하고는 탐탁하게 여기지를 않았었다. GNP의 3.7% 수준인 교육재정투자 규모를 5%까지 늘리고 중학교까지 의무교육을 확대하며, 초·중·고교 교육의 기본방향을 도덕성 회복에 두고 인간 교육에 역점을 두겠다는 것 등은 환영할 만했다. 그러나 잡다하게 제시한 공약들 중에는 득표를 겨냥한 것도 적지 않았고 정책방향을 잘못 잡은 것도 있으며, 대학들이 스스로 할 일까지도 떠맡겠다는 식의 엉뚱한 발상까지 내포돼 있어 실망스럽기까지 했었다.

그래서 선거 때 내건 공약들이야 그렇다고 치부해 두고 대통령직속으로 설치한다는 '교육개혁위원회'가 병들대로 병들어 위기상황에까지 몰리게 된 이 나라 교육을 혁신할 교육개혁 계획을 만들어 실천해 줄 것을 기대했던 것이다.

김영삼 차기 대통령이 정말 '교육대통령'으로 성공하려면 직속으로 설치할 '교육개혁위원회'를 어떻게 구성하고 그 위원회가 교육 중병을 근본적으로 치유할 실천가능한 교육개혁의 방책을 조기에 제시해 줌으로써, 최소한 집권 2년차부터는 집행에 들어갈 수 있게 하느냐에 달려 있다고 보여진다.

5공의 전대통령이나 6공의 노대통령도 뒤늦기는 했지만 대통령이 되고 난 후에는 교육개혁을 시도했던 것은 다 아는 사실이다. 5공정부는 '교육개혁심의회'를 만들어 떠들썩하게 개혁을 시도했지만, '교육개혁종합구상'이란 보고서만을 만드는 데 그쳤다. 개혁정책에는 손도 못 대고 임기를 끝내야 했다.

6공 또한 크게 다를 게 없다. '대통령 교육정책자문회의'를 두고 교육문제 해결에 고심했지만 너무나 신중을 기한 탓인지, 불완전한 대학입시제도 하나를 만들어 놓고 역시 시행도 못 해 보고 마는 격이 됐다. 자문회의는 교육발전 청사진인 '한국교육의 선택'이란 보고서를 임기 말의 대통령에게 보고했다지만 실효성 있는 개혁방안 인지에 대한 의문마저 제기될 정도다.

이처럼 역대 대통령들이 교육개혁에 의욕을 앞세우고도 근본적인 개혁에는 착수도 못한 채 임기를 마치게 된 가장 큰 원인은 '개혁위원회' 구성에서부터 실패했기 때문이라고 본다. 교육과는 아무 상관도 없는 각계 인사들을 안배하는 식으로 위원회를 구성해 놓고, 그 위원회에 교육개혁방안을 만들라고 한 것이 결국은 아무 개혁도 하지 못하게 했던 것이다.

김영삼 차기 대통령은 '교육개혁위원회'의 인선에서 두 대통령이 겪은 잘못을 되풀이 하지 않기를 그래서 바라게 되는 것이다. 교육문제의 핵심을 꿰뚫어보는 교육학자와 미래교육을 예견할 철학이 있는 소수정예의 전문가들로 교육개혁위원회를 구성해야 한다. 그리하여 교육 만병의 근원을 개혁할 집행가능한 개혁방안을 조속히 만들게 해 지체없이 추진 해 나간다는 대통령의 강한 의지가 변치 말아야 성공할 수 있다.

"교육은 장기적 형태의 정치고, 정치는 단기적 형태의 교육"이란 어느 교육철학자의 명언을 교육대통령에게 전하고 싶다.

(93. 1. 15.)

6) 새 입시제도와 서울대

새 입시제도 시행에 따라 대학별 본고사 출제에 대비하는 서울대의 방침을 보면서 상반되는 느낌을 갖게 됐다.

첫 번째 느낌은 서울대가 본고사 과목을 선정할 때 범했던 독선과 오만스럽기까지 했던 자세가 좋은 쪽으로 변화하고 있구나 하는 것이다. 두번째 느낌은 서울대가 '입시일자 선정'에 너무 성급해 또 실수를 하는 게 아닌가 하는 것이다.

서울대가 13년 만에 부활되는 본고사 문제의 출제유형을 주관식의 완전 논술형만을 고집하지 않고 단답형도 함께 출제, 절충형의 출제방향을 택하기로 했다는 것은 고교교육 현실에 대한 새로운 인식이랄 만하다. 객관식 사지택일형의 학력고사에만 길들여진 고교교육을 준비기간 없이 완전 논술형으로 바꿔 교육시켜 내라고 하는 것은 무리다.

서울대가 그러한 고교교육 현실을 이해하고 절충형 출제로 고교교육과 수험생들에게 혼란을 최소화해 보겠다는 의지를 보인 것은 그래서 돋보인다. 서울대의 이러한 출제방향 제시는 본고사를 치는 40여 개 대학들에 틀림없이 영향을 줄 것이니 더욱 그렇다.

그러나 반면에 서울대가 시험날짜를 '1월 10일 전후'로 정한 것처럼 보도된 것을 보고서는 놀라지 않을 수 없었고 왜 저런 실수를 또 하는가 하는 실망까지 했다. 조간신문에 이어 석간신문에도 서울대의 '시험날 택일' 기사는 변함없이 활자화돼 있었다.

교육부 당국자에게 물어보니 서울대에서는 '시험날짜 선정'에 대해 밝힌 바가 없다는 대답이라고 했다. 그렇다면 왜 이러한 보도가 나갈 수 있으며, 사실이 아니라면 어째서 그대로 있는가. 서울대 당국자와 교육부 당국자 간에서만 '사실이 아니다'라고 해명하고 양해하면 되는 문제인가.

서울대의 본고사 날짜가 언제로 잡혔느냐는 것은 수십만 수험생, 일선 고교, 학부모 그리고 본고사를 치는 대학들의 지대한 관심사가 아닐 수 없다. 사실이 아니라면 적지 않은 혼란의 요인이 될게 분명하다.

서울대는 20일 하오 5시 30분이 넘어서 '본고사를 1월 10일경 시행한다는 것은 사실과 다름을 알려드립니다'란 알듯 말듯한 해명서를 언론사에 보내왔다.

과정이야 어찌됐던 서울대의 본고사 날짜가 '1월 10일 전후'로 확정된 것이 아님은 분명하다. 그럴 수도 없고 때도 아니다. 그런데 왜 이처럼 어이없는 실수가 최고 지성들이 한다는 서울대의 학사행정에서 일어날 수 있다는 것일까. 아무리 생각해도 이해가 잘 안 된다. 서울대의 일거수일투족이 이 사회에 미치는 영향력을 생각하면 '작은 실수'랄 수도 있다.

특히 새 대학입시제도에서는 복수지원제 도입을 추진 중이다. 그것이 성공하려면 대학들의 신입생 선발 기간을 최소한 10일 정도로 잡아 주고 이 기간 안에서 대학들이 서로 다르게 시험날을 택해야 한다. 그래야만 수험생들이 2~3회 지원할 수 있다. 또한 조건은 소위 상위권 대학이나 비슷한 대학들이 시험날짜를 달리 해줘야만 한다. 그래야만 고득점자들이 시험기회를 2~3회 갖게 되어 탈락하지 않게 된다. 재수생 누증도 그래야만 해소될 수 있다.

이런 점들로 미뤄 볼 때 교육부가 오는 2월말까지 정하게 될 전·후기 대학의 '선발기간안'서 서울대가 언제를 시험날로 택하느냐는 것은 바로 본고사 과목선정 때 서울대가 타 대학에 미치는 영향만큼이나 절대적일 것이 분명하다. 이름깨나 있는 대학들은 서울대의 입시날에 맞추려 할 것이 뻔하기 때문이다.

그래서 서울대가 다른 대학들이 입시날을 정한 후에 결정해 줬으면 하는 바람까지 하게 되는 것이다. '새 대학입시제도'의 성패에 서울대가 할 역할은 아직도 많이 남아 있다는 것을 알았으면 한다.

(93. 1. 22.)

7) 자율 속의 획일

새장에 오래 갇혀 살던 새는 풀어놓아도 한동안은 날지를 못한다고 한다. 날개의 힘이 약해진 때문이기도 하지만 갑자기 밀어닥친 자유스러운 환경에 대처할 자율기능 상실이 더 큰 이유라는 것이다. 새 대학입시 제도 시행에 따라 본고사를 치기로 한 이른바 명문 유수대학들의 출제 유형에 대한 기본방향 제시와 입시날짜 택일에 관한 방침을 보면서 새장 에서 풀려난 새의 잊어버린 자율기능을 생각하게 된다.

학생 선발권한을 국가에 의해 몰수당했던 오랜 세월 속에서 대학들은 기회 있을 때마다 선발권한의 반환을 요구했었다. 특히 사학들은 특유의 법학기풍을 살리기 위해 대학 자율권한의 신장과 선발권의 완전 반환을 끈질기게 주장해 왔던 것을 생생히 기억한다.

그러나 막상 대학의 자율적 권한을 그 어느 때보다 크게 발휘해 보일 수 있는 학생 선발을 해보라는 절호의 기회가 주어지자 서로가 '네가 먼저 해보라'는 식으로 눈치만 보다가 결국은 '국립 서울대'를 모방이나 하고, 시험날짜마저 서울대와 '같은 날'로 잡겠다는 속셈을 드러내고 있다.

'새 대학입시제도'에서 대학이 지켜야 할 의무사항은 고교내신성적을 '40% 이상 반영하는 것'밖에는 없다. 본고사를 보든 말든, 무슨 과목을 택하든, 수학능력시험 성적을 반영하든 말든, 고교내신성적만으로 뽑든, 대학의 자율권한에 맡겨졌다. 교육부는 새 대학입시제도 실시와 함께 '입시날짜'가 아닌 '입시기간'만을 전·후기로 구분해 줄 계획이어서 입시날짜 택일 또한 대학의 권한이 돼 버렸다.

이쯤 됐으면 대학들, 특히 이 나라 대학들을 선도할 위치에 있는 명문 사학들이 학생을 선발하는 일에서부터 특성을 살릴 수 있는 자율성을 마음껏 발휘할 만하지는 않았는가 말이다. 그러나 지금까지 드러나고 있는 유수 명문사학들의 의지와 행태는 기대에 너무 못 미치는 것 같다. 그로 인하여 자율 속의 또 다른 획일을 걱정하게 되는 것이다.

서울의 사학명문들이 본고사 출제유형 개발에 국립 서울대를 모방하고 입시날짜도 서울대와 같은 날로 잡게 되며, 6~7개의 지방 국립대와 본고사를 치기로 한 중상위권 대학들마저도 '닮은 꼴'이 된다면 창조적이고 다양성 있는 대학, 그리하여 세계적인 대학들과 어깨를 나란히 할 우리 대학의 획기적인 발전을 어느 대학에 기대해야 할 것인지, 암담하기만 하다.

우리 대학들의 고질병과도 같은 획일주의 성향은 오랜 관치에 길들여졌고, 그로 인해 몸에 밴 현실안주의 무사안일과 영원한 아류에 자족하려는 경쟁주의 상실에서 비롯된 것이랄 수 있다. 다만 건학이 일천한 포항공대만이 서울대보다 시험도 먼저 치고 선발방식도 특성있게 하겠다며, 일류를 향한 용감한 도전에 나서고 있다. 하지만 어찌 그 하나의 대학에 우리 대학 선진화의 무거운 짐을 다 지울 수 있겠는가.

호랑이를 잡으려면 호랑이굴 속에 들어가야 한다. 도전 없는 성취가 어디에 있었던가. 명문사학들과 중상위권 대학들이여! 서울대를 능가하고 싶으면 서울대에 도전해야 한다. 서울대를 흉내 내다가는 영원히 서울대를 앞서 갈 수 없다는 것을 알아야 한다. 서울대보다 시험도 먼저 치고, 고교성적이 비록 서울대를 못 갈 정도라도 잠재능력이 더 많은 학생들을 뽑는 특성 있는 출제와 선발방식을 마련해 과감하게 도전하는 것이, 서울대를 앞서고 세계적인 명문대로 접근하는 지름길이다. 지금이야말로 새로운 도전에 나설 때가 아니겠는가.

(93. 1. 29.)

8) 입시부정과 대학의 자율

경찰의 입시부정 수사를 지켜보노라면 고구마줄기에 달려 나오는 고구마들을 연상케 한다. 한 개의 줄기만 뽑아들면 주렁주렁 딸려 나오는 형세다. 부정입학의 조직과 수법도 각양각색이다. 수사가 계속된다면 얼마나 많은 관련 대학과 부정입학의 조직, 그리고 부정입학생들이 드러날지 알 수가 없다. 이제는 사건 초기에 느껴야 했던 충격과 분노는 사라지고, 저러다가는 이 나라 사학의 기틀이 통째로 무너져 내리지 않을까 해서 겁까지 난다. 대학의 총체적 부패마저 피부로 느껴진다.

연 4년째 터져 나오는 사학들의 입시부정을 돌이켜보면 그것이 대학의 자율화와 무관하지 않다는 데서 대학에 대한 위기의식마저 지울 수 없다.

사학들의 입시부정이 극에 달했던 것은 60년대 중반이다. 서울에 큰 건물이 없던 그 시절에 높고 규모가 큰 건물이 생겼다 하면 대학건물과

캠퍼스였다. 농촌에서 소 팔고 논밭 팔아 대학에 진학했다. 우뚝우뚝 솟아나는 대학건물에 우골탑이란 오명이 붙은 것도 그 무렵이다.

대학의 입학정원은 있으나 마나였다. 등록금 책정도 대학의 마음대로였다. 청강생을 정원의 2배나 뽑고 돈이면 해결되는 부정입학이 성행했었다. 그러나 5·16군사혁명으로 정권을 장악한 박정희 대통령 정부는 제멋대로 식의 대학팽창과 비리적 운영에 제동을 걸었다. 학생선발 권한·정원책정 권한·등록금조정 권한 등 이른바 대학의 3대 핵심적 자율권한을 몰수했던 것이다.

'5·17계엄확대 조치'로 권력을 휘어잡은 신군부가 5공으로 등장하면서 부정과 비리로 대학을 운영했던 사학재단에 또 한 차례 메스를 가하면서 사학들의 입시부정은 20여 년 동안 뜸한 듯 했었다. 그런데 87년 '6·29선언'으로 대학에 3대 자율권한이 단계적으로 되돌려지면서, 89년부터 '60년대식'의 입학부정이 또다시 터져 나오기 시작했다. 89학년도 입시에서 고교내신 성적위조와 대리시험으로 한양대와 경희대에 부정입학 사건이 터지더니, 그해 9월 동국대에서 총장과 재단이 결탁, 46명을 부정입학시키고 40억 여원을 챙긴 사건이 터졌었다.

90년에는 고려대의 교수자녀 부정입학 사건·한성대의 94명 부정입학 사건(32억 원 수수)·지방대 대학원 입시부정 사건까지 터졌으며, 91년에는 건국대와 성균관대가 대학차원에서 대규모 부정입학을 자행, 수십억 원을 받은 사건이 터졌다. 그해에는 서울대·이화대·경희대·서울시립대학 등의 음대에서 예능계 입시부정까지 꼬리를 물었다. 이화여대의 육·홍·김 세 여자 교수들의 부정입학 사건도 생생히 기억난다.

사학들이 그처럼 갈구했던 대학 자율권한 회복이 이처럼 입시부정으로 연결된다면 그것은 정말 보통 일일 수가 없다. 자율이란 무엇인가. 남에게 제약받지 않고 스스로의 행위를 제어한다는 뜻이다. 대학에 자율권한을 되돌려 주니까 돈 받고 시험성적을 멋대로 조작해 학생을 마구 받아도 된다는 의미가 아니다.

우리 대학, 특히 사학들의 자유기능의 수준이 이처럼 저능아 수준이라면 그러한 사학들에까지 자율을 되돌려 준다는 게 '돼지에게 진주'일는지 모른다. 그렇다고 수준에 달한 대학의 자율화까지를 후퇴시킬 수는 없는 일이다. 그럴수록 대학의 자율화는 촉진돼야 하고 그렇지 못한 대학을 도태시킬 근본적인 대학의 개혁을 시작할 때다. 4년째 지속되는 입시부정이 대학의 곪집을 수술하고 선진대학으로 가는 결정적인 전환의 계기만 된다면 이번의 입시부정은 차라리 잘 터졌다 할 것이다.

(93. 2. 12.)

9) '유럽 단일시장'을 뚫자면…

지난해 10월 초순 베를린 시를 방문했을 때의 일이다. 통일 전 동독공산정권의 국유재산을 매각하는 신탁관리청으로부터 연간 60만 대의 TV 수상기를 제작하던 동독 최대의 TV메이커였던 WF사를 인수한 삼성전관 현지공장을 취재가서 받았던 느낌이 아직도 생생하다.

인수책임자로 현지에 와있던 윤경수 상무는 '경쟁개념' 없이 일해 온 동독 근로자들에게 생산성의 의미를 불어넣어 생산력을 재창조한다면, 채산성이 충분하다고 말했다. 그러나 일본의 도시바사, 화란의 필립스사, 터키의 코쉬 사 등 5개국과 치열한 국제경쟁을 벌이면서 입찰을 따낸 것은 EC(유럽공동체) 단일시장에 더 늦기 전에 삼성그룹이 거점을 확보해야 한다는 보다 큰 의미가 숨어 있다는 것을 쉽게 알 수 있었다.

유럽 문명의 고향격인 그리스를 여행하다가 우연히 또 다른 한국의 기업이 아테네에 교두보를 확보, EC 금융시장에 진출하는 모습을 목격했다. 지난 4일 저녁 고도 아테네시내 관광을 끝내고 숙소인 인터콘티넨탈 호텔 로비에 들어서자, 지하2층 볼룸으로 연결되는 계단 입구에 한국의 상징 청사초롱이 불을 밝히고 있었다.

이게 웬일인가 해서 호텔 관계자에게 물었더니 한국의 한화그룹이 그리스 국립은행 계열인 아테네은행 인수를 기념하는 리셉션이 열리고 있다는 대답이었다. 불청객의 입장이지만 리셉션에 끼어들었다. 때마침 김승연 회장이 아테네은행을 인수한 동기와 앞으로 이 은행을 EC 금융시장에서 수준급으로 육성·발전시키겠다는 인사말을 하고 있었다. 미초타키스 그리스 총리는 "한화그룹의 그리스 금융계 진출이 한·그리스 양국의 경제협력을 발전시키는 계기가 되고, EC에서의 한국기업들이 발판을 마련하는 좋은 기회가 되기 바란다"는 답례 말을 했다.

주그리스 이승환 한국대사는 "한화그룹의 아테네은행 인수는 EC 단일화시장에 한국계은행이 진출한 것"이라면서 "EC회원인 12개 국가 어디서나 아테네 은행지점을 개설할 수 있고 금융업 후진국인 동구권 국가로 뻗어나갈 교두보를 확보한 셈"이라고 그 의미를 크게 부여하기도 했다.

EC의 12개 국가들은 올해 들어 유럽 단일시장까지 탄생시키면서 '하나의 유럽'이란 경제권역화를 강화, 역내 무역보호를 노리고 있다. 미국·캐나다·멕시코 등 북미 3국도 이에 질세라 NAFTA(북미자유무역협정) 추진으로 맞서려 하고 있다. 그러면서 이들 경제선진대국들은 우리를 비롯한 아시아의 신흥공업국들에 빨리 그리고 더 넓게 시장을 개방하라고 압력의 강도를 높이고 있다. 자신들의 무역적자를 줄이기 위해서 '조자룡의 헌 칼' 쓰듯 덤핑판정을 자기 기준대로 해야겠고 보호무역주의도 불사하겠다는 식의 '강자논리'를 펴고 있다. 어찌 보면 '경제전쟁'의 서전 같기도 하다.

이 판국에 우리 기업들은 어떻게 대처해야 할 것인가. 요구대로 시장개방을 해줘 저들 기업들과 상품들이 들어와 판을 쳐도 속수무책이고, 덤핑판정에도 그저 한숨만 쉬고 있겠다는 것인가.

EC 단일시장과 NAFTA의 무역장벽이 더 단단해지고 더 높아지기 전에 이들 성내에 나가 투자하고 현지에서 상품을 제조, 덤핑의 덫을 벗어나야 한다. 앞으로 더욱 치열해질 국제무역 경쟁에서 적자생존하는 전략이 달리 또 어디 있겠는가. '삼성'의 동독진출이나 '한화'의 그리스 금융시장개척의 의미는 그래서 돋보이는 것이다.

우리의 대기업들이 더 이상 권력과 유착해 특혜나 노리고, 부동산 투기란 부정한 재테크로 자산이나 불리면서 중소기업이 할 일마저 가로채는 구태를 빨리 벗어던지고, 선진들의 경제권역에 뛰어들어 경쟁의 의지를 불태울 때가 바로 지금부터다. EC나 NAFTA만을 나쁘다고 비난이나 하고 있기에는 시간이 너무 없기 때문이다.

(93. 2. 19.)

10) 강한 대통령이 되려면…

'김영삼 대통령의 시대'가 열렸다. 문민정치의 시대가 개막된 것이다. '5·16군사혁명'으로 정치권력이 군인과 군출신에게 빼앗겼다가 32년 만에 민간인인 대통령에게 회귀한 것이다.

어제 김영삼 제14대 대통령의 취임을 그래서 국민들은 감회어린 심정으로 지켜봤을 게다. 마음속 깊은 데서 우러나는 참된 축의를 보내는 데 인색하지 않았을 듯도 하다. "개혁과 변화를 통해 한국병을 치유해 신한국을 기필코 창조하겠다"는 김영삼 새 대통령의 취임연설에 절대다수 국민들은 고개를 끄덕이며 힘찬 박수를 보냈을 것이다.

사실 우리는 지난 5년 동안 민주화 과정에서 너무나 큰 대가를 치러야 했다. 봇물 터지듯 밀어닥친 민주화의 물결은 대통령의 리더십마저 삼켜 버린 듯했다. 민족공동체를 선도할 한 나라의 지도력 부재는 공권력 부재, 더 나아가서는 국가 부재로까지 연결되는 것 같았다. 나라 안에 위기의식까지 넘실대는 상황을 우리는 체험해야만 했었다.

그 통에 나라 경제는 골병이 들었다. 국민들의 윤리와 도덕의식은 마비돼 버렸다. 국가기강은 더없이 해이해졌다. 범죄가 판을 쳤고, 졸부가 날뛰었으며 사치와 과소비가 성행했다. 어느 사이에 선진국이 됐다는 착각으로 해서 '힘들고, 더럽고, 위험한 일을 마다하는' 이른바 3D 기피현상이 근로자로부터 엘리트 집단에까지 확산됐다. 그리하여 한국이라는 용은 지렁이로 퇴보를 거듭했던 것이다.

그러고도 우리가 국제경쟁에서 살아남기를 바란다는 것은 착각이고 망상이 아닐 수 없다. 다행히도 김영삼 씨는 이처럼 중병이 든 우리 사회를 꿰뚫어보고 "강력한 지도력을 발휘해 '신한국'을 창조하겠다"고 약속함으로써 국민들의 압도적인 지지를 받았던 것이다. 그래서 국민들이 새 대통령에게 거는 기대가 클 수밖에 없는 것이다. 새 대통령은 취임연설에서 신한국의 개념과 목표설정을 천명했다. '무엇을 위해서 무엇을 개혁하고 변화시킬 것이냐'는 물음에 "우리 후손들이 이 땅에 태어난 것을 자랑으로 여길 수 있는 나라를 만들기 위해, 제도만이 아니라 우리의 의식과 행동양식까지 바꾸는 '개혁과 변화'를 하겠다"고 간단명료하게 답을 제시해 보였다.

"부정부패를 척결하고, 경제를 살리고, 국가기강을 바로 잡는 일부터 착수하겠다"면서 "내일부터 달라질 것"이라고 분명하게 선언했다. 그는 신한국 창조는 대통령의 힘만으로 안 되는 일이니 국민 모두의 동참과 고통분담을 호소했다.

대통령이 취임연설대로 성취를 할 수 있을 것이냐는 것은 앞으로 그의 행동에 달려 있다고 할 것이다. 그러려면 대통령이 말하는 것이 자신의 이익에 직결되는 것이 아니라는 것을 행동으로 보여줘야 한다. 국민들이 그것을 피부로 느끼게 될 때, 기꺼이 동참할 것이고 고통분담 또한 마다하지 않을 것이다.

대통령은 말만으로 국민들을 이끌려 해서는 안 된다. 국민들이 생각하고 기대하는 것을 행동으로 실천하는 언행일치의 모습을 보여 줘야 한다. 그렇게 함으로써 김영삼 대통령이 '무엇인가를 해낼 것 같다'는 국민적 신뢰를 얻게만 된다면 한국병 치유쯤 문제될 게 없을 것이다.

국민들이 허리띠를 다시 졸라맬 수 있게 해, 개혁과 변화의 대열에 뛰어들게 한다면 '김영삼의 신한국 창조'는 말이 아닌 현실로 결실하게 될 것이다. 어느 당이나 계층의 대통령이 아닌 '국민의 대통령'이 돼야만 강력한 대통령이 될 것이다. '새 한국 창조'의 위업은 그렇게 될 때 이룩될 수 있을 것이다.

(93. 2. 26.)

5. 자본주의와 부의 사회환원

1) 지도자의 두 얼굴

서울특별시장이 되기 전 김상철 씨는 명석한 논리와 분명한 입장을 견지하는 소신 있는 변호사로 투영됐었다. 항상 정의 편에 서려는 노력과 패기까지 있어 보였다. 그러면서도 과격하지 않은 온건한 입지를 지키려는 것 같아 유달리 관심을 끌기도 했었다.

신문지상에서 가끔 대하게 되는 그의 상당한 글재주와 TV토론 때 듣게 되는 정연한 논리의 말솜씨로 해서, 꽤나 명성도 얻었을 테고 그의 실상을 몰랐던 많은 시민들로부터 상당한 신망도 받았을 듯하다. 따라서 그의 전문 분야와는 아무 상관도 없는 서울시장으로 발탁됐을 때, '때묻지 않은 참신함이 오히려 개혁에는 도움이겠다'는 기대를 걸게 했다. 그의 취임일성 또한 "무슨 일이든 똑바로 하겠다"는 것이어서 신뢰감도 갖게 했던 것이다.

그러나 소신 있고 사회정의 실현에 앞장서는 것처럼 처신했던 그가 개발제한구역(그린벨트) 안에 집도 무단으로 증축했고, 5백여 평이나 되는 농지를 불법으로 형질변경하는 등 훼손행위를 자행한 장본인이며, 더욱이 그러한 행위를 단속해야 하는 서울시장으로 앉아 있다는 사실이 밝혀지는 순간 '김상철에 대한 인간신뢰'는 땅으로 굴러떨어져 버렸다.

그의 위선과 이중적 처사에 참을 수 없는 혐오감을 느낀 시민들은 "그런 사람이 시장을 맡아달라는 대통령의 제의를 선뜻 받아들인 것만 봐도 이사회의 지식인이나 지도층 위치에 있다고 자부하는 이들이 부정과 부조리에 대한 불감증에 걸려 있다는 것을 입증하고도 남는 것"이 아니냐고 분노하고 있는 것 같다.

입으로 정의를 외치고, 행동으로 사리를 탐하는 위선자를 '단 한 주일' 동안이라도 시장으로 모신 것이 시민들의 자긍심에 먹칠을 했다는 심정을 이해하고도 남을 만하다. 그의 불법행위가 보도된 직후 기자들에게 그가 한 해명은 그야말로 자가당착적인 것이어서 사려깊은 사람들에게까지 그의 이중성을 드러내 보였던 것이다.

그린벨트제도가 실시된 지 5년이나 지나서 그린벨트임을 엄연히 알고 사서 들어간 그가 피해자라고 주장하면서 "불법 형질변경이 훼손이 아닌 보다 나은 보존"이라는 궤변을 논하고 "주변 이웃들이 다들 증·개축을 하고 있어 문제될 게 없는 것으로 알았다"는 말은 평소 '그의 명쾌한 논리'와는 너무나 거리가 먼 것이었다. 남들이 하니까 나도 했다는 식의 말은 판사 출신의 율사가 입에 담을 말이 못된다.

더욱이 그는 관할 구청으로부터 밭을 잔디정원으로 형질변경한 데 대한 원상복구 명령을 받고서도 극히 일부만을 눈가림식으로 원상회복했으며, 주택 증축분에 대해서 2차례의 경고를 아예 무시했다고 한다.

그의 그린벨트 훼손행위는 돈깨나 있고 힘깨나 쓴 사회지도층 인사들의 불법·부조리 행위의 전형과도 같다. 아마도 보통시민들이라면 5백 평은 고사하고 50평의 그린벨트만 훼손했어도 벌금은 말할 것도 없고 형사처벌까지 받았을 게 틀림없다. 관할 구청이 여러 해에 걸쳐 자행됐을 김 씨의 그린벨트 훼손행위에 그처럼 소극적인 대응만을 한 것도 도저히 이해할 수 없다. 형평에 어긋남은 더 말할 것도 없다.

김 씨의 겉 다르고 속 다른 이중성과 위선이 폭로된 사건은 어쨌거나 이 사회의 지식인들과 지도층 인사들의 두 얼굴을 벗기는 교훈의 계기가 됐으면 한다. 공석상에서는 사회정의와 원칙에 어울리는 논리를 펴면서, 사적으로 내 몫 챙기기에 바쁜 이중성과 위선을 일삼는 지도층 인사가 어디 김상철 한 사람뿐이겠는가. '김영삼 정부'가 척결해야 할 개혁의 핵심 중 하나가 바로 그 부분이 아닐까 한다.

(93. 3. 5.)

2) '서울시장' 고(考)

장미꽃이 화려할수록 그 나무에는 가시가 많다고 한다. '서울시장 자리'는 그래서 화려한 장미꽃에 곧잘 비유하는가 보다. 명예롭고 화려하기로야 장미꽃이 어떻게 '서울시장'을 당해낼 수 있겠는가.

막중한 책무로 따져서도 그러하지만 세계에서 6번째로 큰 맘모스 도시를 대표한다는 수도 서울의 장이라는 자긍심 또한 여간 대단한 게 아니다. 그러나 서울시장 자리는 '가지 많은 나무 바람 잘 날 없는' 격으로 하루도 마음 놓을 수 없는 좌불안석이기도 하다.

시 본청의 1실·1원·4본부·13국·3담당관·72과의 1급부터 9급에 이르는 6천5백여 명의 공무원과 22개 구청·5백19개 동·69개 사업소의 공무원 5만여 명 등 5만 6천5백여 일반직 공무원들을 거느려야 한다. 산하 5개 공사의 준공무원 1만 1천 명과 청소미화원까지 포함하면 '1인 지하·7만 지상'으로서 7조 원이 넘는 예산을 집행하며 1천1백만 시민들의 삶을 보살펴야 하는 그런 자리다.

시정의 대부분이 시민생활과 맞부딪치는 것이어서 시민이 쏟아내는 민원과 민원이 가실 날이 없다. 그 많은 공무원들 중에는 '어물전의 꼴뚜기'도 끼게 마련이다. 그래서 '복마전'이란 오명을 아직도 벗어던지지 못하고 있기도 하다. 아름다운 장미꽃 나무의 많은 가시들은 꽃을 보호하기 위한 것이라지만, 시장 자리의 '가시방석'은 자칫하면 그 주인을 찔러 버리는 경우도 적지 않았다.

'의욕수'란 알듯 말듯한 말을 함부로 써가며 노란 헬멧을 쓰고 철거반을 진두지휘하기도 했던 불도저 시장은 서울이 현대도시로 발전하게 하는 기본 가로망을 뚫는 등 그 많은 업적이 하루아침에 와우아파트 붕괴에 깔려 불명예 퇴진을 해야 했었다. 지하철 1호선을 착공·개통해 서울의 지하철 시대를 열었고 4년 4개월 17일로 최장수를 기록한 황소시장역시 지하철 개통 바로 그날 '8·15총성'으로 가시에 찔리고 말았었다.

미국 서부극의 대스타 존 웨인을 닮은 호방한 풍모와 활달한 성품의 멋쟁이 시장은 쭉뻗은 도시계획 선을 구부려 긋게 해, 황야의 무법자란 별명이 붙었었다. 목에 철근을 대기라도 한 듯 고개를 반듯이 세우고 다니는 거만한 처신으로 콘크리트 목을 가졌다고 비웃음을 샀던 시장, 잘하지도 못하는 영어를 자주 쓰면서 스스로는 영국신사를 흉내 내려했지만 속이 빈 껑다리로 밖에 인정받지 못한 시장도 있다. 올림픽 준비를 하느라 많은 일을 했으면서도 공무원들을 달달 볶아 주사밖에 안 되는 인품으로 평가절하되기도 했던 어떤 시장은 끝내 영어(囹圄)의 몸이 되는 치욕을 당해야 했었다.

전광석화처럼 두뇌회전이 민첩했으면서도 입 또한 너무 빨라 손해를 자초한 꾀돌이 시장에, '행정의 달인'으로 항상 심려원처해 퇴임 2년이 넘었는데 "가장 나았다"는 뒤끝이 좋은 시장도 있기는 했다. 수서 수령에 빠져 53일의 단명시장이 있는가 하면, 50년대나 통하던 낡은 행정이론을 앞세우는 옹고집과 현실을 외면한 엉뚱한 발상으로 몽유시장이 됐던 이도 있으며, 간선도로에서 담배꽁초나 주워 들고 와서 관할구청장을 불러 세우고 호통치던 핏대시장도 있었다.

어찌됐건 이제 '서울시장 자리'는 정치적인 거물이 앉을 자리도 아니고 대스타를 길러내는 자리도 아니다. 홍수처럼 불어나는 차량으로 해서 미구에 차를 타는 것이 걷는 것만도 못 하게 될 교통체증을 해소하는 등 교통문제를 비롯, 쓰레기 문제·환경 문제·주택난 등을 슬기롭게 풀 생활행정의 시장을 필요로 하는 그런 시대이기 때문이다.

어려운 역경을 딛고 일어선 인간 승리의 표본과도 같은 이원종 새 시장은 서울시에서 공직자로서 잔뼈가 굵었고 입신한 수재다. 명석한 두뇌, 재빠른 행동력 그러면서도 공식석상에서 얼굴 한 번 붉히는 것을 보이지 않은 자상함과 합리적인 일처리 솜씨로 해서 더할 데 없는 명참모로 정평이 났던 그가 시장으로서는 어떤 형으로 평가받게 될지 이제부터 지켜볼 참이다. 명참모가 과연 명시장이 될 수 있을는지 기대를 하면서.

(93. 3. 12.)

3) 하위직의 고학력화

80년대 후반부터 골병이 들기 시작했던 우리 경제의 추악한 모습들이 이제 국내·외적으로 속속 노출되고 있다. 국력을 쏟아 붓듯이, 분수에 넘치게 초호화판으로 치러낸 88올림픽은 과소비 풍조를 이사회에 만연시켰다.

무역흑자가 조금 났다 해서 정부는 그것을 국내·외적으로 과다하게 선전해, 밖으로는 미국·일본·EC국가들의 우리에 대한 경계눈초리를 곤두세워 놓았다. 안으로는 국민들에게 선진국이나 된 것처럼 착각을 하게 만들어 3D 기피현상이란 선진국병을 유발시켰다. 민주화 과정에서 기업들은 노조의 큰 목소리에 기가 죽어 단기간에 임금을 크게 인상해 줌으로써 제품의 국제경쟁력이 형편없이 떨어졌다. 그러나 기업들은 첨단기술개발 등으로 적극 대처할 생각은 않고, 부동산 투기나 하고 감량경영으로 위축되어만 갔다.

이러한 악재들이 겹쳐서 고도성장이란 한국경제의 신화는 무너져 버렸다. 물가는 치솟았고 무역적자는 늘어났으며 한국상품은 국제시장에서 밀려나기에 이르렀던 것이다. 그리하여 '아시아의 4마리용' 중 홍콩·대만·싱가포르는 승천(선진국 진입)했으나, 우리만이 탈락하는 신세가 되고 말았다.

우리 경제가 장기간에 걸쳐 침체의 늪을 헤매게 되면서 실업률이 2%를 훨씬 넘어 3%선에 육박하기에 이르렀다. 기업의 고용창출 위축 때문이다. 특히 대학졸업자 등 고학력자를 수용할 일자리 부족은 해마다 심화되어 대졸자들은 심각한 취업난에 시달리게 된 것이다. 대학원을 나왔고 대학을 졸업했다 해서 석사학위나 학사학위가 밥을 먹여 주는 것은 아니다. 궁합판에 학력에 걸맞은 일자리를 찾다 보면 언제 실업자 신세를 면하게 될지 모를 정도가 되면 청탁을 가릴 것 없이 일자리를 구하게 되는 것은 인지상정이 아니겠는가.

그리하여 정부가 공채하는 9급(서기보) 등 공무원 하위직에 대학원 또는 대학졸업의 고학력자들이 대거 몰려, 고졸자들의 일자리마저 빼앗는 불행한 현상이 몇 년째 계속되고 있다는 것이다. 지난해 총무처의 하위직 공무원 채용 결과를 보면 9급공무원 합격자 중 90%가 전문대졸 이상의 고학력자였다는 통계가 그 심각성을 잘 설명해 주고 있다.

오는 일요일(21일)에 치르게 되는 서울시의 행정·기술·별정직 등 하위직 공무원(7백62명) 채용시험에 응시한 1만 5천11명 중에도 절반이 훨씬 넘는 56.8%가 전문대 이상의 고학력들이어서, 합격자 또는 이들이 절대다수를 차지할 게 뻔하다는 것이다.

공무원 하위직의 고학력화가 왜 나쁘냐, 공무원의 자질향상에 도움되는 게 아니겠느냐고 좋게 생각할 수 있을는지도 모른다. 그러나 그것은 그렇지가 않다. 실직자 신세를 면키 위해 어쩔 수 없어 잡은 일자리에는 그만큼 적응률이 낮게 마련이다. 설령 적응을 했다 하더라도 경기가 호전되어 다른 일자리를 얻을 기회가 주어지면 언제든지 이직할 게 자명하다.

그렇게 되면 그들 고학력자를 채용한 국가기관은 기초훈련을 쌓게 하는 데 들인 비용과 노력만을 낭비하고 마는 꼴이 된다. 차라리 공무원의 하위직은 처음부터 고졸학력자들에게 할애되어 착실한 공무원으로서 봉사하고 헌신할 수 있게 하는 것이 사회와 개인을 위해서도 좋다.

새 정부가 침체에 빠진 우리 경제를 하루 빨리 활성화시켜야 하는 당위성은 고학력 실업자를 수용할 고용창출 확대에도 있음은 더 말할 필요가 없다. 그리고 고학력자 취업난이 이처럼 심각한데도 4년제 대학의 입학정원을 늘려가는 정책을 계속해야 할 것인지도 정부는 다시 한 번 심각하게 생각해 봤으면 한다.

(93. 3. 19.)

4) 자본주의와 부의 사회환원

록펠러재단은 세계적으로 알려진 자선과 복지를 위한 재단이다. 미국의 대 석유자본가였던 존 데이비슨 록펠러(1839~1937년)가 1913년 뉴욕에서 설립했다. 기아의 근절·인구 문제·대학의 발전·미국 내에서의 기회균등 및 문화적 발전 그리고 아프리카 등의 미국 개발국들에 대한 원조 등으로 '세계를 통한 인류복지의 증진'을 실현하려 하고 있다.

그러나 오늘날 이 위대한 목적을 실현하는 세계적인 재단의 설립자 존

록펠러는 원래 타고난 부자가 아니었다. 21세 때 조그마한 상사를 친구와 동업으로 설립했고 부업으로 차린 정유소(1863년)가 번창, 7년(1870년)만에 일약 백만장자가 됐다. 그것을 자본금으로 해서 오하이오 스탠더드 석유회사를 창설해 다른 석유회사들을 기업합동(트러스트) 형태로 흡수 통합해가면서 급속도로 성장했다.

록펠러의 나이 43세 때, 석유회사를 창업한 지 13년 만인 1882년 미국내 정유소의 95%를 지배하는 스탠더드 오일 트러스트(기업합동)를 조직하기에 이르렀다. 그 후 그의 오일 트러스트는 독과점으로 미국은 물론 해외에도 유전과 정유소를 무더기로 소유한 거대한 석유재벌이 됐다. 그러나 1911년 미국 연방 최고재판소로부터 반트러스트법 위반으로 해산명령을 받게 되어 그의 석유기업합동은 해체되고 말았다.

부의 무한축적에 제동이 걸렸다고나 할까. 그 쇼크로 해서 록펠러는 재계의 일선에서 물러났다. 독과점의 비난 속에 모은 그 엄청난 부를 재단을 만들어 자선사업 형식을 통해 사회에 환원하는 일에 몰두하다가 98세로 보람찬 생을 마감했다.

록펠러가 부를 축적하는 과정에서 보았듯이 자본주의 체제하에서는 기업가든, 개인이든 부익부하고 빈익빈할 수밖에 없는 것이다. 그게 바로 카를 마르크스가 멸망하고 말리라고까지 장담했던 자본주의 체제의 결함이다. 특히 자본주의 체제가 정착되는 초기 단계에서는 부를 축적하는 과정에 불법·탈법·권력이용·부정의·비윤리적인 온갖 방법이 쓰이게 되어, 부 자체가 부도덕의 상징처럼 돼버려 '가진 자'가 존경을 받지 못하게 되는 천민자본주의가 되기 십상이다.

미국은 금세기 들어 초기부터 30년대까지 이 과정을 슬기롭게 극복, 카를 마르크스의 예언을 뒤엎고 현대 자본주의 국가의 모델을 정립했다.

그것은 바로 우리 속담의 '개같이 벌어 정승처럼 쓰는' 도네이션(기부)정신인 것이다. 부의 사회환원이다. 능력껏 벌어 가지고 즐긴 후에는 그것이 돈이든, 귀금속이든, 예술품이든, 골동품이든 가졌던 것들을 만인을 위하는 공익에 쓰도록 사회에 되돌려주고 가는 것이다. 카네기·록펠러·포드 같은 억만장자들은 재단을 통해 부를 사회에 환원했고, 폴게티나 헌팅턴 같은 명화·명저서·골동품 수집가들은 갤러리(전시관)나 라이브러리(도서관)을 지어 모든 사람이 보고 즐기게 하는 사회공유의 것으로 돌려주고 있다.

그만 못한 개인들은 대학 등에 도서관도 지어 주고 책과 재산을 도네이션해 자신의 이름을 영구불멸할 대학 등과 함께 살아남게 하고 있다. 도네이션은 재산의 많고 적음이 중요한 게 아니다. 그 정신이 귀한 것이다. 미국의 도네이션 정신은 그래서 일반화돼 있다.

지금 우리 사회는 장관 등 고위공직자와 여당 국회의원들의 재산공개로 그 재산 축적과정의 정당성을 놓고 한없이 시끄럽다. 천민자본주의의 실상이 첫 모습을 드러냈으니 그럴 만도 하다. 문제는 '개같이 버는' 재산 증식은 이제 그만하게 하고 '정승처럼' 쓸 수 있는 제도를 마련하는 계기를 이번에는 만들 수 있을 것이냐에 있다 할 것이다. 공직에서나 쫓아내고 형사처벌이나 하는 것을 되풀이하는 일과성에 그치면 천민자본주의를 우리는 영원히 탈피 못 하게 될는지도 모른다. 또 '가진 자'들이야말로 부의 참된 의미를 되새겨야 할 때다. 기십억, 기백억 원을 가졌다고, '돈밥' 먹는 것도 아니고 죽을 때 갖고 갈 재산도 아니라면 많은 사람들을 위해 값지고 멋지게 써 존경이나 받아보는 게 백 번 낫지 않겠는가. 쓸 재주가 없다면 재정난에 허덕이는 대학에라도 기부하면 이름 3자는 후세가 길이 기억해 줄 것이 아니겠는가. 우리 모두가 자본주의 속에서 개인이 축적할 수 있는 부의 한계가 어느 정도여야 하는가를 다시 한 번 심각하게 반추해 봤으면 한다.

(93. 3. 26.)

5) 순위감추는 대학평가제

미국의 시사주간지인 《유에스 뉴스앤드월드 리포트》는 지난달 22일자 호에서 미국 대학원들에 대한 평가결과를 장장 24쪽에 걸쳐 특집보도를 했다. 이 시사주간지가 해마다 직접하는 연례행사다.

그러나 이번 평가는 예년 것과 크게 달랐다. 평가대상 대학원을 경영학·법학·공학·의학·치과·과학 분야로 크게 나눠 했고, 의학 분야는 순수의학·종합의과대학으로, 과학 분야는 생물학·화학·컴퓨터·지질학·수학·물리학으로 세분해서 평가했다.

평가결과 보도를 보고 놀랐던 것은 대학원들이 얻은 평가항목별 점수와 그 합산인 총점을 낱낱이 밝히고 있다는 점이다. 총점 순위로 10위, 25위 또는 50위까지를 나열해 놓음으로써 미국 대학원들의 서열을 미국인들은 물론이고 전 세계적으로 관심있는 사람들이 한눈에 알아볼 수 있게 했다. 역시 미국인들 답다는 생각을 갖게 했다.

그것은 말이 대학원평가지, 기실은 미국의 대학평가인 것이다. 대학원 중심 대학교육이 일반화된 미국대학 교육체제의 특성 때문이다. 올해의 평가에서는 경영학은 하버드가, 법학은 예일대가, 공학은 MIT가, 물리학은 캘리포니아공대가 1위의 영광을 차지했다. 상위그룹에 끼였다가 순위가 역전된 대학도 많았다.

그러나 외부기관의 평가로 순위가 뒤로 처졌다 해서 불만을 터뜨렸다거나, 하위에 끼인 자기 대학 이름을 전 세계에 공개했다 해서 항의한 대학이 있었다는 뒷말은 들리지 않는다. 오히려 그 반대라는 것이다. 다음해 평가 때 더 좋은 평점을 받기 위해 분발한다는 것이다. 이것이 바로 대학평가제가 갖게 되는 진정한 의미인 것이다.

그처럼 벼르고 별러 도입한 우리의 '대학평가 인정제'의 첫 평가결과가 어제 발표됐다. 형편없으리라 예상했던 것보다 결과가 너무 좋다. 우수판정을 받은 대학도 너무 많아 판정기준이 미덥지 않다. 대학의 실상을 가름하기에는 너무 애매모호해 실망스럽기 짝이 없다.

평가주체인 대교협은 54개 대학과 대학원의 물리학과와 45개 대학과 대학원의 전자공학과에 대해 학과목표·교육과정·교수·학생·시설설비·재정 등 6개 영역에 대해 18~15개 항목을 평가했다지만, 항목별 평점과 총점을 밝히지 않고 대학은 상위 20%, 대학원은 10개씩만을 발표했다. 그것도 혹시나 대학의 서열이 밝혀질까 두려워 '가·나·다순'의 대학 이름대로 발표하는 배려까지 했다. 그리고 한다는 말이 아주 걸작이다. "상위권 대학의 점수와 순위를 발표하면 대학의 서열이 드러나 부작용이 예상되며, 특히 학생들에게 학내문제의 새로운 요인을 제공하게 되어 공개치 않기로 했다"는 것이다.

평가영역별 점수와 총점은 대교협과 해당 대학책임자 그리고 교육부 관계자나 알면 됐지 학생이나 학부모, 나아가서는 국민들이 알아봤자 득될 게 무엇이냐는 발상에서 비롯된 것일는지 모른다. 그렇지 않다면 국민들 앞에 알몸으로 나서기에는 그 자화상이 너무 초라해 감히 까놓기가 겁이 났기 때문일 듯도 하다.

그러나 어느 것이 이유가 됐든 평점과 순위를 숨긴 것은 '대학평가 인정제'를 도입한 근본취지에 어긋난다. 우리가 21세기의 치열해질 국제경쟁사회에서 적자생존을 하려면 적자생존에 강한 2세를 길러 내야 한다.

그러기 위해서는 2세를 키워낼 우리의 대학들이 먼저 적자생존의 원칙에 따른 경쟁을 통해 질 높은 대학교육을 해낼 수 있는 능력을 마련해야 한다. 그것을 하기 위한 전제가 '대학평가 인정제' 도입의 참뜻이다. 대학들은 실상대로 평가받고 분발하는 기회로 삼아야 한다. 평점과 순위가 공개돼야 하는 명분이 거기에 있는 것이다. 대학이 국민적인 협조를 얻을 수 있는 계기를 다시 마련키 위해서도 그 참 모습을 있는 대로 보여 주는 데서 출발해야 하기 때문인 것이다.

(93. 4. 2.)

6) '나무심기'도 바꿔야 한다

식목일은 지났다. 하지만 범국민 식수기간은 오는 20일까지다. 산림청이 주관하는 올해의 식수기간(3월 21일~4월 20일)에는 전국 3만 1천6백ha의 산에 7천9백만 그루의 나무를 심을 계획이라고 한다. 국비와 지방비 1백90억 원과 산주 부담 1백35억 원을 합쳐 4백25억 원이 투자된다.

광복 후 미군정시절인 46년에 식목일을 제정, 서울 사직공원에서 그해 4월 5일 첫 식목일 행사를 했다. 그 후 48년째 계속돼 온 범국민 식수운동의 전개는 국민들에게 조림녹화 의식을 고취시켰다. 이 땅의 헐벗어 보기 흉했던 민둥산에 푸른 옷을 입혀 놓는데 큰 성공을 거두기도 했다.

산림청의 집계로는 1~2차 치산녹화 계획기간(73~87년)에 3백88만 5천ha의 산에 조림을 해, 95%의 녹화실적을 달성한 것으로 돼 있다. 88년부터는 산지자원 10개년 계획에 착수, 산림자원 조성도 상당해졌다는 평가다. 그 평가의 근거는 이렇다. 한일합방 당시인 1910년대 우리의 산림축적량은 ha당 $40m^2$에 이르렀다는 것이다. 한·일합방 당시 정도가 됐다는 것이다. 그러나 산림자원 부국들을 따라가려면 빈약하기 그지없다. 독일의 ha당 2백66m², 인도네시아의 1백65m², 일본의 1백13m², 미국의 78m²에 비하면 우리는 아직 멀었다.

더욱이 헐벗었던 산에 옷을 입히는 데만 치중하는 속성수와 비경제 성수종 위주의 녹화역점의 조림정책의 진짜 결실은 겉에 나타난 '푸르름' 만큼 내실하지 못하다는데 문제가 있는 것이다.

국토의 65%나 산지인 나라의 목재자급률이 13%밖에 안 된다는 게 말이나 되는가. 지난해에도 1천8백98만 달러(1백51억 8천만 원) 어치의 원목을 수입해야 했다. 올해는 그보다 더 많은 2천90만 달러(1백67억 2천만 원) 어치의 나무를 외국에서 사들어야 한다는 것이다. 이것은 바로 우리 산림정책의 허가 어디에 있다는 것을 사실적으로 말해 주고 있는 것이다. 범국민 식수기간에 '한그루 나무심기운동'을 언제까지 그냥 펴고만 있어도 좋을 것이냐를 정책 당국자들은 국가경영 차원에서 다시 생각해 볼 때가 됐다는 것을 말해 주고 있는 것이다.

말이 좋아 전 국민들의 '한 그루 나무심기'이며 '경제임업'으로의 정책 전환이지, 실제는 그렇지가 못하다. 70년대부터 계획조림을 했다고는 하지만 30년 이상 조림한 3백88만 5천ha 중 살아남아 있는 조림 임야는 63%인 2백45만7천ha에 불과하다는 것이다. 그리고 우리 전산판을 놓고 보면 인공조림 면적은 31%가 될까 말까 하다. 나무를 심어 팽개쳐 놓고 가꾸지도 않았으며 식재면적 자체가 태부족인 상태에서 목재자급을 바란다는 것부터가 부질없는 소망이라는 것을 알 때가 됐다는 말이다. 새롭게 대처해야 한다.

그렇지 않고서는 산림입국, 더 나아가 목재를 자급자족하고 남아서 수출까지 하는 산림부국의 꿈을 실현할 수는 없다. 우리 국토의 토양과 기후조건에 맞는 경제수종을 개발하고 환경보전 차원의 산림보전을 하기 위해서, 그 중대한 일을 힘없는 산림청이 알아서 하라고 방치해서는 될 일이 아니다. 통치권 차원에서 산림정책을 다시 세우고 과감한 투자를 해야 한다. 이 또한 '김영삼 새 정부'가 새롭게 도전해야 할 미개발 부분의 하나라는 것을 빨리 알았으면 좋겠다.

(93. 4. 9.)

7) 도마 위에 오른 교육부

2세 교육을 관장하는 교육부. 그래서인지 교육부 관리들은 겉으로는 꽤 점잖게 보인다. 점잖다는 표현이 도덕적이거나 윤리적으로 올바르게 처신한다는 말과 꼭 부합되는 뜻은 아니다. 그보다는 차라리 1등 부처로 통하는 몇몇 경제부처나 어느 사회부처의 관리들처럼 눈에 광채가 날만큼 활발하고 경쟁적이 못 된다는 뜻에 가까울 것이다. 속된 표현을 빌리자면 덜 똑똑하고 그래서 덜 악착같이 보인다는 말일 수도 있다.

이유를 찾는다면 업무의 성격과 조직의 특성 때문이랄 수 있다. 교육부 관리가 다루는 업무와 대상은 교육과 교육기관 그리고 선생님으로 통칭되는 교사와 교수들이다. 그 편제도 일반행정직이 60%, 교육전문직이 40%로 짜인 이원조직이다. 장관 또한 교수 출신의 대학총장이 임명되는 경우가 절대적으로 많았다.

그러한 탓 때문인지는 모르겠다. 교육부의 풍토는 정부 각 부처 중에서도 가장 고루한 편에 속한다. 관리들은 구태의연하다 할 정도로 보수적이고 폐쇄적이다. 아주 소극적이기도 하다. 그러면서 그들은 "교육부가 무슨 힘이 있느냐", "만만한 게 교육부 아니냐"는 자조적인 말로 스스로를 위안하는 모습을 보여 왔다.

그 교육부와 그 관리들이 문민정부의 '개혁의 칼' 앞에 비리부의 표상으로, 탐관오리의 집합처로 수술을 당하기 위해 도마 위에 올라 있다. 어찌 보면 그것은 인과응보라 할 수 있다. 사학의 입학부정과 학사비리만 터졌다면, 교육부의 감독권한은 언제나 낮잠만 자고 있었다는 의혹이 뒤따라 나오고 있기 때문이다. 어찌 책임을 묻지 않을 수 있겠는가.

감독권한이 낮잠만 잤다면 그래도 낫다. 비리사학 재단과 한통속으로 유착했던 것 같기도 하다. 부정을 눈감아주고 공생한 흔적도 없지 않다. 먹이사슬처럼 얽혀 서로 봐주기식의 결탁 의혹마저 받기에 이르렀다. 그러니 중앙부처 중에서 제일 먼저 '사정의 칼'을 받게 되는 것은 당연하다.

그러나 여기서 간과해서는 안 될 게 하나 있다고 나는 본다. 그것은 지난 39여 년 동안 교육정책의 대부분을 결정한 곳은 교육부가 아니었다는 사실이다. 대학의 신설인가와 정원의 증원, 대학의 자율권을 몰수했다가 되돌려주는 일, 입시제도를 바꾸고 뜯어고치는 것 등 대소 교육정책을 결정한 주체는 교육부 차원이 아닌 통치권 차원에서 이뤄졌다는 것이다. 교육부는 그렇게 결정된 교육정책을 대학과 교육일선에 시달하는 심부름꾼 역할밖에 못했다는 것을 알만한 사람은 다 안다.

힘의 실체와 사실상의 결정권이 어디에 있는가를 김동석씨나 김문기씨 같은 '천하의 꾼들'이 모를 리가 없다. 그들이 교육부 관리들에게만 로비를 하고 뇌물을 줘 재단비리를 일삼고 부정입학을 대규모로 자행했다고 본다면 그것은 잘못이다. 그래서 교육부를 아무리 작살내고 그 관리들을 물갈이 해봤자, 교육부를 교육부답게 바로잡고 사학비리와 입학부정을 뿌리 뽑는 방법이 못 된다는 데 문제가 있다는 것을 알아야 한다.

나는 물론 교육부와 그 관리들을 옹호하거나 변호해야 할 처지가 아니다. 이 나라 교육이 잘 되기 위해서는 교육부를 혁신해야 하고 비록 심부름꾼으로서 부스러기 뇌물이라도 받은 관리가 있다면 엄단해 마땅하다는 강경론자의 입장이다.

　다만 교육부에 대한 '개혁의 손길'이 2세 교육을 위한 '참된 교육부'를 만들기 위해서라면, 교육부의 내부 수술과 함께 지난 시절에 교육부에 가해졌던 통치권과 정치권 그리고 여타 부처의 외풍도 이제는 차단해 줘야 한다는 것을 강조하고 싶을 뿐이다. 이 나라 교육을 오늘날 이 모양으로 병들여 놓은 가장 큰 요인 중의 하나는 교육을 '통치의 수단' 심지어는 '행정의 수단'으로까지 함부로 써먹었다는 데 있다는 것을 개혁팀은 꼭 염두에 뒀으면 한다.

(93. 4. 16.)

8) 국립교육평가원은…

　대입학력고사의 정답 유출사건은 출제관리본부 김광옥 장학사의 단독 범행일까. 그의 직속상관인 김종억 장학관과 공모한 범죄일까. 이 두 교육전문직 공무원들의 범행은 사람 됨됨이가 그 정도밖에 안 돼서 저질러진 것인가. 아니면 국립교육평가원의 조직이 잘못 돼 있어 가능했던 구조적인 범죄이었을까.

　이들이 빼낸 정답으로 부정합격한 수험생들이 과연 5명에 국한되는 것일까. 교육평가원의 내부 공모자가 더 있는 조직적 범행은 아닐까. 유출된 정답은 다른 돈 많은 학부모나 입시브로커들에게는 넘겨지지 않았는가. 대학입학예비고사(69~81년)와 학력고사(82~93년)를 통산한 국가관리 대입고사출제 24년 사상 초유의 범죄에 대한 의문은 '까字'만 붙이면 한없이 꼬리가 이어지는 의혹으로 증폭된다. 이 사건을 보는 국민적 정서랄 수 있다. 검찰수사가 이러한 의혹들에 대하여 미흡함이 없을 만큼 답해야 하는 이유가 바로 그 때문이다.

15일까지의 수사결과로는 경천동지할 이 범죄는 생선가게의 고양이들 짓으로만 보인다. 생선가게 격인 학력고사 출제본부 조직, 더 나아가서 국립교육평가원 자체는 별 문제가 없는 것 같다. 물론 그럴 수도 있다. 출제된 문제지와 정답지의 관리총책인 김장학관과 주무인 김장학사가 범행을 하기로 든다면야, 기구와 조직이 아무리 잘 돼 있다 해도 막기는 어렵다. 결국은 사람의 문제랄 수 있다.

그러나 꼭 그렇게만 볼 수 없는 구석이 여럿 발견된다. 두 사람은 다같이 89년에 평가원으로 전보됐다. 5년이나 그곳에 장기근무를 했다. 주범인 김장학사는 관리부 기획위원이 된 해부터 정답을 유출, 3년 동안 6차례나 계속할 수 있었다면 조직에도 문제가 있는 게 아닐까.

국립교육평가원은 85년 8월에 발족됐다. 교육부 산하 중앙교육연수원 고사과를 승격, 확대 발전시킨 중앙교육평가원은 91년 국립교육평가원으로 개칭됐다. 초·중·고생들의 학력평가를 전담하는 평가기획부·대입 학력고사·국비유학시험 등 대소시험의 출제를 맡는 '문제'의 출제관리부 등 4부의 편제다. 교육전문직 66명과 일반행정직 46명으로 구성됐다.

평가원장을 역임했던 전 교육부 한 고위관리는 이렇게 말한다. "초·중·고교의 학력평가는 말뿐이다. 한해 26회 치르는 대소 시험 출제를 위해 출제위원이나 교섭, 위촉하고 출제된 문제와 정답을 인쇄, 시험장에 전달하는 용달사 구실이 평가원의 모든 일"이라고. 독립성도 없는 교육부 산하기관이면서도 경제기획원에서 예산 따내는 일은 별도로 해야 한다. 그래서 교육부 공무원들 사이에서는 별 볼일 없는 유배처로 꺼리는 곳이다. 그러나 진짜 문제는 따로 있다. 시험문제를 출제하는 데 필수인 보안이 철저히 될 만한 독립된 시설물도 없고 전문출제위원을 자체 보유하지 못하고 있다는 사실이다.

대입학력고사를 한 번 출제하는 데 교수출제위원 70명, 검토위원인 고교교사 30명, 평가원의 출제관리부 직원 30여 명, 경비경찰 10여 명 등 근 1백50여 명이 호텔 등을 빌려 20여 일 가까이 합숙을 해야 한다. 경비도 경비지만 보안이 더욱 골칫거리다. 지난해 26차례의 각종 고사 시험문제 출제에 따른 합숙을 하며 쓴 비용이 10억 원이 넘었다는 것이다.

정답 유출사건의 후유증으로 올해의 29차례 각종 시험 출제관리는 더 어렵게 될 판이다. 교수들의 출제위원 기피는 더욱 심할 게 뻔하다. 출제 장소를 선뜻 빌려 주려 하지도 않을 것이다. 새 대학입시제도 시행에 따른 첫 수학능력 시험날은 오는 8월 20일로 잡혀 있다. 7월까지는 출제 준비를 끝내야 한다. 석 달도 안 남았다. 그 안에 교육평가원을 일대 수술해 떨어진 신뢰도를 회복한 후 최초의 국가관리 수학능력시험을 차질없이 치러 낼 수 있을까. 이번에는 채점도 하고 득점표도 통보하자면 일이 훨씬 많다. 자칫 잘못하면 끝나 버린 '시험부정'의 닥쳐오는 '새 시험까지' 망치게 하지 않을지 그것도 걱정이 된다.

(93. 4. 23.)

9) 본고사 포기와 대학 자율성

우리 대학들의 자율성은 지금 어느 수준에 와있는가. 대학들은 자율성을 신장시켜보겠다는 의지 차제를 갖고 있는지 의심하게 된다.

국어·영어·수학·과학·외국어를 중심으로 4과목 내지는 2과목, 적게는 1과목을 본고사로 쳐, 신입생 선발의 핵심자료로 삼겠다고 '새 대학입시제도'에 맞춘 입시요강을 발표했던 것이 1년여 전인 지난 4월말 께였다. 1백38개 4년제 대학 중 40개 대학들이 학생선발에서부터 대학의 자율성을 확보하겠다는 차원에서였다. 그러했던 대학들이 광운대와 경원대의 채점조작에 의한 대규모 입학부정 사건이 터진 후부터 슬금슬금 본고사 포기 기미를 보이더니, 교육부의 '본고사 유보 권유지시'가 나가자마자 기다렸다는 듯이 본고사 포기 대열에 끼이려고 경쟁을 하는 듯한 치졸한 행태를 드러내고 있다.

본고사를 치기로 한 대학들은 '본고사 치는 대학=좋은 대학'처럼 자율성을 외쳤다. 이제 와서는 '본고사 안 치는 대학=고교교육 정상화에 협조하는 대학'처럼 배알도 없어 보이는 작태를 하고 있다. 또 '본고사=입학부정'이란 이상한 등식마저 생긴 듯도 하다. 지성과 양식의 집단을 자처하는 대학들이 저러하니 한심하고 부끄럽기까지 하다.

물론 대학들이 본고사를 치고 안치고 하는 것부터가 대학의 자율권한에 맡겨졌던 게 '새 대학입시제도'의 취지이자 특징이다. 본고사라 해서 국·영·수 등 도구과목을 꼭 치라 했던 것도 아니다. 차라리 그러한 도구과목들에 대한 평가는 수학능력시험에서 하기 때문에 중복을 피하고 학문을 하는 데 기본인 논문작성 능력을 시험하든지, 대학특성이나 전공학과의 성격에 맞는 과목을 본고사로 치기를 바랐다.

내신성적을 활용할 때도 등급만 보지 말고 전공학과에 연관성이 큰 학과목 성적에 가중치를 주거나, 활동상황 등에 역점을 두는 식의 본고사 전형을 바랐던 게 '새 대학입시제도'가 도입한 본고사의 성격이었다.

그러나 대학들은 본고사 과목을 정할 때 서울대를 모델로 삼아 그보다 한두 과목씩 적게 잡고, 주관식 출제를 하는 것만이 본고사의 전부인 것처럼 떠들며 그래야만 학생 선발에 변별력을 높일 수 있다고 우겨대었다.

그러던 대학들이 본고사 포기를 결정한 속셈은 알고도 남을 만하다. 우선 단독으로 본고사를 출제하고 채점하려면 엄청난 비용이 든다. 규모 큰 대학들은 몇 억 원 가까이 소요될 거라는 추산이다. 변별력이 높은 주관식 문제를 제대로 출제할 능력도 없다. 채점과정에서 부정을 방지할 자신도 없다. 생각없이 본고사를 치겠다고 해놓고 걱정이 태산 같던 차에 '교육부의 유보지시'가 나오자 '얼씨구나 이때다'했던 것이다. 11개 대학으로까지 줄었고 조금 더 있으면 본고사를 칠 대학이 몇 개나 남게 될지 모를 상황을 보면서 걱정을 하게 되는 것은, 우리 대학들의 자율성과 자생기능이 어디까지 더 후퇴할 것인가, 그 끝이 보이지 않는다는 사실 때문이다.

본고사를 치든, 무시험 전형을 하든 자기 대학이 가르칠 학생을 선발하는 권한을 대학의 자율에 맡기는 게 정도다. 특히 사학의 경우 각기 다른 건학이념과 대학을 어떻게 발전시키겠다는 비전과 목표에 합당하게끔 학생 선발을 할 수 있는 기준을 스스로 정하도록 해야 하고, 또 대학이 그 권한을 갖겠다는 것은 너무나 당연하다.

언젠가는 우리 대학들이 실현해야 할 대학의 자율성 확보의 일차적 이정표이기도 하다. 그러한 정책의지에 따라 학생선발의 자율폭을 크게 넓혀 주기로 했던 교육부가, 본고사를 '유보하라'고 권유하는 것부터가 일관성 벗는 처사이고 시대적 흐름을 역행하는 것이랄 수 있다. '획일의 틀속'으로 다시 기어들어가겠다는 대학들의 행태야말로 대학의 자율성을 스스로 영원히 포기하겠다는 것과 무엇이 다른가. '입학부정'이란 구더기가 아무리 무서워도 장은 담가야 한다. 구더기가 무서워 장담그기를 포기하겠다면 대학들은 더 이상 자율권을 달라는 말을 할 자격과 자질이 없다는 것을 알아야 한다.

(93. 4. 30.)

10) 입학부정 뿌리 뽑자면…

후기대학 합격자 발표가 난 직후인 지난 1월 하순께 몇몇 대학에서 대리시험에 의한 입시부정이 터져 나왔다. 곧이어 2월 초 광운대의 총장과 보직교수가 간여해 조직적이고 원천적인 점수 조작에 의한 입학부정을 한 것이 발각되면서, 사학의 입학부정 실상의 윤곽이 빙산의 일각처럼 드러나는 듯했다. 3월 중순에는 상지대재단 주인의 대학운영 비리가 낱낱이 드러나더니 4월 초순에는 경원대의 전 재단에 의한 장기간에 걸친 해묵은 입학부정이 폭로성 제보로 밝혀지면서 이사회를 충격 속에 몰아넣었다.

이달 들어서도 경기대의 87·88년 두 해의 입학부정과 지방에 있는 큰 대학들의 입학부정이 계속 드러나고 있다. 이러다가는 '입학부정'으로 흠집이 나지 않을 사학이 과연 몇 개나 될지 알 수 없어 위기감마저 느끼게 된다. 이리하여 사학들의 입학부정이란 고질적인 병리현상을 더 이상 방치해서는 안 되겠다는 데 사회적 공감대가 형성됐다 할 수 있다.

사학의 입학부정을 뿌리 뽑을 대책은 무엇이 있겠는가. 먼저 입학부정을 만연시킨 원인규명이 정확해야 올바른 대책이 나올 수 있다. 원인부터 찾아보자. 원인규명을 제대로 하자면 사회적인 측면, 사학재단과 총·학장·교수들이 사회의 '한탕주의'에 물들어 '쉽게 한탕해도 된다'는 도덕성의 마비현상적 측면, 입시제도상의 측면과 대학의 감독부처인 교육부가 부정을 눈감아 줘야 했던 시대적 상황 등을 따져봐야 한다.

70~80년대 우리 사회는 급격한 경제성장과 그로 인한 부의 편재로 떼돈을 번 사람들이 많이 생겨났다. 대학의 입시난은 해를 거듭할수록 심화됐다. 천민자본주의의 근성이 발호해 한탕만 잘 치면 떼돈을 벌 수 있고 돈으로 안 되는 일이 없을 만큼 금전만능·배금주의가 횡행했다. 이들

은 자녀의 대학입학도 돈으로 사면된다는 식이었다. 권력가는 돈 대신 권력으로 입학을 뺏어 냈다.

약삭빠른 일부 사학재단 경영자와 그 대학의 총장과 보직교수들이 사회에 만연하는 '한탕주의'를 외면할 리 있었겠는가. 눈 딱 감고 '입학부정 한탕'만 잘하면 수십억을 끌어들이는 손쉬운 방법과 대학의 생명인 도덕성을 바꿔치기했던 것이다. 국립교육평가원의 정답 유출도 같은 맥락에서 봐야 한다. 입시제도까지 바뀌어 대학에 넘겨졌으니 재단과 총장이나 보직교수가 마음먹고 하기로 들면 그까짓 점수고치기쯤이야 식은 죽 먹기나 마찬가지 아니었겠는가.

더욱이 그 시기는 대학의 자율권 신장이 유독 강조되던 때다. 교육부 감사에서 웬만한 입학부정이 적발돼도 학생시위의 요인이 된다 해서 가급적이면 알아서 덮어 주던 그런 시절이었다. 그래서 60년 중반 이후 뜸했던 사학의 입학부정이 6공 치하에서 다시 발효하게 됐다는 결과론에 이르게 되는 것이다. 사회기강이 해이해진 데 따른 것이어서 지난날 통치권 차원의 책임 또한 크다.

그렇다면 사학의 입학부정을 발본색원할 대책은 자명해진다. 대학의 입학은 돈으로 사고팔 수 없다는 것을 사회정의로 다시 확립시켜야 한다. 돈으로 입시브로커를 사서 대리시험을 치게 한다거나, 대학에 뒷거래로 거액을 주고 입학을 샀다가는 패가망신하고 자식신세까지 망치게 된다는 것을 분명하게 한다면, 입학을 사려는 졸부도 없어질 것이고 입학을 뺏어 낼 권력층도 사라질 것이다.

입학을 파는 사학재단은 대학에서 손을 떼게 하고 입학부정을 자행하는 총장과 보직교수는 대학 캠퍼스에 영원히 발을 붙이지 못하게 할 때 입학부정은 뿌리 뽑힐 것이다. 입시제도에 부정이 개입할 수 없게 하기 위해서는 학생선발권과 채점권한도 능력 있는 대학에만 주는 차등정책을 쓰는 게 옳다고 본다.

(93. 5. 7.)

6. 대학생들의 의식방황

1) 스승의 날

내일은 '스승의 날'이다. 선생님을 존경하고 노고에 감사하기 위해 지난 83년 제정된 후, 연례행사로 해온 지 12년째가 되는 날이다. 선생님들에게는 더없이 뜻깊고 보람찬 그런 날이다. 그러나 초·중·고교의 교사든, 대학의 교수든, 교직에 몸담고 있는 이 사회의 모든 선생님들에게는 내일 '스승의 날'이 그렇지가 못할 것 같아 안타깝다.

후기대학 입시 직후부터 터져 나온 사립대학들의 입학부정이 꼬리를 물고 있다. 지난 5~6년 사이에 사학들이 저지른 엄청난 규모의 부정입학 실상이 속속 드러나고 있다. 내로라하는 교수들마저도 자녀를 특례입학시킨 부도덕성이 밝혀지고 있다. 국립대학의 입학부정 사례도 터져 나오기 시작했다.

초등학교 교감과 고등학교 교감까지 지낸 장학사와 장학관이 국립교육평가원의 학력고사 문제의 정답을 도둑질하는 범죄까지 자행한 판국이다. 각급 학교의 '돈봉투' 문제에 대한 얘기가 끊이지 않고 있다. 교육에 대한 불신감이 그 어느 때보다 심화돼 있다. 40만 교직자들의 양심이 무참히 짓밟힌 불행한 시점에서 맞이하는 '스승의 날'이다. 보람과 긍지를 느끼기보다 참담하고도 자괴하는 마음으로 이날을 맞게 될 것 같다. 참으로 딱한 일이 아닐 수 없다. 하지만 이 땅의 병든 교육풍토의 원인을 따지기로 한다면야 그게 어디 '교직자들만의 탓'이라 할 수 있겠는가.

우리 교육의 발아기에 동족상잔인 '6·25전쟁'으로, 50년대는 전후처리에 골몰했고, 60년대는 경제개발에 총력을 기울여야 했으며, 70년대는 경제발전이 몰아 온 가치관의 혼돈에 휩싸였으며, 80년대는 민주화의 진통으로 교육 또한 좌절을 겪어야 했다. 시대상황에 휘말린 교육과 교육계는 어쩔 수 없는 '사회 속의 교육'으로서 사회와 함께 부패도 해야 했으며 뒷걸음질도 쳐야 했던 것이다.

그리하여 우리 교육은 자라나는 2세들에게 자주적·창의적·도덕적·협동적인 자질과 능력을 길러 주는 교육본질에서 이탈되고 왜곡돼야 했던 것이다. 초·중등교육은 학부모들의 과욕과 입시준비에 급급해 창의성 개발이나 인간교육을 할 겨를이 없었다.

입시경쟁은 지옥처럼 가혹했지만 '입학=졸업'으로 이어지는 대학교육의 질은 형편없이 떨어져 갔건마는 그래도 대학만 가면 된다는 식이어서 입학부정이 만연하기에 이르렀던 것이다. 이 같은 우리 교육의 중병은 정치나 경제 등 다른 분야의 부정·부패·부조리와 마찬가지로 개인 차원의 윤리나 도덕의식 마비와 더불어 사회구조적인 모순에서 기인됐다고 봐야 한다. 따라서 오늘날 우리 교육과 교육계가 앓고 있는 병은 부분적인 것이 아니고 전면적인 것이며, 일시적인 것이 아니라 고질적인 것이라는데 문제가 훨씬 더 심각한 것이다.

그렇다면 이 교육 중병을 어떻게 고쳐야 할 것인가. 교육은 결코 초·중·고교나 대학만의 일일 수는 없다. 교사나 교수들만의 책임으로 돌리고 매도한다 해서 치유될 병이 아니다. 가난한 학교와 재정난의 위기에 처한 대학들에, 그리고 힘없는 '교육자들에게만' 교육을 맡겨 버린 채 아무리 그 잘못과 책임을 따져 봤자 교육은 개선될 수가 없다. 본질적인 교육개혁을 기대한다는 것부터가 잘못이다.

교육은 사회 전체가 책임을 져야 한다. 학교의 교육여건을 개선해 주고, 교육자들에 대한 보다 나은 처우와 긍지를 가질 수 있도록 사회적 풍토를 만들어 주는 일은 사회 전체가 맡아야 한다. 그렇다고 교사와 교수들에게 책임이 없다는 뜻은 아니다. 교육의 핵심주체로서 교사와 교수들이 책임을 다할 각오를 각별히 해야 한다. 그 어느 때보다도 교육과 교육자가 상처투성이가 된 때에 맞는 '스승의 날'에 우리 모두가 교육을 바로 세우는 일에 일익을 다할 각오를 새로이 해보도록 하자.

(93. 5. 14.)

2) 대학정책실

대학의 입학부정과 학사비리가 파헤쳐지면서부터 교육부가 연일 몰매를 맞고 있다. 2세 교육을 관장하는 교육부는 그 존재의미를 따져 보더라도 어느 부처보다 깨끗했어야 했다. 그러나 실상은 반대였던 것 같다. 난장판과도 다를 바 없는 사학들의 입학부정을 철저히 감독, 재발방지에 노력을 한 흔적을 찾아보기 어렵기 때문이다. 대학을 지도·감독할 권한을 베개 삼아 낮잠 자고 있었으니, 질타를 당하고 '사정의 칼'에 난도질을 당한들 이제 와서 무슨 할 말이 있겠는가.

하지만 교육부의 내부사정을 아는 사람들 사이에서는 "그게 어디 교육부만의 책임이냐"는 일말의 동정론이 없는 것은 아니다. 열 사람이 한 명의 도둑을 막기 어렵듯이, 입학부정을 솔선해서 막아야 할 사학재단과 총장 등 대학의 책임자들이 손 걷어붙이고 부정을 자행한다면 사전예방이 지난한 것은 현실이다.

입시 후의 학사감사로 강경대응을 하지 않은 것은 틀림없는 감독권한의 직무유기에 속하지만, 그 또한 통치차원의 '시대적 상황'이란 핑계가 있기는 하다. 입시제도의 허점을 이유로 댈 소지도 없지 않다. 그러나 감사원의 계통 감사결과 드러난 14개 사립대학의 1백11개 학과의 92·93학년도 입학정원 3천2백6명을 증원시켜 준 부정은 입이 열 개 있어도 할 말이 없을 것이다. 딱 떨어지는 불법이다.

학사감사 권한을 직무유기했다는 소극적 부정과는 차원이 다르다. 교수 확보율(60%)도 못 갖춘 신설 사립대학들에 증과·증권을 허용받을 수 있도록 불법을 조장한 적극적인 부정이다. 대학입학 정원조정 권한의 칼자루를 든 교육부 대학정책실이 그래서 비리사학재단과 한통속으로 유착해, 부정을 눈감아주고 불법으로 정원을 늘려 주며 먹이사슬처럼 얽혀 공생한다는 의혹이 '사실일 수 있다'는 것을 엿볼 수 있어 더욱 놀랍다.

대학정책실은 매년 각 대학의 교수 임용보고를 받는다. 교수 확보율이 어떻다는 것쯤은 파악하기란 어려운 일이 아니다. 적격자를 채용했는지를 가리는 일도 마찬가지다. 그리고 그 확보율은 현재로서는 증과·증원의 가장 중요한 기준이다.

그런데도 하물며 건학이 일천해 교수 확보율이 60% 미만인 사학들이 허위로 낸 유령교수 확보율을 따져 보지도 않고 입학증원 규모의 20%를 집중배정했다는 것은 대학정책실이 작심하고 불법을 스스로 저지른 것이랄 수 있다.

그렇다면 대학정책실의 해당 관리들이 '왜 그러한 작심을 했겠느냐'는 것을 추궁해야 한다. 또 그것은 재정난으로 "금방 쓰러진다"면서도 세월이 흐르면 외형적인 팽창을 거듭하는 많은 신규사학들의 불가사의한 아메바식 생존원리에 대한 해법이 될 수도 있을 것이다.

여기서 또 하나의 의문이 생긴다. 대학 캠퍼스에서 학문적인 명성과 고매한 인품 등으로 해서 인격의 명을 받아 문제가 될 당시 교육부를 이끌었던 총장 또는 교수출신의 전임 교육부장관들은 대학정책실 관리들이 올리는 입학정원 조정안건 결재를 하면서 '그들이 장난친다'는 것을 조금도 의심해 보지 않았는지, 감사원의 감사결과를 보는 지금의 감회는 어떠한지 그 또한 몹시 궁금하다.

어찌됐던 교육부의 대학정책실은 사람만 바꾸는 것으로 개혁이 될 것 같지가 않다. 직제와 기구를 뜯어고쳐야 한다. 그리하여 비리사학과 연결고리를 차단할 수 있도록 제도적인 장치를 마련해야 한다. 이번에도 그것을 못한다면 대학정책실은 대학과 대학교육을 진흥시키는 행정기구로 영원히 제기능을 다 할 수 없게 될는지도 모른다. 대학을 살리는 일은 교육부의 대학정책실부터 개혁하는 데서 출발해야 한다.

(93. 5. 21.)

3) 대학생들의 의식방황

삼민투·민민투·자민투는 85년부터 87년 봄까지 대학가를 주도했던 극렬학생 운동권조직들이다. 삼민투가 먼저 생겼다. 얼마 후 민민투와 자민투로 양분됐었다. 이제는 대학가에서마저 두 조직의 이름을 입에 담는 학생들을 찾아보기 힘들 정도가 됐다.

편향된 운동권 학생조직을 새삼 기억하게 되는 것은 그들이 주장했던 '6·25북침설' 때문이다. 이들 학생조직이 한창 기세를 올릴 때인 86년에 나온 한 지하유인물은 "6·25는 미제가 남한의 괴뢰정권을 앞세우고 저지른 북침"이라는 해괴한 논리를 폈었다. '민족해방전쟁론'까지도 등장해 섬뜩하기마저 하던 때였다.

6·25는 '북한에 의한 남침'이 국제학계에서 엄연한 정설로 굳어졌고 최근에 와서는 중국과 소련의 비밀문서공개로 확인된 바도 있다. 김일성도 간접시인하지 않았던가. 그런데도 하물며 우리 대학생들의 상당수가

편향된 운동권도 아니면서 6·25를 아직까지도 '조국통일을 위한 민족해방전쟁' '남한의 북침'이라고 믿고 있다니 놀라지 않을 수 없다.

한국 논단과 한국갤럽조사연구소가 함께 실시한 '6·25 관련 대학생의 의식조사' 결과를 보면 '미·소 초강대국에 의한 대리전쟁'=56.7%가, '북한의 불법남침에 의한 동족상잔'=30%로 절대다수를 차지하고 있지만, '해방전쟁론'과 '북침설'의 왜곡된 의식을 갖고 있는 학생들이 9.3%나 됐다는 것이다. 더욱 충격적인 사실은 김일성보다도 이승만 초대대통령에 대해 더욱 부정적인 평가를 하고 있다는 대학생들의 의식의 단면이다. 이승만 대통령을 '친미사대주의자'=53.3%, '반민주적 독재자'=18.2%, '영구분단의 원흉'=17.6%로 부정적 평가를 하고 있는 대학생들이 압도적이었으며 '독립투사이며 건국의 아버지'라는 견해는 1.3%의 극소에 그쳤다.

김일성에 대한 평가는 '후세사가에 맡겨야 한다'=43.1%로 유보적인 응답자가 가장 많았으며, '동족상잔의 주범'=22.6%, '철저한 공산주의자'=18.3%, '민족의 지도자'=6.3%였다.

이승만 초대대통령은 물론 집권중반 이후 인의 장막에 둘러싸여 장기집권을 획책하면서 독재정치를 한 것은 분명한 사실이고, 50년대의 동서 양극화의 국제정치 현실 속에서 친미적이었던 것 또한 부인할 수 없지만, 그를 사대주의자라거나 '조국분단의 원흉'으로 악평한다는 것은 올바른 시각이라 할 수 없다. 특히 일제가 물러간 직후의 혼란한 정치상황 속에서 '남한만의 단독정부'라도 탄생시키지 않았다면, 자유민주주의를 체제로 하는 대한민국은 건국도 못 해본 채 한반도는 공산화됐을지도 모른다. 이승만 초대대통령에 대한 역사적 평가는 집권 후보다는 건국에 더 많은 초점이 맞춰져야 하는 것이 아닐는지.

어쨌든 그것이야말로 사가들의 몫이다. 그러나 건국과 6·25발발 전후를 체험하지 못한 2세들에게 보다 사실에 근접한 의식을 심어 주는 일은 교육의 몫이다. 그리고 그 교육은 학교교육에 국한해서는 될 일이 아니다. 사회교육이 더욱 중요하고 효과적일 것이다. 그러기 위해서는 우리 현대사의 핵심적 사실들에 대하여 올바른 시각과 인식을 정립하여, 2세들로 하여금 '의식의 방황'을 하지 않도록 가르칠 수 있어야 한다.

(93. 5. 28.)

4) 교육부의 실종위기

수도권 집중 완화책의 하나로 지방에 종합대학촌을 건설할 계획이란다. 96년부터 대학입학정원의 수도권 내 증원은 전국 증원분의 20% 이내에서만 허용할 방침이라고도 한다. 신경제 5개년계획의 일환으로 마련한 '수도권 정비계획 개편안'에 반영된 건설부의 정책의지다.

경제기획원은 '기술 및 기능인력 양성제도 개편안' 속에서 전문대학 입학정원의 30%를 공고 등 실업계 고교생들에게 무시험 진학할 수 있도록 새로운 유인체제를 마련하고, 산업현장의 기술중심 교과과정으로 운영되는 2~3년제 기술대학을 특수공기업과 대기업에서 설립하도록 유도할 계획이라는 것이다.

전국토의 12%밖에 안 되면서도 전국 인구의 43% 이상이 집중되어 이미 초과밀 상황에 달한 수도권을 그냥 두고 볼 수만은 없다는 건설부의 속타는 심사를 이해할 수는 있다. 제조업 등 산업현장에서 기능인력이 모자라 쩔쩔매는 데도, 인문계 고교는 넘쳐나고 실업계 고교는 지원자가 달리도록 내팽개쳐 두는 교육부 처사를 더 이상 두고만 볼 수 없어 경제기획원이 손 걷어붙이고 나서 '기능인력 양성교육 체제'를 주관해야겠다는 충정도 알 만하다.

그렇다고 될 성싶지도 않은 '대학촌 건설' 발상까지 한다는 것은 웃기는 얘기로나 들어 줄 수 있을까. 대학정원 조정의 칼자루까지 건설부가 갖겠다는 것은 이 무슨 초권적 사고인가. 기능인력이 아무리 모자라고 그 양성을 국가차원에서 대비하자는 것은 나무랄 수 없지만, 경제기획원이나 상공부가 '교육까지 맡아야 하겠다'는 것은 이 또한 무슨 망발인가.

  도대체 교육부는 어디 가서 뭘 하고 있기에 건설부·경제기획원이 '고유 업무를 뺏어가겠다'는 데도 말 한 마디가 없는가. 그러한 정책의지나 계획 또는 안들이 발설되고 성안되어 발표되는 과정에서 교육부의 의지는 과연 얼마만큼 반영됐는지를 알 수가 없다.

  그렇다고 교육부가 '김영삼 신한국' 창조를 위한 '신교육 개혁계획'을 내놓은 것도 없다. 오병문 장관은 취임 1백 일이 다 돼가는 데도 대학의 '부정입학 수렁'에 빠져 헤어나지 못하고 있을 뿐이다. 그래서 국민들은 교육부의 실종신고를 내야 할 위기의식마저 느끼고 있는 것이다. 교육부의 실종이 '오 장관의 무능'이라는 한 개인의 불명예로 끝날 수만 있다면야 국민적 차원의 걱정거리가 될 리도 만무하다.

  교육이 외적 요인 즉 통치권이라든가 정치 또는 행정에 의해 이리저리 끌려 다니고, 2세 교육 그 자체를 위한 것이 아닌 다른 목적 달성을 위한 수단으로 쓰이면 교육 본질에 피멍이 들게 된다. 그리고 그것을 바로 잡는 데는 엄청난 세월과 비싼 대가를 지불해야 한다. 그것은 3~6공 시절의 경험을 통해 익히 아는 체험들이다.

  우리 교육이 근 반세기가 다 돼가는 데도 우리 현실에 맞는 대학입시 제도도 하나 정착시키지 못했고, 8학군병이 아직도 치유되지 않고 있으며, 교육현장에서 '참교육'을 외쳐대는 저항이 그치지 않는 것도 따져 보면, 교육을 다른 정책의 수단으로 남용한 인과응보라 할 수 있다.

'시대적 양심의 최후 보루'라 해서 장관이 됐다는 오병문 교육부장관은 요즘 교육부의 실종위기 상황을 어느 정도나 실감하고 있을까. 노교수의 고매한 인품이 행여나 교육부와 교육을 이 부처 저 부처가 얕잡아 보는 빌미가 된다면, 오장관 개인을 위해서는 물론이고 이 나라 2세 교육을 위해 더욱 큰 불행이 아닐 수 없다.

오 장관은 빨리 그것을 알아야 한다.

(93. 6. 4.)

5) 기술인력의 유실

선·후진국을 가리는 핵심적 잣대는 산업화가 어느 정도 이뤄졌느냐는 것이다. 현대사회의 최대특징이랄 수 있다. 이 세계적인 현대조류 속에 한 나라의 번영은 그 나라의 생산력에 달려 있다 할 것이다. 그 생산력을 받치는 대들보는 제조업이다. 제조업에 활력을 불어넣은 결정적인 요체는 공학이다.

선진국들은 그래서 공학교육을 다른 분야에 우선해서 소중하게 생각한다. 투자에 인색하지 않은 것도 바로 그 때문이다. 또 그렇게 해서 길러낸 공학사들을 비롯한 고급기술 두뇌들이 제조업에 투신해 기술개발에 헌신할 수 있도록 사회적인 여건과 풍토를 마련하는 데 소홀함이 없다. 기술 두뇌들이 한눈을 판다면 기술민족주의 국제전쟁에서 패망한다는 것을 너무나 잘 알고 있기 때문인 것이다.

그런데 우리는 어떠한가. 공대졸업생 10명 중 3명만이 제조업에 취업하고 있다고 한다. 나머지는 서비스업 같은 전공과는 무관한 분야에 취업하고 있다. 산업연구원의 조사결과다. 거짓말일 리가 없다.

조사결과는 이렇다. 조사대상은 지난해 가을학기와 올해 정기 졸업시

즌에 공과대학을 졸업한 공학사 2만 2천5백50명이다. 이들의 취업은 66.1%다. 이중 제조업에 취업한 공학사는 50.3%였다는 것이다. 결국 33.2%, 더 알기 쉽게 말하면 10명 중 3명 정도만이 제조업 분야에 취업하고 있다는 것이다. 더욱 비관적인 사실은 서울대를 비롯한 상위 4개 대학의 공대졸업생은 18.5%만이 제조업에 취업, 고급 기술인력의 유실이 더할 수 없이 심각하다는 현실이 발견됐다는 것이다.

포항공대의 장수영 교수가 조사한 것을 보면 91년도에 우리나라 공학대학 7백77개 학과에서 배출한 공학사는 3만 2천9백94명, 공학석사는 4천1백94명, 공학박사는 5백1명이다. 일본의 공학사 8만 6천1백15명, 공학석사 1만 3천1백41명, 공학박사 1천48명에는 훨씬 못 미친다. 그러나 전체 인구대비로 보면 우리가 많다. 인구 10만 명당 공학사 배출숫자는 우리가 70.3명이나 된다. 일본의 62명이나 미국의 2.7%보다 많다. 공학계를 졸업하는 기술 두뇌 수가 부족하다는 것은 헛소리다.

문제는 그 질과 그렇게 배출된 기술인력이 생산력을 뒷받침하는 제조업 분야에 제대로 박혀 제 할일을 하고 있지 않고, 다른 분야로 유실되고 있다는데 있는 것이다. 제조업을 비롯한 산업계에서 기술인력이 부족하다고 하는 것은 질 높은 교육을 받은 고급기술 두뇌가 모자란다는 것을 말하는 것이다. 또 그나마 공학기술 교육을 받고 사회에 나온 기술인력들이 제조업 등 산업현장을 기피한다는 데 문제의 심각성이 있다는 뜻이다.

물은 낮은 곳으로, 사람은 대접해 주는 곳으로 모이는 법이다. 인지상정이고 당연한 현실반영이다. 그렇다면 대책은 분명해진다. 공학사는 물론이고 기술자격증 소지자에게 자격수당을 주고, 기술개발자나 특허출원자에 대해 보상금 내지는 특허권 이득을 배분하는 제도를 도입해야 한다. 기술두뇌가 최고경영진에 오를 수 있는 기업의 인사제도와 승진체계를 바꿔야 한다. 중·소기업에 근무하는 기능인력에 대해서는 무주택입주자 특혜, 사회복지 특혜 등 특별 시혜를 줘 제조업 분야에 기능인력이 몰려들게 해야 한다.

그래야만 기술인력의 유실을 막을 수 있게 된다. 이러한 근본대책을 외면한 체 이공계열 대학 정원을 한해에 4천 명씩 증원해 봤자, 그것은 제조업의 인력난 해결에는 아무런 실효가 없다는 것을 정책 당국자들은 알아야 한다.

(93. 6. 11.)

6) 교육 바로세우기 운동

교육은 미래를 준비하는 일이다. 미래사회의 주역이 될 인재들을 길러내는 중대사이다. 대문에 우리의 미래상은 오늘의 교육 속에서 이미 잉태되고 있다고 할 수 있는 것이다.

20세기는 자원과 자본중심의 국제경쟁 시대였다. 코앞으로 다가선 21세기는 창의적인 인재들에 의한 두뇌경쟁의 시대가 되리라는 전망이 나온 지 오래다. 그래서 선진국들은 80년대에 들어서면서부터 앞다퉈 교육개혁을 서두르고 있는 실정이다. 새 세기의 국가명운을 이미 오늘의 교육개혁과 경쟁에 걸고 있다 해도 과언이 아닐 정도다. 그러나 우리는 지금 어떠한가. 초·중·고교와 교사 등 교육현장은 교육본질을 추구하는 주체로서가 이 나라, 대학합격을 위한 단순지식과 점수따기 기술전달자로서의 역할만을 강요당하고 있다.

학부모들은 자녀가 인간이 되든 말든, 대학에만 들어가면 된다면서 과외와 학원 뒷바라지에 열을 올린다. 학벌과 간판 위주의 사회풍조는 대학, 그것도 명문대학에 들어가야 출세한다는 못된 교육 신화를 만들어 내어 30만 명이 넘는 재수·삼수생들을 누증시켜 놓았다.

사학들은 부정입학과 비리로 흠집투성이가 됐으며 대학은 들어만 가면 공부 안 하고 놀아도 학사증을 얻어들고 졸업을 한다. 가난에 찌든 학교교육환경, 땅에 떨어진 사도와 사기, 여전히 관료적이고 획일적인 교육행정 등이 교육난국을 날로 심화시켜 놓고 있다.

2세 교육의 수월성 추구와 인간교육을 위한 근본적인 교육개혁과 개선 없이 21세기를 맞이한다고 생각하면 암담하고 절망스럽기만 하다. 그래서 새 정부가 표방하는 '교육대통령'에 거는 기대가 클 수밖에 없는 것이다. 하지만 정부가 하는 교육개혁에도 한계가 있다고 보인다. 잘못된 교육제도와 법령을 뜯어 고치고 빈약한 교육재원을 확보하는 개혁의 하드웨어 분야는 물론 정부가 해야 할 몫이다.

그러나 학벌 위주의 사회풍토를 개선하고 재능에 상관없이 자녀를 대학에 보내려는 잘못된 고학력 지향의 교육관을 바로잡는 것 등 형이상학적인 국민들의 교육의식을 개선하는 일은, 사회구성원의 대다수가 동의하고 동참할 수 있는 범사회적인 교육운동에 의해서 더욱 효과적으로 개선될 수 있다.

이러한 시각에서 볼 때 한국교원단체총연합회가 지난 91년부터 전개해온 '교육 바로세우기 운동'이 17일 드디어 60개 사회단체를 창립회원으로 해서 '전국협의회'(의장 현승종 전 국무총리)를 발족시키고 범사회운동에 들어가기로 선언하고 나선 것은 여간 뜻 있는 일이라 아니할 수 없다.

교원단체·학부모단체·시민운동단체·언론계·경제계·법조계 등 범사회단체가 연대하여 교육을 바로세우는 운동을 전개키로 했다는 것은 일찍이 없었던 하나의 이벤트다. 이 나라의 교육 난병을 치유하고 21세기를 보다 낮게 대비하기 위한 대장정의 출발이라 할 만하다.

그동안 역대 정권들도 나름대로 교육개혁을 시도했었다. 성공하지 못한 주요 원인은 통치권자의 무관심과 재원확보의 실패 때문이라 할 수 있다. 그러나 교육주체와 교육구성원들이 개혁정책 결정과정에서 아예 소외됨으로 해서, 정부 주도의 교육개혁은 출발부터 한계성을 면할 수 없었다는 측면도 간과해서는 안 된다.

'교육 바로세우기 운동'이 가정과 학교와 사회와 정부 등 각 교육공동체들의 역할과 책임을 제고시켜 줬으면 한다. 특히 학부모들의 잘못된 교육관과 비틀린 출세주의의 사회풍조를 쇄신하는 교육의식 개혁운동으로 기본방향과 전략을 모색해, 범사회적으로 과감하게 도전해 주기를 고대한다.

(93. 6. 18.)

7) 교육개혁위 왜 안 만드나

입시지옥을 해소하고 인간성 회복을 할 수 있도록 교육을 근본적으로 개혁하기 위해 대통령 직속의 '교육개혁위원회'를 설치하겠다고 김영삼 대통령은 공약했었다. 어디 그뿐인가. "교육대통령이 되겠다"는 공언도 했고 98년까지 GNP 5% 수준까지 교육재정을 확대하겠다는 약속도 했으며, 7개 교육영역에 걸쳐 66개의 구체적인 교육공약을 제시했었다.

대통령선거 때의 이러한 교육공약들이 교육계는 물론이고 전국민적인 기대를 갖게 했던 것은, 우리 교육이 거의 모든 분야에 걸쳐 중병을 앓고 있어 개혁을 더 이상 늦출 수 없다는 위기의식에 공감했기 때문이랄 수 있다. 그러나 김 대통령은 집권 1백 일이 훨씬 넘었는데 아직까지 통치차원에서 교육개혁을 착수할 기미를 좀처럼 보이지 않고 있다. 교육계에서는 그래서 불안해하고 실망의 소리가 터져나오기 시작한다.

병이 들대로 든 우리 교육을 근본부터 개혁하고 개선해서 치유하자면 그 방책을 한두 달 사이에 마련할 수 있는 쉬운 일이 아니라는 것은 잘 안다. 그러하기 때문에 이 중차대한 개혁과제를 성사시키려면 그 과업을 맡을 전문기구를 먼저 만들어야 한다. 그게 바로 대통령이 선거공약으로 제시했던 '교육개혁위원회'랄 수 있다. 국민들은 그렇게 이해하고 있다. 그런데 왜 대통령 직속의 '교육개혁위원회' 발족이 아직까지 이뤄지지 않고 있는지 알 수 없다. 교육계는 김 대통령의 그 굳은 교육개혁 의지가 식은 게 아닌가 해서 걱정을 하기에 이른 것이다.

교육개혁에 대하여 청와대 쪽에서는 이처럼 말 한 마디 없는 데 반해, 민자당의사회개혁특위는 교육개혁개획안을 만든다며 설익은 대안들을 마구 발표하고 있다. 당의 한 책임자는 "앞을 대학교육체제는 학문적이고 이론적인 연구중심의 일반대학과 기술·취업중심의 기술대학으로 이원화해서 운영될 것이다. 연구중심교육은 교육부가, 기술교육은 상공자원부가 맡도록 함으로써 현행교육 병폐는 획기적으로 개선하게 될 것"이라고 말했다는 보도마저 있었다.

이게 도대체 무슨 소리인가. 대학교육을 이원화하고 관장하는 주무부처를 달리하는 가히 혁명적인 교육개혁 방향설정을 당의 개혁소위가 함부로 해서 멋대로 발표해도 되는 것이다. 교육개혁 계획을 만드는 일이 철학적인 예지와 전문성도 뒷받침되지 않은 채, 폭넓은 여론도 듣지 않고, 당차원에서 만들어질 때 그게 과연 실현성이 있는 계획안이 될 수 있을까. 잘못하면 혼란을 야기하고, 계획성안의 주도권 싸움소지만 될지도 모른다.

이러한 점들로 미뤄보더라도 대통령 직속에 두기로 한 '교육개혁위원회' 설치는 더 늦춰서는 안 된다. 물론 그동안 김 대통령이 심혈을 기울여 해왔던 부패척결과 국가기강 확립 그리고 경제를 회생시키는 발등의 불을 먼저 잡다 보니 '교육개혁'을 잠시 미뤄놓았을 것으로 이해할 수는 있다.

설령 그랬다 하더라도 이제는 '교육개혁위원회'를 만드는 일마저도 착수하지 못한대서야 말이 되는가. 개혁위가 발족돼 교육문제 전반에 걸쳐 진단을 하고 개혁의 방향을 설정해 실현가능한 개혁계획을 만들어 시행에 들어가려면 대통령의 임기가 그렇게 넉넉한 시간이 못된다.

중구난방식의 교육개혁방안 마련에 따른 혼란을 막기 위해서도 '교육개혁'은 대통령 산하의 전문기구가 주도해야 하기 때문이기도 하다. 대통령의 '교육개혁 의지'를 빠른 시일 안에 확인하고 싶다.

(93. 7. 2.)

8) 고교 체제개혁 늦추지 말라

교육부가 3년째 추진하고 있는 고교교육 체제개혁시책이 지지부진하다. 개혁시책을 착수할 때 보였던 교육부의 의욕마저 시들해진 탓인지, '개혁 3년의 실적'이 당초계획에 훨씬 못 미치는 상태다.

교육부가 '인문고=68.4%' '실업고=31.6%'로 돼 있는 인문고 편중의 고교교육 체제를 91~94년까지 5개년 계획으로 50대 50으로 체제를 뜯어고치고, 인문고교에도 취업과정을 둬 인문고 재학생의 35%까지도 대학에 가지 않고 취업 쪽으로 유도해서 과다한 고학력 지향풍조를 근원적으로 해소해, 이 나라 교육 만병의 근원을 치유하겠다는 시책을 90년 5월 발표했을 때, 꼭 성공적으로 추진하기를 고대했었다.

고교교육 체제개혁으로 고졸자의 67.5%를 취업 쪽으로 유도하여 대학진학 희망자를 32.5%까지 낮출 수 있다면, 그것이야말로 '우리 교육 반 세기의 숙제'를 푸는 혁명적인 교육개혁이 되기에 충분했기 때문이다. 이 조용한 '교육혁명'이 성공하려면 다음과 같은 전제조건들이 뒷받침돼야 한다고 나는 이미 강조했었다.

첫째는 계획수립의 여건이 됐던 '공고졸업자 1백%, 기타 실업계 고교 졸업자의 80% 이상 취업'이라는 고졸자 취업률 호조가 계속되도록 기업들이 과감하게 고졸자를 채용해 주고, 학력간 임금격차도 지금보다 더욱 좁혀 줘야 한다.

둘째는 앞의 여건들이 실현되어 학부모나 학생들이 '구태여 4년제 대학을 가지 않아도 된다'는 국민적 합의가 일반화돼서 실업고 지원사태가 나고, 인문고 내의 취업과정 배정에도 저항감 없이 받아들여지는 사회적 분위기의 성숙이다. 이상의 전제여건 마련은 범정부 내지는 범사회적으로 대처해야 할 과제다.

교육부와 일선 학교가 할 일은 기업들이 불만 없이 채용할 수 있는 알찬 취업교육을 해내는 일이다. 그러기 위해서는 정부가 취업교육을 담당할 교사와 실험실습 기자재를 확보할 수 있도록 교육투자를 대폭 확충해 줬어야 했다. 그런데 6공정부는 그것을 해주지 않았다. 그러다 보니 의욕만 앞서고 전제조건 충족이 안 된 탓으로 전체 인문고교생과 실업고 교생 비율은 아직도 '64.8% 대 35.14%'로 여전히 인문고 편중을 면치 못하고 있다.

3년 실적이 '3.54%'를 전환하는 데 그쳤다면, 2년 더해서 50대 50으로 전환하겠다는 계획은 저조차원이 아닌 실패차원이라 해도 과언이 아닐 듯하다. 정말 안타까운 일이 아닐 수 없다. 그런데 새 정부가 추진하려는 교육개혁의 기본방향 설정은 고교교육 체제개혁과는 다른 데로 초점을 맞추려는 것처럼 보인다.

만일 그게 사실이라면 우리의 고교교육 체제가 안고 있는 본질적인 문제점은 이번 교육개혁에서도 고쳐지지 않을 것 같아 더욱 실망스럽기까지 하다. 현재와 같이 인문계 위주로 짜인 고교교육 체제를 개혁하지 않고서는 우리 중등교육은 깊은 병을 고칠 수는 없다. 때문에 고교교육 체제개혁을 늦추거나 포기해서는 결코 안 된다. 무엇이든 뜯어고쳐 새것으로 대체하는 것만이 개혁은 아니다. 고교교육 체제개혁 완성이야말로 진정한 중등교육 개혁의 시작이라는 것을 알아야 한다.

(93. 7. 9.)

9) 한국학의 큰마당

세계 속에 흩어져 있던 한국학 학자들이 한자리에 모였다. 20여 나라에서 6백여 명의 학자들이 미국 동중부의 최북단인 미시간주 랜싱시로 달려왔다. 지난 7일부터 10일까지 주도 랜싱시에 있는 미시간주립대학(MSU) 캠퍼스 안의 평생교육원 켈록센터에서 학자들은 '한국학의 큰마당'을 펼쳤다. 참가자들은 모국에서 온 학자들이 제일 많았다. 2백 명이 넘는 그들중 절대다수는 대학의 교수들이었으나 정치인·경제인·연극인·영화인 등 여러 분야의 전문가들도 끼어 있었다. 회의를 주관한 재미학자들이 그 다음으로 많았다. 러시아·중국·일본·독일·호주·멕시코·아르헨티나·헝가리·우즈베키스탄·카자흐스탄 등 지구 곳곳에 사는 동포학자들이 고루 참가해 범세계적인 학술회의가 됐다.

참가자 수에서 말할 것도 없고, 발표된 논문의 수량과 다양성 면에서도 한국학 학술회의 사상 신기록을 세웠다고 할만하다. '21세기를 향한 한반도의 변환'이라는 주제 아래 4일 동안 계속된 1백22개 학술논문 발표장에 올려진 논문은 자그마치 4백 편이나 됐다. 연인원 7백89명이 발표를 하고 논평과 토론에 참가했다. 논문의 내용들도 광범위하고 종합적이며 심도가 있었다는 게 회의를 주관한 학자들의 평가다. 학술회의는 미국에 사는 동포학자들의 모임인 재미국제고려학회와 미시간주립대학과 한국의 한양대가 공동으로 주최했다. 김종량 한양대 총장은 기조연설에서 "세기말의 한반도가 지금 어떠한 변화를 하고 있는지를 정확히 진단하고, 다가오는 21세기를 향해서 어떤 방향을 설정하고 대처해야 할 것인가를 다양하게 토론하여 방안을 제시해 달라"고 주문했다.

그렇다. 우리는 지금 더 이상 질척대고 있을 시간이 없다. 미래를 정확히 예견할 철학적 예지를 가지고 21세기를 향한 대응전략을 마련해 실행에 들어가야 한다. 그렇지 못하면 새 세기의 세계사 창조대열에 참여자로 설 수가 없게 된다. 그래서 이 학술회의가 갖는 의미는 심장하다. 회의에서 발표되고 토론된 주제들 중에서 대응전략이 될 만한 것들을 다시 엄선해서 구체적인 실천계획으로 발전시켜야 할 것이다. 그렇지 않고 기왕의 학술회의처럼 학회지에 종합보고서로만 수록되고 만다면, 이 회의에 바친 수많은 사람들의 땀과 노력, 열과 성이 너무 아깝고 무색하지 않겠는가.

이번 학술회의는 해외 여러 나라에 산재해 있는 동포학자들의 '마음의 통일'을 모색해 보자는 뜻도 아울러 있었다고 한다. 대회환영위 의장 임길진 박사(미시간주립대 국제대학장)는 해외 동포학자들은 같은 한국학을 연구하고 가르치면서도 동서냉전의 시대적 상황논리에 따른 이념적 반목, 지역분리주의, 분야별 분파주의로 갈려 한국학의 정통성 확립에 결정적인 걸림돌이 돼 왔다고 실토한다. 그래서 이번 학술회의를 통해 동포학자들이 한자리에서 얼굴을 맞대고 기탄없는 학문적인 비판과 논쟁을 하고, 동포애를 나눔으로써 이해와 설득과 합의를 이루게 된다면, 마음의 빗장을 여는 계기가 될 수 있을 것으로 기대했다는 것이다.

그는 그래서 북한학자 20여 명을 초청, 꼭 참석하도록 백방으로 노력했으나 그들은 끝내 오지 않았다며 아쉬워했다. 주최 측의 뜻대로 그들도 참석해 학문적 갈등의 장벽을 조금이라도 낮추고 얼어붙은 마음속으로 동포애의 온기를 실낱만큼이라도 전할 수 있었다면, '한국학의 큰마당'은 훨씬 더 넓어 보였을 것이다.

(93. 7. 16.)

10) 고 장관의 과잉의욕

김영삼 정부의 여러 각료 중에서 고병우 건설부장관은 소신있는 각료 중의 한 사람으로 꼽히는 것 같다. 국토이용에 관한 숱한 규제를 마구 풀어 헤치면서 고 장관이 수시로 피력하는 말들을 듣노라면, 명쾌한 논리의 소유자 같기도 하고 꽤나 소신이 있어 보이기도 한다.

소관 업무가 국민적인 핫이슈로 등장해 장관의 치맛자락에까지 불길이 와닿을 지경인데도 말 한 마디 없이 장관자리에 파묻혀 있는 여성장관이 있고, 설익은 논리로 기자들을 설득하다가 뜻대로 안 된다 해서 핏대를 올리고 눈물을 흘린 또 다른 여성장관도 있는가 하면, 자기부의 고유업무를 다른 장관들이 마구 넘보는 데도 오불관언인 학자장관까지 있다 보니, 고병우 건설부장관을 비롯한 몇몇 소신파 장관들의 언행이 훨씬 돋보이기 마련인지도 모른다. 어찌됐건 장관의 정책전개와 그것을 추진하기 위한 소신과 언행이 기본적으로 우리 공동체의 장기적인 이익과 부합되고, 국가발전과 합일될 수 있는 것이라면 탓할 이유는 없다.

그러나 그것이 만에 하나라도 장관 개인의 한건주의나 자기과시 또는 돈키호테식의 과승의욕 때문이라면 곤란하다. 우리들은 물론이고 우리의 자자손손들이 영원히 같이 살아갈 국토의 보존과 이용의 중책을 맡고 있는 건설부장관의 경우는, 순간의 실책이 영원히 회복할 수 없는 국토의 훼손을 초래할 수도 있다는 위험부담 때문에 더욱 그렇다.

새 정부가 들어선 후 고 장관이 이끄는 건설부가 전개하고 있는 건설정책들 중에는 구시대의 비민주적이고 관편의주의적인 것들을, 민위주로 개선함으로써 환영받을 만한 것들이 적지 않았다는 것을 인정한다. 그러나 고 장관이 발표했던 정책과 구상, 그리고 정책의지들 중에는 시행불가능한 것도 있고 시대착오적인 것도 있으며, 경제논리만을 앞세운 국토의 무분별한 훼손위험성이 있는 것도 있다.

몇 가지 사례를 보자. 고 장관은 6월 초 한 대학에서 행한 '새로운 건설정책의 방향'이란 주제의 특강에서 "수도권 집중의 가장 큰 요인인 교육인구 집중을 해결하기 위해 지방에 종합캠퍼스타운을 건설하겠다"고 밝히고 이 종합대학촌에 신설대학을 명문대학으로 집중 육성하고, 서울 소재 대학의 이전도 촉진하겠다고 했다.

현실을 몰라도 한참 모르는 데서 나온 구상이고 70년대에 이미 들었던 '흘러간 옛노래' 같은 소리다. 건설부장관이 대학부지만 잡아 주고 대학을 유치하면 대학촌이 되는 줄 아는 모양이다. 순진하다고나 할까. 수도권 인구 억제를 그렇게 강조하는 고 장관과 건설부가 수도권에 2~3개의 신도시를 또 건설하겠다는 것은 자가당착이 아니고 무엇인가.

그린벨트 완화시책에도 불안한 구석이 있다. 원주민의 생활불편을 해소하기 위해 규제를 완화하는 것은 불가피하다는 데 동의하지만, 하는 행태로 미뤄 본다면 그린벨트의 골격마저 파손시킬 것 같아 불안하다.

고 장관은 엊그제 국방대학원 특강에서 사용토지공급을 대폭 확대해,

장기적으로는 땅값을 지금의 절반수준으로 하향 안정시키겠다고 했다는 것이다.

토지의 공급이 모자라 땅값이 올랐으니 공급을 대폭 늘리면 값은 떨어질 게 아니냐는 경제논리에 바탕을 둔 구상인 모양이다. 경제관료 출신다운 구상이랄 수 있다. 하기야 우리 국토가 미국 땅덩어리만큼 크다면야 백 번 좋은 생각일 수 있다. 그렇지 못한 우리로서는 가용토지를 늘리려면 농지와 그린벨트를 전용하고 녹지도 훼손해 택지와 공장용지를 공급해야 한다. 그리해도 어느 시점에 가면 토지는 또 부족하게 될 수밖에 없다. 그때 값은 어떻게 될 것인가.

유한한 국토를 한시적인 한 장관이 특정목적만을 위해 마구잡이 개발을 해도 괜찮은 것인가. 더 많은 미개발의 국토를 후손들에게 물려주는 게 최대의 유산이고 최선의 미덕일는지도 모른다. 녹지훼손을 숨막히는 도시생활의 황폐화를 가속화시키고 지구촌의 시대적 흐름인 환경보존 차원에도 어긋날 수 있다는 것을 고 장관은 생각할 수 있어야 한다.

(93. 7. 23.)

7. 수도권 공화국의 과제

1) 한국교총의 공개질의

한국교원단체총연합회(회장 이영덕)는 지난 20일 이경식 부총리 겸 경제기획원장관에게 공개질의서를 냈다. 공개질의를 한 동기는 확정발표된 신경제 5개년 계획 속에 김영삼 대통령의 '교육개혁 구상실현'을 어느 정도 뒷받침하고 있는지 알고 싶기 때문이라는 것이다.

질의내용부터 보자. 첫째는 '교육대통령이 되겠다'던 김영삼 대통령의 '교육개혁 의지'가 신경제 5개년 계획에 어떻게 반영돼 있는지를 묻고 있다. 둘째는 교육재정의 GNP 5% 확보방안은 무엇이냐. 셋째는 유류 관련 특소세를 사회간접자본 확충을 위한 목적세로 전환하는 데 따른 교육재정 결손에 대한 보전방안은 있느냐는 것이다. 넷째는 5개년 계획기간에 교원과 교수정원을 동결한 것은 교육의 질적 개선을 포기한 것이 아니냐는 것이다.

아시아의 4마리 용으로 불릴 만큼 욱일승천했던 우리 경제가 6공 5년 동안에 지렁이로 전락해 맥을 못추고 있는 지금, 그 쇠락한 경제를 회생시켜야 하는 게 발등의 불이 아닐 수 없는 이 경제기획원장관에게는 한국교총의 공개질의 정도야 안중에 와 닿지 않는 하찮은 일쯤일는지도 모른다. 그래서 답변도 하지 않고 있는 모양이다.

공개질의가 담고 있는 새 정부의 교육개혁 의지 실종에 대한 불안과 우려는 유독 한국교총만의 것일 수는 없다. 전교육계와 교육에 관심 있는 모든 사람들이 한결같이 궁금해 하는 공통된 사안이랄 만하다.

지난 60~70년대에 줄기차게 추진해 온 경제개발 제일주의로 해서 우리 사회는 물질적인 성장에만 몰두해 왔다. 그 결과 너나없이 '방법이야 어떻든 잘살면 된다'는 식의 가치관 전도와 사회기강이 파괴되고 말았다. 새 정부가 국민들의 잘못된 가치관과 그릇된 사회풍조를 한국병이라 규정하고, '바르게 잘사는 사회'를 만들자고 개혁의 기치를 들었을 때 공감하며 박수를 쳤던 것은 바로 그 때문이었다.

또 그 근본적인 치유 방법으로 '교육개혁'을 통한 '새 시대 새 국민상'을 제시했기 더욱 큰 기대를 했었다. 그러나 막상 새 정부의 국정운영의 큰 틀이자 청사진인 신경제 5개년 계획에는 '경제우선 논리'만이 판을 치고 있을 뿐, 대통령의 그 강력한 교육개혁 의지는 희미해졌고 개혁구상을 실현할 재정 뒷받침은 오히려 후퇴한 감마저 있다.

5개년 계획의 어디에도 GNP 5%의 교육재정 확출방안을 제시해 놓지 않고 있다. 대통령의 교육개혁 의지가 아무리 강하고 교육개혁계획안을 잘 만든다 해도 투자가 뒷받침되지 않은 '교육개혁'은 실현성이 없다. 역대 정권들과 마찬가지로 말만의 개혁이 될 소지가 크다.

유류 관련 특수세를 목적세로 전환하면 지방교육 재정교부금 손실액은 연간 2천58억 원, 5년 동안이면 1조 원 이상을 빼앗겨 교육재정 규모는 오히려 위축될 판이다. 다른 보전대책이 없다면 초·중·고교의 열악한 교육환경개선은 공염불일 수밖에 없다. 현재 초·중·고교의 교원 1인당 학생 수는 세계 1백68개국 중 1백40위이고, 학급당 학생 수는 세계 최하위권이며 전체적인 교육환경은 에티오피아·인도·필리핀과 유사하다.

이러한 판국에 교사와 교수의 정원마저 동결했다면 올바른 2세를 키우는 인간교육 실현과 국제경쟁력을 높이기 위한 교육의 수월성 추구는 포기한 것이나 다를 바 없다. '교육개혁'이 보다 많은 빵만을 위한 '신경제'에 계속 압도당하고 만다면, 코앞으로 다가선 21세기의 우리 미래가 너무 어두워질까 봐 두려워진다. 이 장관은 그 능변으로 '경제우선 논리'만을 피력하는 데 자족하지 말고, 교육개혁도 기필코 병행하려는 의지를 보여야 한다. 신경제 5개년 계획이 교육개혁을 소홀히 했다면 과감하게 수정하는 행동으로 공개질의에 답해 줘야 한다. 교육이 받쳐 주지 않는 경제는 뿌리가 빈약한 나무와 같기 때문이다.

(93. 7. 30.)

2) 수도권 공화국의 과제

　4천4백5만 1천 명의 우리 국민들 중에서 9백3만 2천 명이 지난해에 읍·면·동 경계를 넘어 이사를 했다는 통계청의 집계가 나왔다. 인구 이동률이 20.5%나 된다. 더 실감나게 표현하면 국민 5명 중 1명 이상이 삶의 근거지를 옮겼다는 것이다.

　인구이동이 가장 심했던 83년의 24.7%에 비하면 다소 둔화된 것이지만 일본(5.2%), 대만(7.1%) 등보다는 아직도 5~3배나 높은 것이다. 국민들이 이처럼 이사를 많이 다닌다는 것은 제집을 갖지 못했다거나, 안정된 직장을 갖고 있지 않다는 증거이기도 한 것이다. 사회적으로는 바람직스러운 현상이랄 수 없다. 더욱이 그렇게 많이 이사를 오간 사람들 중 서울 주변의 경기도와 인천직할시 등 수도권으로 들어간 사람이 16만 9천 명 가량 더 많았다는 것이다. 80년대 중반부터 터져나는 서울에서 밀려나고, 농촌과 지방도시에서 서울로 직접 들어오지 못해 수도권에 기착하는 인구가 급격히 늘어나면서, 수도권은 광역화했고 과밀화현상이 가속됐다.

　그 결과 광화문 기점 반경 50km의 서울·인천·경기도 권역인 수도권

에 1천9백64만 6천3백 명(92년 주민등록인구 서울=1천96만 9천8백 명, 인천=2
백6만 6천8백 명, 경기도=6백61만 9천6백 명)이 몰려 살게 됐다. 이는 전국 인
구의 44.59%나 되는 이상비대다. 국토의 11.8%밖에 안 되는 수도권은
이제 과밀화 상황에 다다랐다.

사람들만이 몰려 사는 게 아니다. 5백70만대의 전국 자동차 중 51%
이상이 수도권에 집중돼있고 제조업은 58.8%, 서비스업은 49.6%, 병원은
61%가 집중돼있으며 명문대학과 입법·행정 등 공공기관 그리고 민간 대
기업의 본사 등 주요 의사결정 기관이 서울과 경인지역에 집중돼 있다.
'수도권 공화국'이란 말이 무색하지 않다.

문제를 더욱 심각하게 하는 것은 수도권의 인구집중 추세가 정책 당국
의 예측보다 훨씬 빠르다는 것과, 그로 인해 정책목표와 현실 사이에 심
한 괴리현상까지 생기고 있다는 것이다. 경제기획원의 예측대로라면 수
도권 인구증가는 90년에 전국 인구의 42.6%, 95년에 44.52%, 2천년에
46.49%로 증가한다는 것이다.

그런데도 92년 말에 44.59%가 됐다. 95년 예측분을 이미 앞질렀다. 3
년의 오차가 난 것이다. 이러한 오차가 누적된다면 2천년의 수도권 인구
집중이 전국 인구의 절반을 넘지 않는다는 보장도 없다.

전국 인구의 절반 가까이가 수도권이든, 어디든 한 권역에 집중돼 있는
나라는 우리 말고는 극히 드물다. 이는 결국 3공부터 6공까지 줄기차게
추진해 왔던 수도권 인구억제 기본계획과 정책추진 전략이 '말'에 그치고
말았다는 것을 입증하는 것이다. 수도권에 집중돼 있는 인구와 시설과
기능을 전국적으로 이전·분산시킨다는 정책 목표만을 세웠을 뿐, 인구
의 지방정착을 유도할 지역개발정책을 외면한 데 따른 필연적인 결과인
것이다. 6공에서는 아예 손을 들어 버리고 수도권에 5개나 되는 신도시

를 개발, 수도권 인구집중을 오히려 부추겼다.

새 정부도 수도권 인구집중 억제를 위한 이렇다 할 대응전략을 이제까지 분명하게 제시한 게 없어 안타깝다. 간간이 흘러나오는 대책은 70년대에 이미 귀가 닳도록 들었던 수도권 내 주요기관과 시설의 지방 이전이란 '흘러간 옛노래'들 뿐이다.

그러나 기왕에 정착된 인구나 시설을 지방으로 이전시켜 집중도를 낮추기란 '김일성의 독재권'이나 가능한 일이다. 인구소개까지도 명령 하나로 되는 철권정권이 아니면 이전 위주의 대책은 성공하기가 어렵다.

우리 같은 민주정부가 집중을 완화시킬 수 있는 방법은 새로이 하게 될 생산시설을 지방에 고루 배치하고 농촌과 지방도시의 생활 환경과 교육환경 등을 수도권과 균등하게 끌어올리는 지역균형 발전 전략밖에 없다. 돈이 많이 들어야 가능한 것이다. 그동안 비워 뒀던 사랑방과 건넌방에도 도배장판을 다시 하고 보일러도 놓아 주고 선풍기도 달아 줘, 따뜻하고 시원한 안방에만 몰려 있던 식구들이 제발로 건너가게 해야 한다. 수도권 공화국에서만 북적대는 삶을 언제까지 두고만 볼 것인가.

(93. 8. 6.)

3) 서울시 청사도 철거하자

일제 식민통치의 상징인 조선총독부 청사가 사라진다. 김영삼 대통령이 집권 6개월여 속에서 내린 수많은 결단 중에서도 유난히 빛나는 용단이라 할 만하다. 경복궁을 가로막고 선 민족치욕의 그 흉물을 건국 45년이 되도록 방치한 채 입으로만 민족의 자존을 운운했다는 게 얼마나 허구였음을 그래서 새삼 깨닫게 된다. 김대통령은 청와대 경내의 옛총독관저도 철거하도록 했다. 너무나 당연한 조치다. 나라의 정통을 곧게 세우고 민족자긍심을 복원하려는 대통령의 통치이념에 성원을 보내고 싶다.

더불어 김 대통령에게 하나 더 권하고 싶은 것은 서울시 청사도 차제에 철거하도록 결단을 내렸으면 하는 것이다. 서울시 청사는 총독부 청사와 함께 일제가 식민통치의 상징적 관공서로 건축한 것이기 때문이다.

일본을 의미하는 '일자(日字) 형태'의 총독부 청사와 '본자(本字) 형태'의 서울시 청사를 서울의 핵 속에 건축했던 것이다. 이제와서 일자 흉물을 철거키로 한 마당에 본자 흉물만을 그대로 놓아 둔다면, 식민통치의 상징은 반쪽만이 청산되는 셈이 된다.

대통령의 입장에서는 서울시 청사야 지자체의 것이니 서울시장이 알아서 할 일이라고 가볍게 생각하는지도 모른다. 그러나 그것은 그렇지가 않다. 시청사 철거를 결정하는 것은 서울시장에게는 너무나 벅찬 문제다. 지난 30년간 역대 시장들이 '시청을 다시 지은 시장'으로 영원히 기억되고 싶어서 '철거·신축'을 나름대로 시도했었다.

그러나 임명제하의 시장으로서는 '철거결단'을 내릴 만한 권한 위임의 한계 때문에 임명권자의 눈치만 살피다가 청사 신축계획은 언제나 백지화되고 말았었다. 시민들의 의사를 집약할 수 있는 시의회가 있기는 하지만 그래도 수도 서울의 청사를 철거하는 대결단은 통치권 차원에서, 그리고 민족 자긍심 복원의 성업차원에서 내려지는 게 가장 명분도 좋고 합의도출에도 지름길이 되리라고 보이기 때문이다.

1926년 총독부에 의해 건축된 서울시 청사는 그 후 67년 동안 낡고 비좁아 실용적 측면만을 생각한다면, 철거하고 신축해야 할 필요성은 너무나 시급하기만 한 실정이다. 본청 기능만도 방대하기 이를 데 없어 본청사 말고도 7개의 별관 청사로 분산돼 있다. 청사가 흩어져 있음으로 해서 오는 행정기능의 손실, 민원을 보러오는 시민들의 불편, 낡은 구식 건물 때문에 행정전산화 등을 하지 못하는 데 따른 행정발전의 저해, 유지관리 비용의 과다한 손실 등이 그러하다.

물론 수도 서울의 청사를 철거하고 새로 짓자면 '어디다 지을 것이냐'는 장소 선정문제와 엄청난 재원을 염출하는 일이 어려운 문제가 아닐 수 없다. 그러나 장소문제는 현재의 자리를 그대로 사용하는 안과 용산 미8군부지, 동대문운동장 부지 등에 대한 검토가 이미 돼 있는 것으로 알려지고 있다. 시민적인 합의만 도출해서 결정하면 되는 것이고, 그 정도 일은 시와 시의회가 힘을 모으면 그리 어려운 일은 아니다.

재원문제도 그렇다. 당장은 지하철 건설이란 발등의 불 때문에 시재정이 더없이 어려운 처지이니 청사 신축 여력이 없는 게 사실일 것이다. 그러나 부지만은 어디로 가든 확보된 상태이고 보면, 지하철 건설에서 한숨 돌리게 되는 2~3년 후가 되면 청사 신축을 착수해 연차사업으로 완공하는 데는 큰 무리가 없을 것으로 보인다.

어찌됐던 총독부 청사도 철거하자면 상당한 시일이 걸린다. 철거를 완료하는 것도 중요하지만 철거키로 한 결단이 '철거의 시작'이라 할 수 있다. 서울시 청사 철거도 마찬가지다. 철거 결단만이라도 해놓아야 한다. 이 호기를 놓치면 '본자(本字) 흉물'은 또 얼마나 오랜 기간 민족 자긍심의 한 구석을 찔러 대고 있을지 모른다. 대통령의 또 한 번 결단을 바라는 이유가 바로 그 때문이다.

(93. 8. 20.)

4) 재산공개 그 후

'부패와의 전쟁'의 승전보를 보는 것 같다. 고위 공직자들의 '자율적인'

재산공개가 몰고 온 숱한 잡음과 물의, 역기능의 반사적 대응을 흔들림 없이 물리치고, 공직자의 재산등록과 공개를 법과 제도로 정착시킨 결실은 김영삼 대통령의 치적 1호가 되기에는 손색이 없을 듯하다.

공직자의 부정과 부패를 법과 제도로 차단시키려는 조치가 김영삼 문민정부에 들어와서 겨우 열매를 맺게 된 것은 참으로 다행스러운 일이다. 그러나 따지고 보면 그것은 너무나 때늦은 것이다. 건국 45년의 민주공화정 속에서 그 많은 정권들은 어찌하여 공직의 부정과 부패를 외면한 채 국민들의 부정과 부패만을 다스리려 했을까. 그러고서도 국가기강이 서기를 바랐으니 나라꼴이 제대로 될 리가 있었겠는가.

세계에서 제대로 된 나라치고 공직자의 부패를 다스리는 데 성공하지 못한 나라는 없다. 영국은 1백 년도 훨씬 전인 1889년에 공무원 부패행위 방지법을 제정, 공직을 이용한 부정과 비리를 없애는 데 성공했다.

미국은 고위공직자가 상원의 인준을 거쳐 공직에 부임하면 30일 이내에 연방 윤리국에 재산을 등록하고, 해마다 재산변동 사항을 신고해야 한다. 퇴임 후에도 30일 이내에 재산내역을 신고토록 해 공직에 있으면서 재산을 늘렸는지 여부를, 추적하는 제도적 장치를 완벽하게 해놓고 있다. 싱가포르의 이광휘 전 총리는 59년 집권하자마자 부패방지법을 제정, 공직사회의 부패를 차단했으며 3차례의 법 개정을 통해 뇌물을 받을 의지만 엿보여도 처벌할 수 있도록 해 깨끗한 사회를 정착시키는 데 성공했다. 대만은 더욱 무섭다. 공무원의 부정에 대해서는 최저 5년, 최고 사형까지의 지엄한 처벌로 다스리고 있다. 이들 선진국들에서 보듯이 국가의 기강이 서서 나라가 잘 되려면 공직자가 부정하지 말고 부패하지 않아야 한다는 것을 알 수 있다.

그러나 공직자도 사람이다. 모두가 성인군자가 아닌 이상 견물생심할 수 있고, 유혹의 손길은 어디서나 뻗치게 마련인 게 인간들이 모여 사는 사회다. 김영삼 정부가 건국 후 처음으로 제대로 된 공직자윤리법을 제정해 실시했고, 그에 따라 2만 5천여 공직자들이 재산을 등록했으며, 이 중 1천1백 고위직의 재산내역이 국민 앞에 공개된다 해서 공직사회의 부정부패가 곧바로 사라진다는 보장은 없는 것이다.

정부윤리위원회를 비롯한 각급 윤리위원회가 공개 후의 실사를 철저히 해 부정하게 모은 재산과 축소 은폐한 재산을 가려내, 더 이상 공직을 통해 축재는 누구도 생각할 수 없게 해야 한다. 그렇게 한 후에도 공직자윤리법이 성공적으로 정착되려면 여러 가지 후속조치가 뒤따라줘야 한다.

미국처럼 일정 수준 이상의 공직에 임명될 사람에 대해서는 인준청문회 제도를 국회 내에 설치해 재산형성 과정을 비롯한 모든 전력을 검증할 수 있는 제도가 뒷받침돼야 한다. 대통령과 국회의원 선거를 비롯한 각급 선거법도 개정해서 금전살포를 차단하고 선거자금 모금의 출처와 사용내역을 투명하게 공개토록 해야 한다. 그리고 공직자뿐 아니라 모든 사람들의 현금이동을 알 수 있게 하는 금융실명제와 귀금속·골동품 등의 거래도 공개적으로 검증할 수 있는 영수증 거래제도가 도입돼야 한다.

이러한 후속조치가 입법화돼서 제도적으로 정착돼야만 공직자의 재산등록과 공개가 부정과의 고리를 완전하게 차단될 수 있게 된다. 지금의 재산등록과 공개는 그런 차원에서 보면 공직의 청정화란 이정표를 마련한 것에 불과하다. 그 이정표를 공직에서는 물론이고 이 사회 전반에 걸쳐 군건하고 드높게 세우는 일은 김 대통령만이 아닌 우리 모두의 책임이자 의무인 것이다.

(93. 8. 13.)

5) 국립대학 많지 않다

김영삼 대통령은 지난달 30일 청와대에서 시·도교육감 15명과 오찬을 함께 하며, 교육이 당면하고 있는 많은 어려운 문제들에 관해 교육감들의 의견을 듣고 2세 교육에 대한 대통령의 소신을 피력했다고 한다.

김 대통령은 이 자리에서 "교육개혁위원회가 곧 발족되는 대로 신교육의 골격과 교육개혁에 관한 청사진을 제시하게 될 것"이라고 말해 '교육 대통령이 되겠다'던 굳은 신념을 다시 확인시켜줬다는 것이다.

김 대통령의 '교육개혁 의지'가 실종된 게 아닌가 해서 불안해 했던 교육계와 교육에 관심이 있는 많은 사람들에게 낭보임이 틀림없다. 그러나 대통령의 이날 여러 말씀 중에 마음에 걸리는 대목이 하나 있다. "우리나라에는 국립대학이 '너무 많아' 국가 재정에 큰 부담이 되고 있다"는 것이 바로 그것이다. 진의를 알 수 없어 공감키가 어렵다.

교육선진인 미국·일본·유럽의 주요 국가들과 비교해 보면 우리의 국립대학 수나, 학생수용률은 결코 많지 않다. 우리의 4년제 국립대학은 일반대학 24개, 교육대 11개 등 35개이고, 비정규대학인 방송통신대를 합쳐도 36개다. 사립대학은 1백3개다. 4년제 사립 각종학교 20개는 제외한 것이다. 결국 국립대학은 수적으로는 25.37%, 학생수용 능력면에서는 25.6%를 차지할 뿐이다. 사립대학이 수적(74.63%)으로나 수용률(47.4%)면에서나 압도적이다.

명문 사립대학들이 하도 많아 주립대학이 주눅이 들 정도이고, 그래서 사립대가 유독 많은 것처럼 오해되는 게 미국이지만 그래봤자 미국의 사립대학 비율은 우리보다 훨씬 뒤진다. 3천2백26개나 되는 대학 중 사립은 1천8백33개로 53.72%다. 연방정부가 직접 하는 대학이 없어 우리의 국립에 해당하는 50개 주의 주립대학이 1천4백93개로 46.28%나 된다.

우리보다 무려 20% 이상 많다.

독일·프랑스·영국 등 유럽의 주요 국가들은 사립대가 거의 없고 국·공립대가 절대다수다. 영국의 옥스퍼드나 케임브리지대학은 설립 근원을 따져 보면 사립이지만, 운영비의 절반 정도를 중앙정부가 지원해 오래전부터 준국립됐다고 할 수 있다. 일본의 국·사립 비율은 우리보다 약간 높다. 4년제 대학 5백14개 중, 국·공립이 1백36개로 26.45%, 사립이 3백78개로 73.55%다. 이들 교육 선진국은 교육기관의 설립주체가 국가든, 개인이든, 수혜자는 국민이고, 교육은 국민복지의 제1차적 실현이라는 국가 이상에 따라 사립대학 운영비 지원을 늘려가는 추세다. 일본은 사립대학 운영비의 평균 22.4%를 국고에서 지원한다. 미국의 주정부들은 사립대학 운영비의 18.4%를 지원한다. 우리 정부의 올해 사립대학 지원금은 5백여 원뿐이다. 사학들의 재정규모 2조 4천3백15억 원의 1.7%다. 새 발의 피와 같다.

어찌됐건 국정의 수많은 주요하고도 긴박한 현안들에 노심초사 해야 하는 대통령이, 더구나 교육전문가도 아닌 김 대통령이 국·사립 대학의 많고 적음을 정확하게 아느냐, 모르느냐는 것은 그렇게 중대한 문제랄 수는 없다. 대통령도 강조했듯이 국립대학들의 필요 이상으로 많은 사무직 요원들로 인한 인건비 낭비와, 국립대학들의 방만하고 비효율적인 운영과 무사안일의 무경쟁 풍토에 경각심을 불어넣기 위해서 '너무 많다'는 게 그날 대통령 말씀의 진의라면 수긍할 만하다.

그런 뜻이 아닌 '정부부담' 측면에 참뜻이 담긴 것이라면 정말 문제라 아니할 수 없을 것 같다. 또 대통령으로 하여금 현실을 있는 그대로 파악하지 못하게 한 요인이 대통령을 보좌하는 참모들이나 '국립대를 사립화' 하겠다는 당의 한 책임자의 잘못된 현실 인식이나 시각에서 비롯된 것이라면 결코 보통 일이랄 수 없다.

새 정부가 곧 추진하게 될 교육개혁 계획에 이런 류의 인식이나 시각이 투영된다면 중병을 앓고 있는 우리 교육을 근원적으로 치유할 실효성 있는 '신교육 청사진'이 제대로 만들어질 수 있을지를 그래서 걱정하게 된다.

(93. 9. 3.)

6) 수능시험의 문제점은…

1차 대학수학능력시험이 예상했던 것과는 달리 무난하게 치러졌다. 시험문제들이 평이한 탓 때문인지 시험 뒤끝이 유난히 조용한 것을 보면서 정말 다행스럽다는 생각을 하게 된다. 시험 전까지만 해도 많은 수험생들과 일선 교사들마저 수학능력시험의 개념과 성격을 잘 이해하지 못해 쩔쩔매었다. 통합교과적이고 탈교과적으로 사고능력을 측정할 수 있는 문제를 출제한다는 것이 과연, 학력고사 때의 문제와 구체적으로 어떻게 다른 것인지 알지 못해 혼란스럽고 불안해 했던 게 사실이다.

그러나 막상 시험을 치르고 난 절대다수 수험생들이 '별게 아니었다'는 듯이 안도했다는 것을 보면 1차 시험의 출제와 관리는 성공적이라 할 만하다. 하지만 교육학자들이 내리는 평가는 꼭 그렇지만도 않다.

이 제도의 시안 마련 때 깊이 간여했던 한 교육학 교수는 수학능력시험의 개념과 성격은 국립교육평가원에서 시행한 7차례 실험평가 출제과정에서 막연하게는 가시화됐지만 1차 시험출제에서도 명확하게 정립되지는 못해 '모호하다'는 문제점은 여전히 남아 있다고 말한다.

수험생들의 충격과 혼란을 줄여 주는 데는 효과적이었지만 고등 사고능력을 측정하기에는 문항개발 자체가 너무 초보적인 단계여서 대학에서 수학할 능력을 측정하기에는 미흡했다는 평이다. 시험 뒤의 '출제 잘·잘못'에 대한 논란이 거의 없다는 것부터가 시험의 개념과 성격이 모호해 시비를 할 만큼 알지 못한다는 반증이기도 하다는 것이다.

특히 '수리·탐구영역'은 어떤 내용을 취급하는 것인지, 고교교육 과정의 교과목과 상관관계가 어떤 것인지 분명하지 않았다. 이번 시험 출제로 판단해 보면 수리=수학, 탐구=사회과목과 과학과목으로 교과서에 충실한 출제였다. 문제의 성격을 보면 학력고사 문제를 약간 차원 높게 한 정도이지 수리와 탐구능력을 측정하는 문제가 못됐다는 것이다.

결국 수학·사회·과학 교과목 내의 출제였을 뿐이지 탈교과적이고 통합교과적이란 개념과 성격과는 거리가 멀었다는 분석이다. 그런데도 수학I만 배우는 인문계열과 수학II까지 배우는 자연계열을 부분 없이 같은 문제로 시험을 치게 함으로써, 인문계 수험생들을 불리하게 하는 시험제도의 모순까지 드러내 보였다. 그런 식의 출제였다면 계열을 분리해 시험을 치게 했어야 옳았다.

난이도가 다른 문제로 치르게 되는 2차례 시험점수를 1차와 동등화해 좋은 점수를 대학에 제출케 한다는 것은, 합리성이 없고 결과적으로 2차례 시험을 수험생들에게 강요하는 셈이 된다. 이러한 문제점들을 해소하려면 장기대책으로는 수학능력시험 영역을 언어능력과 수리능력만을 측정하는 것으로 축소시키고 출제도 교과서에만 충실하지 말고 공통적이고 보편적인 사고능력을 측정하는 원리에 충실한 문제를 내야 한다.

따라서 현재와 같이 대부분의 대학들이 고교내신성적과 수학능력시험 성적으로 학생을 선발하는 상황하에서는 단기대책으로는 인문계열의 득점 불리를 보전해 줄 수 있는 방안이 대학별로 마련돼야 한다. 장기적으로는 수리영역 출제를 자연계와 인문계로 분리해서 해야 한다. 대학별

방안은 동일계 지원자에게 가산점을 주는 방식도 가능하고, 내신성적의 해당 과목 가점이나 면접·구술 때 동일계열 지원자에게 점수를 더 주는 방안도 있을 수 있다.

이번 대학전형부터는 수험생들이 수학능력시험 점수표를 받아본 후 원서를 내는 '선시험·후지원제'가 되살아나게 된다. 대학의 서열화가 심화되고 이른바 눈치지원으로 접수창구가 마지막 날에 북새통을 이루게 될 것은 종전의 경험으로 미뤄 불을 보듯 뻔하다. 내신성적과 수학능력시험 성적만으로 선발하는 절대다수 대학에서는 동점자 사태로 수학능력시험의 변별력이 문제가 될지도 모른다.

교육부와 교육평가원은 노출된 문제점들에 대해 개선하고 보완할 장·단기 대책마련에 소홀해서는 안 된다. 1차 시험을 무난히 치렀다 해서 자만할 일이 아니다. 수학능력시험을 입시제도로 정착시키는 일은 '이제부터 시작'이라는 각오로 임해야 한다.

(93. 8. 27.)

7) 교육재정 GNP 5% 논쟁

한국교원단체 총연합회와 경제기획원이 김영삼 대통령의 선거공약인 '교육재정 5% 확보' 문제를 놓고 맞붙었다.

지난 7월 20일 한국교총 이영덕 회장이 이경식 부총리 겸 경제기획원 장관에게 보낸 '공개질의'가 논쟁의 시작이었다. 한국교총은 '신경제 5개년 계획'이 발표된 후 "대통령의 교육공약 중 가장 기대를 걸게 했던 '교육재정 5% 확보 방안'이 빠져있다"며 답해 줄 것을 요구했었다(7월 30일자 메아리).

경제기획원은 8월 3일 회신했다. 회신내용은 한국교총은 물론이고 교육계의 일반화된 '교육재정 개념'과는 다른 논리로 일관하고 있어, 교총과 교육계의 충격과 분노를 자극하기에 충분했다.

경제기획원의 문제가 된 회신내용의 핵심은 이렇다. "교육재정은 중앙정부예산 중 교육부문 예산과 시·도교육청의 특별회계예산 전체를 포함하는 공교육비를 지칭하는 개념이다. 신경제 5개년 계획 수립 때의 추정 GNP 대비 '93년 교육재정 비율은 4.4%'다. 98년까지 5% 수준으로 높이기 위해 노력할 계획이다. 그러나 그것도 중앙정부 투자만으로는 불가능하다. 국민부담인 육성회비 등 사교육비를 공교육비로 확대 흡수하고 지자체의 교육부문 투자를 확대하는 방안 마련이 시급하다."

경제기획원의 이 같은 논리에 대해 교총과 교육계는 '교육재정 GNP 5% 확보'란 선거공약이 나온 배경을 무시한 채 교육부 예산은 더 이상 늘리지 않고, '숫자놀음'으로 공약을 이행한 것처럼 국민들을 우롱하려는 말도 안 되는 소리라고 되받아치고 나섰다.

분노하는 이유를 들어 보자. 김영삼 대통령 후보가 교육재정의 'GNP 5%' 수준 확보 공약을 제시했을 때 '5%란 목표설정의 기준치'는 중앙정부예산 중 교육부 예산의 'GNP 3.7%'라는 것이다. 교육재정 GNP 5% 확보개념은 이것이 일반화된 정설이다. 그런데 경제기획원이 느닷없이 국고부담률이 낮고 지방정부 부담이 절대적인 교육선진국들의 공교육비 개념을 원용해 학생들의 입학금·수업료와 시·도교육청의 자체 수입까지를 교육재정에 포함시켜 '93년의 GNP 비용을 4.4%'로 계산·통보했다.

경제기획원 논리대로라면 대통령 선거 당시 교육재정은 이미 GNP의 '3.7%'가 아닌 '4.3%'에 도달해 있었다. 98년까지는 예산구조상 '4.9%'에 도달하게 돼 있는 것이다. 그렇다면 '0.1%'를 더 달성한다는 게 무슨 공약이 될 수 있으며, "GNP의 3.7%밖에 안 되는 빈약한 교육재정을 5% 수준까지…"란 선거당시의 공언을 경제관리들이 제멋대로 해석하고 조작할 때 대통령의 신뢰성은 누가 책임을 지게 되는 것일까.

물론 선거공약이라 해서 다 지켜질 수 있다고 보지는 않는다. 그러나 설령 못 지키게 될 경우라도 공약내용 자체를 궤변과 같은 논리로 얼버무려서 호도하거나 얕은 수를 써 궁한 입장을 모면하려 한다면 곤란하다. 나라의 돈주머니를 좌지우지하는 경제기획원이 교육에 돈쓰기를 이처럼 아까워하는 발상과 행태가 바뀌지 않는 한 곧 발족하게 될 교육개혁 위원회가 아무리 훌륭한 계획을 만들어 본들, 병이 들대로 든 우리 교육을 개혁하는 일은 기대할 수 없기 때문이다.

경제기획원의 교육재정 개념대로 교육예산이 짜인다면, 98년까지 대통령의 공약내용과 차액은 무려 6조 4천억 원이 생기게 된다. 교총이 논쟁 제2라운드를 맞으며 경제기획원에 '공개토론회'를 제의했고 그것도 안 되면 국민서명 운동까지 벌이겠다는 데는 그래서 충분한 이유가 있다. 교육재정 'GNP 5%'의 일반개념을 자의적으로 풀이한 경제기획원이 다시 답해야 할 차례다.

(93. 9. 10.)

8) 근 백 년 철도의 새 과제

내일로 이 땅에 철마가 첫 기적음을 울린 지 94주년이 된다. 제물포~노량진 사이 33.2km에 경인선 철도가 부설돼 1899년 9월 18일 개통됨으로써, 철도교통 시대가 개막된 지 1세기를 눈앞에 두기에 이른 것이다.

'제2철도시대'라 할 경부고속철도의 건설공사가 착공됐고 차종까지 선정된 마당에 맞이하는 '철도의 날'은 철도의 어제와 오늘을 되돌아보고 내일의 새 과제를 점검할 필요성을 새삼 느끼게 한다.

철도는 개통 이후 일제하에서는 물론 그러했지만, 60년대까지만 해도 수송수단의 절대 몫을 담당했었다. 61년 통계를 보면 전국의 자동차 총수는 2만 9천2백여 대(화물차 1만 2천6백 대, 승합차 4천2백 대, 승용차 9천1백 대)뿐이었다. 도로래야 2만 7천1백여km로, 4.1%만이 포장된 상태였으니 먼 데를 가려면 '기차'를 이용할 수밖에 없던 때였다.

정부의 교통정책 또한 '철도 위주'여서 60년대 중반이야말로 철도 전성시대라 할만 했다. 교통투자 비율이 그것을 증언한다. 제1차 경제개발 5개년 계획기간(62~66년)의 교통부문 투자의 48.4%가 철도에 배정됐다. 도로부문 30.6%, 항만 등 기타가 21%였다. 45년 일제가 물러간 직후 2천5백57km에 달했던 철도가 오늘날 6천4백97km로 신장됐고, 2만 93량의 객·화차량을 보유, 1일 2천1백39회의 영업운행을 하게 된 철도발전의 기틀은 그때 마련된 것이랄 수 있다.

그러나 철도의 사양시대는 고속도로의 등장과 함께 도래했다. 2차 경제개발 5개년 계획기간(67~71년)에 경인·경부고속도로가 착공, 개통되면서 철도는 적자만 내는 '미운오리새끼' 신세가 돼 갔다.

2차 계획기간에 교통투자 비율은 도로 부문 54%, 철도 18.5%, 기타 18.5%로 역전됐고, 3~5차 5개년 계획기간(72~86년)까지 투자비율 역전현상은 계속됨으로써 철도는 열악하고 낙후한 시설로 승객을 고속도로에 빼앗기고, 적자가 연간 7백~8백여 원에 달하는 처량한 신세가 된 적도 있었다.

홍수처럼 불어나는 자동차를 감당할 수 없게 된 고속도로가 체증의 몸살을 앓게 된 80년대 중반부터 장거리 승객들은 철도로 돌아오는 역류현상이 일어나, 철도는 다시 관심 속으로 돌아왔지만 때가 너무 늦었던 것이다. 20여 년 동안 푸대접 받던 철도는 돌아온 승객을 수용키에는 시설이 너무 빈약해 승객밀도가 일본의 1배 반, 프랑스나 영국의 3~5배로 혼잡열차를 운행하지 않을 수 없었다.

도로 위주의 교통정책을 폈던 것은 유독 우리만이 그랬다고 할 수는 없다. 교통 선진국인 미국·독일 등도 2차대전 후 80년대까지 철도를 푸대접하고 도로 위주의 교통정책을 폈던 게 사실이다. 프랑스와 일본만이 그래도 꾸준하게 철도중시 정책을 지속해 오늘날 고속철도란 '제2의 철도' 첨단국가로 행세하게 된 것도 결코 우연이 아닌 것이다.

어찌됐던 교통 선진국들도 21세기를 코앞에 두고부터는 철도를 다시 중시하는 교통투자 정책으로 전환하고 있다. 세계적인 추세다. 독일은 통일과 함께 수립한 2010년까지의 20년 교통시설 투자계획에서 철도 부분 투자가 48.7%로 도로 부문 투자를 앞서도록 짰다고 한다. 자동차 산업이 대표적 국책산업인 독일의 정책전환이 시사하는 의미를 새겨봐야 한다. 2대 1인 우리의 교통투자 비율도 재점검해봐야 한다. 석유자원이 바닥나고 환경보전이 가장 시급한 문제로 등장할 21세기에 적정한 교통수단의 주종이 무엇이 되어야 할 것인가에 대한 교통정책 방향의 선택은 지금부터 이뤄져 대비해야 한다. 고속철도의 건설과 더불어 기존 철도의 현대화를 어느 정도 빨리 이룩하느냐는 게 철도정책이 당면한 최대의 과제라는 것을 정책 당국과 예산 당국은 알아야 한다.

(93. 9. 17.)

9) 말뿐인 복수지원제

새 대학입시제도의 장점 중 하나인 복수지원제가 실제로는 말뿐인 제도가 돼 버렸다. 대학들의 무경쟁 무사안일 속의 현실안주와 편의주의 탐닉 그리고 대단히 잘못된 대학 집단이기주의 때문이다.

수험생들의 대학선택 범위와 응시기회가 종전보다 넓어진 게 없다는 아쉬움 차원을 넘어, 입으로는 자율권을 달라면서 행동으로 또 다른 획일을 지향하는 대학들의 한심스러운 의식수준을 그래서 나무라게 된다. 새 입시제도는 대학의 학생선발 자율권한을 신장시켜 준 게 큰 특징이다.

　대학의 자율권이 신장됐다면 수험생들에게도 대학선택 범위를 넓혀 줘야 한다는 형평논리가 새 입시제도에 복수지원제를 도입할 배경이랄 수 있다. 또 그것은 대학입시를 대학에 완전하게 회구시킬 멀지 않은 장래에 대비하기 위해 대학의 자율기능을 점진적으로 높여 나가자는 정책의지도 내재됐던 것이다.

　전·후기로만 나뉠 뿐 대학들이 같은 날에 입학생을 거의 같은 전형기준으로 뽑고 마는 우리 입시풍토 속에서, 수험생들이 입시날짜가 서로 다른 여러 대학에 응시할 수 있는 실질적인 복수지원제가 도입된다면 대단히 전향적인 발전임이 분명하다. 복수지원제는 잘만 된다면 우수집단들이 상위그룹 대학에만 지원했다가 탈락하면 재수를 할 수밖에 없는 수험생 개인과 국가차원의 쓸데없는 낭비를 줄일 수 있고, 대학 간의 선의 경쟁을 유도해 대학의 발전 기틀을 마련할 수도 있다.

　복수지원제가 일반화되면 한 개 대학을 지원했다 낙방한 데서 오는 수험생들의 충격과 좌절감도 줄여 줄 수 있어 매우 교육적이고, 후기대학이 이 우수한 학생들의 재수를 위해 잠시 머무르는 곳으로 악용되는 폐단도 없앨 수 있다.

　이같이 장점이 많은 복수지원제가 대학들의 입시업무 번잡기피증과 잘못된 서열의식 등으로 인해 실현될 수 없게 된 것은 정말 안타깝다. 오는 10월 5일 교육부가 집계 발표할 1백41개 대학들의 입시요강을 보면 더욱 분명해지겠지만, 언론매체들이 자체적으로 취재 집계한 대학들의 입시요강에서 그것은 이미 판명됐으니 말이다.

언론매체의 취합보도를 보면 전기대학 입시기간인 내년 1월 5일~14일 사이에, 신입생 선발전형을 할 대학 1백4개 중 5~7일 사이에 전형하는 대학이 88.5%인 92개나 된다. 10~11일에 하는 대학이 6~7개, 12일과 13일에 하는 대학이 4~5개 정도다.

5~7일 사이에 전형하거나 10~12일 또는 13~14일 하는 대학들을 날짜 기준으로 본다면, 3일 내지 이틀 차이가 있어 '입시날짜'가 다양해졌다고 할 수는 있다. 그러나 실질적인 복수지원을 하는데는 별 의미가 없다. 구태여 나눠본다면 5~7일에 치르는 대학과 10~14일 사이에 치르는 대학으로 양분됐다고 할 수 있다. 그러니 복수지원은 가능해졌다는 견강부회식 논리를 편다면 펼 수 있을지 모른다. 하지만 88.%의 대학이 5~7일 사이에 몰려 있고, 더욱이 수준이 엇비슷한 대학들이 88.5% 속에 절대다수 끼여 있다. 수험생 입장에서 보면 실질적으로 복수지원을 할 수 없게 된 것이다.

그렇다면 복수지원제가 꼭 대학들의 자율성 미흡, 경쟁의식 부족, 편의주의 탐닉 때문으로 '말뿐인 제도'가 된 것일까. 물론 그렇지는 않다. 대학들, 특히 수준이 비슷한 대학들이 뒤질 수 없다면 잘못된 서열의식과 사립 명문대학들이 국립 서울대를 눈치 보는 아류 근성 등이 주된 원인이고, 책임의 절대 몫이 돌아가는 것은 사실이다.

그러나 원천적 책임은 전기대는 1월 5일~14일까지 10일 동안, 후기대는 2월 1일~5일까지 5일 동안으로 입시기간을 촉박하게 설정해 준 교육부에 있다. 또 포항공대처럼 1월 5일 이전인 12월 하순에 특차로 전형날짜를 잡겠다는 것을 허용 못하는 교육부 당국의 편협함이 복수지원제를 고사시켰다고 본다.

그럴 바에야 교육부는 복수지원제란 정책 방상을 왜 했지, 의심받아도 할 말이 없을 것이다.

(93. 9. 24.)

10) 공교육 재원의 축소논쟁

국가가 지속적으로 발전하려면 경제와 교육이 양대축을 이뤄 조화 있게 작용해야 한다. 교육이 발전하지 않고 국가경제가 발전한 선진국의 모델을 세계 어디에서도 찾아볼 수 없는 것만 봐도, 그것은 진리라 할 수 있다.

우리 경제가 오늘날 활력을 잃고 침체의 늪 속에서 헤어나지 못하게 된 데는 여러 요인들이 있을 수 있다. 그 핵심 요인 중의 하나는 교육이 제기능을 하지 못했다는 것을 꼽을 수 있다. 경제의 경쟁력을 높여 줄 첨단기술을 교육이 연구개발하지 못했고, 고급기술 두뇌를 기업에 공급하는 역할도 하지 못했다. 그처럼 병들고 낙후한 우리 교육을 '일대 개혁해야 겠다'는 새 정부 의지에 기대를 걸었던 것도 그 때문이다. 그러나 정부의 예산조정 권한을 장악하고 있는 경제기획원의 행동은 전혀 다르다.

94년도 예산안에 투영된 경제기획원의 행태가 그러했다. 내년도 교육부 예산 총계는 11조 1천3백50억 원이다. 금년과 비교하면 12.7%밖에 늘지 않았다. GNP와 대비하면 3.85%로 0.14% 신장됐을 뿐이다. 교육부 예산의 이 같은 신장률은 최근 5년 동안에 최저다. 지난 90년에 28.2%까지 신장됐었고, 91년 25.6%, 92년 18%, 93년 19.6%와 비교하면 너무 낮다. 신음하는 경제를 회생시키기 위해 기술개발을 서둘러야 하고 사회간접자본 확충에 예산배정을 더 많이 하다 보니, 공교육 예산배정에 인색할 수밖에 없었으리라는 고충을 이해할 수는 있다.

하지만 공교육 재원을 늘리겠다는 '새 정부의 의지와 약속'이 나라의 돈주머니를 주무르는 경제기획원에 의해 자의적으로 왜곡되고, 공교육 재원의 '확충'이 아닌 '축소' 지향적으로 가겠다는데도 그냥 두고만 본다면 '교육대통령'을 자청한 정부의 체면은 어찌되는 것인가.

공교육 재원을 GNP의 5%까지 확충하기 위해 경제기획원이 마련해 국회에 제출했다는 재원조달 계획을 보면 기가차서 말이 안 나올 정도다. 주요 내용들은 이렇다. 98년까지 교육부 예산은 연평균 14.2% 정도만 증액한다. 그렇게 하면 시·도교육청 특별회계와 공립 중·고교 납입금까지 포함시킨 공교육비의 GNP 대비율(93년=4.4%)은 98년에 4.7%가 된다. 5%에 미달하는 0.3%를 조달키 위해 신도시 등에 신축할 초·중학교 부지는 지자체가 무상공급하고, 공립 중·고교 납입금을 연평균 7.5% 인상한다. 평준화를 풀어 사립 고교의 수업료를 인상케 한다. 그래도 부족한 것을 보전하기 위해 중학교까지 의무교육의 시단위 확대를 유보하고, 6대 도시 국민학교 육성회비 폐지도 역시 유보한다는 것이다.

한마디로 중앙정부의 교육재정 부담은 줄이고, 지자체인 시·도의 부담과 수익자인 국민부담을 늘려 공교육비 재원을 확충한다는 것이다. 이것은 말이 '확충'이지 실제로는 정부의 공교육재원 '축소전략'이라고 밖에 달리 볼 수 없다. 고교평준화는 개선돼야 하지만, 그것은 어디까지나 교육의 수월성 추구가 목적이 돼야 한다.

납입금 인상을 위한 방편으로 해서는 절대로 안 된다. 중학교까지 의무교육 확대도 유보시키고, 6대 도시 국민학교 육성회비를 계속 징수하면서까지 해서 공교육비 재원을 GNP의 5%까지 달성한다는 게 무슨 의미가 있고, 또 누구를 위한 것이란 말인가. GNP의 5%까지 교육재정을 확충하겠다는 약속은 중앙정부의 교육비 투자비율을 늘리겠다는 의지의 표명에 참뜻이 있다는 것을 경제기획원은 알아야 한다. 알만한 국민이면 다 아는 '그 참뜻'을 숫자놀음과 국민부담 가중으로 달성하는 척하려는 속보이는 행동은 그만두는 게 차라리 낫다. 그렇게 해서 달성되는 5%는 사실상 교육재원의 축소와 다를 게 없기 때문이다.

(93. 10. 8.)

8. 40년 눈독 들인 쌀시장

1) 국립대학 공립추진 발상

지난 9월20일자 한 조간 경제신문의 1면에 보도된 4단 기사가 눈길을 끌었다. '국립대학 신설중단'이란 제목하에 '정부, 재정부담 덜게 기존 일부대 공립대 전환검토'란 부제를 달아 보도된 기사내용의 핵심은 이렇다.

"정부는 현재 국립대학이 51개에 달해 재정에 적지 않은 부담이 되고 있는 점을 중시, 앞으로 국립대학의 신설은 중단하고 일부 국립대를 공립대로 전환할 방침"이라는 것이었다. 이 기사를 보면서 놀랍고 궁금한 점이 한두 가지가 아니었다.

국립대의 신설을 중단하고 몇 개 대학이 될지는 모르지만 기존의 일부 국립대만이라도 재정부담의 주체를 중앙정부에서 시·도로 전환하는 공립화 추진이라면, 그것은 국립대학에 대한 정책의 일대변혁이라 할 수 있다. 그런데 그 정책을 발상하고 있는 부처는 교육부가 아닌 경제기획원이었다.

도대체 교육부는 무얼 하는 곳인가. 교육정책의 중대사안마저도 경제기획원에서 멋대로 하겠다는 데 쓰다 달라 말 한마디를 못 한다. 힘없는 교육부가 늘상 수모를 당하는 것은 국민들이 관여할 바가 아닌지도 모른다. 문제는 '돈주머니 논리'가 함부로 교육을 압도한다는 데 있다. 힘센 경제기획원을 질타하는 것은 그 때문이다.

국립대학을 51개로 계산, 많다고 하는 것도 알고 보니 숫자 놀음이다. 1개의 방통대와 9개의 개방대 그리고 6개의 국립 전문대까지를 합산한 것이니 그렇다. 통념적으로 국립대학하면 24개 4년제 국립대와 11개 교육대를 지칭한다. 경제기획원의 논리대로라면 1백3개의 4년제 사립대와 1백22개 사립 전문대를 합친 2백25개 사립과 51개 국립의 비율은 81.52%대 18.48%다. 학생 수용비율은 더 낮다. 국립이 많기는커녕 적다 해야 옳다.

더욱 딱한 것은 국립대를 공립대로, 더 정확히 표현하면 시·도대학으로 전환해 보자는 정책 발상이다. 지방의 소규모 국립대학들의 특성화에 의한 발전계획을 마련해 보다 많은 재정지원으로 교육의 질을 높이고 그 지역의 사립대가 하지 못하거나, 소외되기 쉬운 학문 분야를 지방 국립대가 떠맡아 하도록 해야 한다. 그게 바람직한 지방 국립대의 발전방향이다. 그런데도 역으로 중앙정부의 재정부담을 가볍게 한다는 측면만 생각해 공립대학으로 전환해 시·도에 떠넘긴다면 지방 국립대는 존립이 위태롭게 될 것이 자명하다.

15개 시·도의 재정자립도를 보면 대학을 떠맡아 제대로 발전시킬 시·도가 몇이나 될지 의심하지 않을 수 없다. 시·도의 평균 재정자립도는 68%밖에 안 되기 때문이다. 서울시는 자립도가 98.8%나 되기도 하지만 전남(31.3%), 전북(35.7%), 강원(41.4%) 등은 평균치에도 못 미친다. 또 경제기획원의 GNP 5% 교육재원 조달계획을 보면 지자체의 공교육비 부담을 대폭 늘리는 것으로 돼 있다. 택지개발지구나 신도시를 개발하는 시·도는 신설할 초·중등학교 부지를 무상으로 공급하게 하고, 대구·인천·광주·대전 등 4대 직할시도 부산시가 하고 있는 것처럼 중등교원 기본보수의 50%를 부담하게 한다는 것이다.

지자체의 교육비 부담을 늘릴 수밖에 없고 늘려야 할 당위성을 이해할 수는 있다. 그러나 국세 위주로 돼 있는 조세구조를 개혁, 많은 세목을 지방세로 전환해 주는 일이 선행돼야 한다. 그렇지 않고 지자체에 초·중 교육비 부담도 늘리고 대학까지 맡아 하라면 결과적으로 결딴나는 것은 교육이다. 교육이 더 이상 '돈주머니 논리'에 의해 좌지우지된다면, 중병이 든 우리 교육은 사경에 빠지고 말는지 모른다. 툭하면 교육을 수단으로 쓰고 얕잡아 봐 투자에 인색하려는 정책발상과 행태는 이제 그만해야 한다. 국가장래를 망치는 일이기 때문이다.

(93. 10. 15.)

2) 문민시대의 경찰

어제는 경찰 창설 48돌이 되는 날이었다. 해마다 맞는 '경찰의 날'이지만 여느 때와 다른 의미부여를 하고 싶다.

문민시대 속의 경찰상은 어떻게 새로워졌는가를 점검하고 싶어서다. '변화개혁'의 거센 물결 속에서 우리 사회가 엄청난 변모를 거듭하고 있는 이때에, 경찰은 과연 달라지고 있는가. 국민들 곁으로 가까이 다가섰는가. 국민들의 민생치안 불안감을 해소시켰는가. 새로운 시대가 요구하는 과제를 정확히 파악해 대책을 세우고 제대로 시행하고 있는가. 자축에 앞서 자성과 분발의 날이 됐기를 바라는 마음이 크다.

국민의 생명과 재산을 보호하고 사회질서를 수호해야 할 막중한 사명과 책무를 부여받고 창설된 국립경찰의 48년사는 영광으로 빛나지만은 않는다. 불명예와 치욕으로 얼룩져 되돌아보기가 민망한 경우도 많다. 건국 초기와 6·25전쟁 때 국기를 다지는 호국경찰로 몸 바쳤던 업적은 찬연히 빛난다.

반대로 정권의 첨병과 권력의 시녀노릇을 한 때도 한두 번이 아니었다. 국민 위에 군림하는 비민주적 자세와 인권유린 등으로 국민들의 마음속에 부정적인 이미지로 못 박힌 적도 많았다.

그러나 지난 시절 경찰의 이러한 부정적 이미지가 경찰 자체만의 잘못에서 기인된 것이라 할 수 있겠는가. 그것은 오히려 정치·사회적인 여건때문인 경우가 더 많았다. 집권자의 잘못된 의도와 욕구 때문에 경찰은제1차적인 역할인 민생치안을 내팽개치고 정권 수호의 첨병역에 매달려야 하지 않았던가. 특히 권위주의 통치시대인 5공 때 경찰이 그러할 수밖에 없었다.

지난 90년 10월에 '범죄와의 전쟁'을 선포할 만큼 민생치안이 엉망이된 것도 경찰력이 시국치안에 매달리다 보니 불가피한 결과라 할 수 있다. 이제 시대는 변했다. 경찰이 처한 여건도 달라졌다. 경찰이 전력투구할 만큼 시국사건이 빈발하는 때도 아니다. 통치권자가 경찰력을 동원해서까지 지켜야 할 만큼 정권의 정통성에 하자나 결함이 있지도 않다. 국민들의 정당한 신임으로 태어난 문민정부가 열어가는 민주화시대다.

이러한 문민시대에 우리 경찰이 지향해야 할 새 과제는 국민들의 편에 서서 공정하게 공권력을 집행하는 일이다. 그러려면 경찰의 내부혁신이 선행돼야 한다. 자기 몸부터 먼저 깨끗이 하고 민주적으로 생각하며행동할 수 있도록 의식개혁 운동을 스스로 펴야 한다. 그리하여 15만 경찰의 위와 아래가 다 같이 새롭게 달라진 모습을 국민들에게 보여 줘야한다.

경찰의 의식과 조직 그리고 인사관리의 혁신과 함께 기능강화를 서둘러야 한다. 수사경찰력을 보강하고 자질이 높은 전문인력으로 충원해야한다. 수사장비의 현대화로 수사기법의 과학화를 앞당겨야 한다. 그렇지않고서는 민생치안이 근본적으로 나아질 수가 없다.

시국치안 위주시대에 푸대접받던 수사경찰력이 '범죄와의 전쟁' 이후 많이 증원됐다고 하지만, 민생치안이 아직도 미덥지 않다는 국민들의 불신은 여전하다. 괜한 불평으로 들어넘겨서는 안 된다. 밑으로 갈수록 기강이 서지 않고 사기가 죽어 있는 것은 아닌가도 철저히 점검해봐야 한다.

48돌을 넘긴 15만 경찰은 문민시대가 경찰에 바라는 바를 올바르게 인식하고 국민들에게 봉사하는 경찰로 거듭날 각오를 새로이 했을 것으로 믿고 싶다. 거듭 말하고 싶은 것은 국민편에 서서 생각하고 행동하는 경찰이 되라는 것이다. 정치에는 무관심할수록 좋다. 그것이 바로 경찰의 잃은 신뢰를 회복하고 문민시대의 경찰상을 새로 세우는 지름길이 아닌가 한다.

(93. 10. 22.)

3) 국립대학마저도…

이제까지 대학의 부정과 비리라하면 사학의 전유물처럼 돼 있었다. 입학부정이다, 학사관리 비리다, 대학운영의 전횡과 재정의 유용이다 해서 대학과 관계되는 대소사건만 터졌다 하면 그 주체는 언제나 사학재단이나 사립 대학교수가 아니면 사립대학의 학생들일 정도였다.

지난 1월 말께 몇몇 사학에서 입시부정이 발각되면서 연이어 곪집 같은 대학의 입학부정 실상이 드러났을 때도 그것은 모두 사학들의 몫이었다. 사학들이 총체적 부정의 온상처럼 의심받고 불신당해야 하는 비참한 처지에 몰렸던 것은 불과 몇 달 전의 일이다.

부정입학 학부모가 구속되고 명단이 공개되어 사회가 온통 시끌시끌할 그때에도 국립대학들은 무풍지대였다. 독야청청할 수 있었다. 대학이 온통 썩었다는 한탄의 소리가 드높았던 때 국립대학만이라도 그러지 않았던 것은 정말 다행스러운 일이었다. 그래서 국민들은 위안받을 수 있었다. 그러나 국립대학들도 학점관리가 엉망이고 사무직 인력관리가 방만하다는 교육부의 감사결과를 보면서 국립대학에 대한 기대와 위안이 성급했음을 후회하게 된다. 일종의 배신감마저 느끼게 된다.

24개 국립대학 중 10개 대학에 대한 학사관리 감사결과 졸업학점을 다 취득하지 못했는데 졸업을 하게 하고 출석일수를 채우지 못한 학생들에게 학점을 준 교수 4백24명이 적발돼 경고와 주의를 받았다니, 이게 무슨 소리인가. 그러한 국립대학 중에는 선두그룹의 국립대학마저 끼어 있다. 국립대학들의 사무직 인력은 사립대학보다 평균 1.7배나 많다는 조사결과도 나왔다. 말로만 듣던 국립대학의 방만한 운영이 사실이었다는 증거다.

사학들의 입학부정과 재단의 재정비리와 같은 범행에 비하면 그게 뭐 그리 대단하냐고 변명할 수 있을는지 모른다. 그러나 재정부담을 전액 국민의 세금인 국가예산으로 하는 국립대학이 재정난 부담이 없다 해서, 입학부정을 하지 않은 것만으로 대학의 부정과 비리는 사학에 있는 것이라며 독야청청한 척했다면 천만의 말씀이다.

국립대학의 사명은 경제적·지리적 이유 때문에 불리한 처지에 있는 우수한 인재들에게 교육기회를 공평하게 제공해야 하고, 학사관리와 대학교육의 수월성 추구에 모범과 선도적 역할을 수행해야 한다는 데 있다. 재원이 많이 소요되는 분야, 국가목적상 반드시 육성해야 할 분야, 수요가 적어 사학이 손대기 어려운 분야와 소외되기 쉬운 분야의 교육 프로그램을 국립대학이 맡아서 해내야 하는 것이, 국가가 엄청난 재정부담을 감내하면서도 국립대학을 설립해 운영하는 기본 목적인 것이다.

그러함에도 불구하고 국립대학에서마저 아직까지도 '공부하는 대학'을 만드는 일에 소홀하고 학생들의 눈치나 보며 출결석과 학점관리를 보신의 수단으로 쓰는 교수들이 있다면, 그것은 결국 사학의 입학부정이나 비리와 조금도 다를 게 없다. 국립대학의 방만한 사무인력관리로 대학재정을 축낸다면 사학재단의 재정유용보다 그 잘못이 가볍다고 할 수 있겠는가. 국민의 혈세를 낭비한 책임은 더 무겁다 할 것이다.

국가재정으로 운영되는 국립대학들이 재정난에 허덕이는 사학들과 우수 고교생 유치 경쟁에서 '조금은 낫다'고 자족이나 하면서 주어진 특권을, 대학인들의 이기와 편의로나 이용하면서 나태와 안일에 탐닉하고 있겠다는 것인가. 국립대학인들의 자성과 분발이 그 어느 때보다 요구되는 시점이다. 더 이상 머뭇거리다가는 타율의 메스가 개혁을 주도할는지도 모른다. 그때 후회해 본들 무슨 소용이 있겠는가.

(93. 10. 20.)

4) 중등사학의 재정실상

사학의 재정난이다 하면 늘상 사립대학의 재정적 어려움만을 생각해 왔다. 사립대학들이 처한 재정난은 '위기의 상황'으로까지 진단돼 왔기 때문이다.

사립대학들의 재정난 해소를 위한 애타는 호소와 때로는 일부 사학에서 재정의 어려움 때문이란 가당찮은 이유로 저질러지는 입학부정 등의 부정과 비리의 그늘에 가려 중등사학의 재정실상과 안정적인 중등교육 재정확보 방안 모색 자체가 사회적 관심 밖으로 밀려나 있었던 게 현실이다. 우리 사회에서 중등교육이 차지하는 위상과 역할은 무엇인가. 국민학교 졸업자의 1백%가 중학교를 진학한다. 중졸자의 94.6%가 고교진학을 할 정도다. 중·고교도 이제는 국민학교와 마찬가지로 '만인을 위한 교육기관'이 됐다. 학비부담 차원을 생각하지 않으면 사실상 평균 국민의 의무교육 단계가 된지 오래다. 중등교육의 공공성은 더 이상 설명할 필요는 없다.

그러나 중등교육의 주체를 기준해서 구분해 본다면 사학의 비중은 아직도 막중하다. 군단위까지 의무교육이 확대되고 있는 중학교의 경우 27%의 중학생을 사학이 맡고 있다. 고교는 사학이 학교 수에서는 50.82%를 차지하고 있지만 학생수용률은 62%나 된다. 사립대학의 학생 수용률 74.5%만은 못 하지만, 중등교육에서도 사학의 비중과 역할은 대단히 크다.

교육 선진국에서 초·중등교육이 국가의 책무라는 것을 고려할 때, 우리의 중등사학들은 그동안 정부가 떠맡아야 할 교육을 위임받아 교육비의 많은 몫을 수익자인 학부모와 함께 부담해 왔다고 할 수 있다. 중등사학의 교육비 재원은 중학무시험제 실시(69년)와 고교평준화 재도입(74년) 이전까지는 학생들의 납입금과 학교재단의 전입금이 주종이었다.

납입금의 물가억제 차원의 통제, 중학교 의무교육 확대 및 고교평준화에 따른 사립 중·고의 준공영화에 따라 90년대 이후부터는 국고보조가 큰 몫을 차지하기에 이르렀다. 지난해 정부가 사립 중·고교에 지급한 국고보조금은 1조 2천3백억여 원이다. 사립중학교 재정의 67%와 사립고교 재정의 38%를 국고가 부담한 셈이다. 납입금 의존도는 중학교 48%, 고교 56%다.

이와 같은 국고보조는 정부의 입장에서는 엄청난 부담이 되는 것이지만, 중등사학의 역할과 비중에 비하면 빈약하기 짝이 없다. 그래서 사립 중·고교의 교육환경은 공립에 훨씬 뒤질 수밖에 없는 것이 현실이다. 중등사학 재단의 전입금 부담비중은 평균 1.4%밖에 안 된다. 특수목적교가 아닌 일반 사립 중·고교는 납입금을 공립보다 훨씬 많이 받는 것도 허용되지 않는다. 이러한 여건 속에서 중등사학의 재정을 보다 안정적으로 확보하자면 정부의 국고지원을 대폭 늘리는 방안과 사학재단의 전입금 부담 능력을 높이는 대책 모색이 우선할 수밖에 없다.

그러나 정부의 지원을 늘리는 데도 한계가 있을 것 같다. 숱한 교육난제들을 해결하자면 모두가 어마어마한 재원을 필요로 한다. 중등사학 재정을 안정시키는 데만 집중투자할 수도 없을 것 같다. 새 정부의 교육재정 운영구상 또한 그럴 것 같지도 않다. 말이 좋아 재단의 전입금 부담 능력제고이지, 따져 보면 중등사학 재단 중 몇 개 재단이 가능할지 그 또한 막막할 뿐이다.

가장 손쉬운 방법이 있다면 학생들의 납입금을 대폭 올리는 방안이겠지만, 복지국가를 지향한다면서 모든 국민이 다 받게 되는 중등보통교육을 국민부담으로 전가한다는 것 자체가 국가의 이상실현에 배반된다. 그렇다고 어물쩍 해버리면 중등사학의 교육환경은 더욱 열악해지고 그 결과는 공·사립간의 교육질의 격차란 형평성 문제를 낳게 된다. 멀지 않아 의무교육화될 중학교는 사학도 공영화할 수밖에 없을 것이다. 그러나 사립고교의 재정안정 대책은 서둘러 마련해야 한다. 교육개혁 차원의 중요한 과제가 아닐 수 없다.

(93. 11. 5.)

5) 대입정보의 실과 허

오는 16일(화)은 대학입학 2차 수학능력시험날이다. 74만 7천8백 명의 수험생들이 한점이라도 더 얻기 위해 최선을 다해야 할 순간이다. 2차 시험을 치고 나면 33일 후인 12월 20일 성적통지서를 받게 된다. 수험생들은 지난 9월 21일 통지받은 1차 시험성적과 2차 시험성적 중에서 높은 점수를 가지고 지원할 대학을 선택해야 한다.

새 대학입시제도에 따라 처음 시행되는 94학년도 대학입시는 종전과 달리 변수가 많다. 그래서 수험생들과 학부모들은 더욱 불안하다. 내신성적과 수학능력성적이 모두 상위수준이고 평소의 실력도 틀림없는 우수한 수험생들이야 제도가 아무런들 큰 문제가 있겠는가. 어떻게 선택하느냐에 따라 합격과 불합격이 위태위태한 수험생과 학부모들이 절대다수라는데 문제가 있는 것이다. 또 이들에게 되도록이면 실패없이 원하는 대학에 합격할 수 있게 할 묘안과 정확한 입시정보가 있을 수는 없느냐는 것이다.

입시계 학원들은 이맘때쯤이면 으레 예상경쟁률과 대학들의 학과별 지원 예상점수를 내놓는다. 수험생과 학부모들에게는 귀가 번쩍하는 정보가 아닐 수 없다. 대학입시야말로 이 나라에서 최대의 국민적 관심사임을 감안할 때 보도매체들이 대서특필하고 상보까지 하는 것도 당연한 일이랄 수 있다.

특히 변수가 많은 새 입시제도하의 첫 대학입시인 데다가 대학과 학과선택에 따른 종래의 정보가 쓸모없게 된 상황이어서 입시계 학원들이 조사분석한 자료가 그 어느 때보다도 수험생과 학부모들에게 큰 관심을 갖게 하는지 모른다. 혼란 속에서 대학과 학과선택에 어려움을 겪어야 할 수많은 수험생과 학부모들에게 어렴풋이나마 판단의 초보 자료라도 될 수 있다면 그 의미를 구태여 부정적으로만 보고 싶지는 않다.

하지만 입시계 학원들이 추정한 본고사 대학의 경쟁률(1.3~1.5대 1)이나 대학의 인기학과 지원가능 수학능력시험 평균점수들은 타당도가 그리 높지 않을 것은 분명하다. 그것을 구태여 선택의 기준으로 삼아서는 안 될 것이다. 참고 보조자료 정도로 활용하면 족할 듯하다.

종전 학력고사 때의 지원가능 예상점수 추정 때도 그 부정확성은 입증된 바 있지만, 이번 입시에서는 경쟁률 예측이나 학과별 지원추정 점수를 예상한다 해도 그 의미는 종전과 너무 다를 수밖에 없기 때문이다.

본고사를 치는 대학의 경쟁률이 설령 1.3~1.5대 1이 된다고 해도 그 경쟁의 강도는 종전과 다르다. 복수지원에 따른 허수지원이 상당수 있을 수 있기 때문이다. 서울대를 제외한 본고사를 치는 8개 대학에서 20~30%씩 하게 될 특차 전형(내신성적과 수학능력시험 성적 상위그룹)에 지원할 자연계 수험생의 성적이 특별히 높은 것으로 조사된 것은, '안전한 합격'에 대한 소망의 표현이지만 여기서 낙방하는 수험생들이 본고사 수험생들에게 큰 변수로 작용할 것이다. 경쟁률의 실과 허는 바로 이런데도 있는 것이다.

본고사를 치지 않는 대학들은 고교내신 성적과 수학능력시험 성적만으로 뽑게 된다. 수학능력시험 성적은 원서제출 때 내지 않고 면접 때 제출토록 했지만 어떻든 수험생은 자신의 성적을 알고 대학의 학과를 지원하게 된다. 원서접수 때 눈치지원이 되살아날 것은 자명하다. 앞으로 어느 입시계 학원에서 한 걸음 더 나아가 종전처럼 전국 대학의 학과별 지원가능 예상점수표와 같은 근거도 없고 부정확한 입시정보를 내놓는다면, 엄청난 눈치작전을 부추길 수 있다. 그 혼란의 부작용을 생각하면 겁도 난다.

입시정보에 목 타는 수험생들과 학부모들의 심정은 알고도 남는다. 그럴수록 고교 담임선생님과 상의하고 적성과 실력에 맞는 대학의 학과를 선택해야 한다. 그러자면 각 대학의 입시요강을 철저히 파악해 특차전형·복수지원·영역별 가중치나 교차지원 감점 여부 등의 변수를 유리하

게 활용해야 한다. 입시계 학원들의 정보를 너무 믿지 않는 것이 성공의
비결이 될 수도 있다는 것을 알았으면 한다.

(93. 11. 12.)

6) 실험 끝낸 수능시험제도

2차 대학수학능력시험을 치르고 난 절대다수 수험생들이 허탈감에 사
로잡혀 있는 것 같다. "3개월 동안 왜 헛고생을 시켰느냐"는 불만의 소리
까지 나온다고 한다. 2차 때와는 전혀 다른 현상이다. 시험 뒤끝이 시끄
러운 이유는 무엇 때문인가.

지난 8월 20일 시행됐던 1차 수학능력시험에서 탈교과·통합교과방식
으로 출제된 탐구력과 사고력, 문제해결 능력과 창의력을 요구하는 문제
들로 입시 사상 처음 시험을 치렀던 71만 6천3백여 수험생들은 "예상보
다 쉬웠다"며 홀가분해 했었다.

채점결과 수학능력시험 성적은 고교의 평소 실력과의 상관관계가 엇
비슷하게 반영되기는 했지만 그래도 절대다수 수험생들은 3개월 더 공
부를 했고 첫시험에 대한 긴장과 불안이 가시었으니, 2차 때는 약간은
좋은 점수를 얻을 수 있으리라 기대했었다. 너나없이 다 같은 심정이었을
게다. 그러나 막상 시험을 치르고 난 후 예상 득점치는 기대했던 것보다
5~10점 가량 낮아질 것이라는 계산이 나오자, 실망하며 수많은 수험생
들이 '2회 시험'을 탓하기에 이른 것이다. 출제위원장의 말이라도 없었다
면 수험생과 학부모들의 분통이 덜했을지도 모른다.

출제위원장은 시험날 "2차 수학능력시험 출제에서 가장 중점을 둔 것
이 1차 때와의 난이도 조정이었다. 약간 쉽게 출제해 점수가 조금은 높아
질 것"이라고 장담했었다. 입시계 학원들도 맞장구를 쳤지만, 고교별 수

험생들의 자체 채점결과는 전체 수험생들의 득점 하락폭이 반대로 훨씬 클 것이라는 판단이다. 그러니 어찌 실망하지 않을 수 있겠는가.

공식 채점결과를 보나마나, 2차 수학능력시험 출제는 난이도 조정에 실패한 게 분명하다. 어찌됐건 4년 반 이상 준비과정을 거쳐 마련된 대학입시제도의 개선책인 '수학능력시험제도'에 대한 실험은 일단 끝났다.

1·2차에 걸쳐 모르모트처럼 실험대상이 됐던 연 1백43만 9천3백여 명(1차 응시자=71만 6천3백26명, 2차=72만 2천9백80명)의 수험생들이 새제도의 시행착오로 당해야만 했던 불편과 불이익을 생각하면 애석하기 그지없다. 때문에 수학능력시험제도가 대학입시제도로 한동안 계속될 것이라면, 실험결과 드러난 문제점들을 서둘러 개선하고 보완해야 한다. 그 첫 번째는 연 2회 실시를 1회로 하는 문제다. 2회 실시 도입은 애당초부터 비교육적인 배려에서였다. 그 당시 교육을 잘 모르는 통치권자의 알량한 자비심이 부른 무리였다.

한해에 1·2차 시험문제를 출제한다면, 말이 좋아 '난이도 조정'이지 실제로는 귀신도 하기 어려운 게 현실이다. 시험날 실수하는 수험생을 생각하는 자비심은 70만 명을 넘는 수험생 모두에게 실익이 있을 리도 없다. 교육적인 실익도 없으면서 1회에 70억 원씩, 1백40억 원을 투입해야 하는 시험관리 비용과 관리상의 어려움도 생각했어야 옳다.

수학능력시험을 더 이상 한해에 2회 치르는 것을 고집할 명분과 이유는 없다. 교육부도 1회로 줄이겠다는 방침을 세웠다니, 정책결정에 더 이상 머뭇거림없이 결단을 내려야 마땅하다.

두 번째 개선보완할 문제는 현행의 문·리·예체능의 공통 출제를 계열별로 출제하는 방안이다. 고교에서 문과와 이과가 가르치고 배우는 교과 범위가 분명히 다른데 출제범위를 공통으로 해 같은 문제로 시험을 치르게 한다는 것은, 비교육적이고 출제편의라고 할 수밖에 없다. 계열분리 출제를 한다면 문·이과 교차지원을 금지할 수밖에 없다는 또 다른 부작용을 염려하지만, 수학능력시험 본래 취지대로라면 교차지원 금지가 제도의 원리에 오히려 합당하다.

세번째는 1회로 하면 시기를 언제로 할 것이냐는 것이다. 시험시기는 가능한 한 늦추는 게 바람직하지만, 그러면 특차 모집과 후기 모집을 없애야 가능하다. 그렇지 않는 한 11월 말을 넘기면 채점과 통보기간·대학별 전형일정 또는 전·후기 모집 등이 시간적으로 너무 촉박해 큰 무리가 따르게 된다. 교육부는 실험결과 드러난 수학능력시험제도의 보완과 개선에 중지를 모으는 일을 서둘러야 할 때다.

(93. 11. 17.)

7) 영수증 노이로제

보통시민으로 살다 보면 해묵은 영수증을 찾느라고 애를 먹은 경험이 으레 있게 마련이다. 세금이나 범칙금을 분명히 냈는데도 한동안 세월이 지난 뒤 어떤 세금을 내지 않았다는 미납 최고장을 받는 경우가 적지 않기 때문이다. 그때 영수증을 찾지 못하면 꼼짝 못하고 세금이나 범칙금을 다시 내는 손해를 면할 길이 없다. 시민이 내야 할 세금을 안 냈거나 교통법규 등을 어겨 물게 되는 법칙금을 고의든, 고의가 아니든 내지 않았다면 과태료까지 가산해 내야 하는 것은 너무나 당연한 의무다.

그러나 분명히 낸 세금이나 범칙금을 징수기관의 행정착오나 실수로 다시 내라고 할 때, 그것을 입증할 영수증이 없어 또 내야 한다면 이보다 더 억울한 일이 어디 있겠는가. 그래서 시민들은 영수증 보관에 나름대로 지혜를 발휘할 수밖에 없다. 그것만이 만일의 경우에 보호장치일 뿐이다. 미납세금에 대한 과정상의 잘못이 행정에 있다 해도 시민이 구제받을 길은 전혀 없다.

하지만 잦은 이사와 복잡한 현대도시 생활 속에서 영수증을, 그것도 몇 년씩이나 묵은 것들을 언제 찾아도 쉽게 찾아 낼 만큼 잘 보관하기란 여간 어려운 게 아니다. 그로 인해 영수증 노이로제 증세가 시민들에게 생겨났는지 모른다.

서울시 당국자의 설명을 들으면 세무행정 전산작업이 거의 이뤄졌고, 시세 납부율이 96.5%나 돼, 낸 세금을 안 냈으니 다시 내라는 식의 행정착오는 거의 없다는 것이다. 그리고 요즘 해묵은 미납세금을 내라고 독촉장을 대거 발부한 것(한국일보 23일자 31면 보도)은 세정전산화 작업이 이뤄지면서 뒤늦게 발견된 미납자들에 대한 필연적인 조치라는 것이다. 그러나 그 말이 전부 사실일까.

당하는 시민들의 하소연은 그렇지가 않다. 4~5년 전에 낸 세금을 다시 내라는 최고장을 받고 겨우겨우 찾아 낸 영수증을 갖고 가 제시하면, 행정착오라면서 미안한 기색도 보이지 않는 공무원의 자세에서 분통을 터뜨리지 않을 수 없다는 것이다.

행정의 전산화다, 쇄신이다 하는 판국에 세금이나 범칙금 등에 대한 납부입증 책임을 납세자인 시민들만이 져야 하는 행정편의 위주 관행은 개선할 수 없는 것일까. 그를 위해 시민들은 케케묵은 영수증을 얼마나 오랫동안 신주 모시듯 보관해야 하는 번거로움으로 언제까지 영수증 노이로제에 시달려야 하는 것일까.

지방세법 27조 3항에는 징수기관은 미납세금에 대해 납기 후 20일 이내에 독촉장을 1회 발부하도록 돼있다. 그 후 최고장은 필요에 따라 할 수 있다. 지방세법 30조2에는 조세 채권시효를 5년으로 규정하고 있다.

이는 역으로 해석하면 각종 세금을 내고서 받은 영수증을 5년을 보관해야 한다는 뜻일 수도 있다.

세금이나 법칙금을 은행이나 우체국 등 금융기관에 간접 납부하는 제도가 일반화됐고, 독촉장이나 최고장은 징수기관이 직접 인편으로 전달하기보다는 우편을 이용하다 보면 그 과정에서 착오나 실수는 생길 수 있다. 그 과정에서 생기는 책임을 납세자가 일방적으로 질 수밖에 없도록 된 것은 행정편의의 소산이고 잔재다.

아무리 조세 채권시효가 5년이라 해도 미납한 세금이나 범칙금을 3~4년 넘도록 놓아 뒀다가 시효가 임박해서 내라고 독촉하는 징수기관의 직무태만에 대한 책임이 없대서야 어찌 시민들이 행정을 신뢰할 수 있겠는가. 주소변동이 심하다든가 우편배달상의 잘못까지를 납세자의 책임으로 돌리고, 징수기관의 인력부족이나 업무착오로 낸 세금을 다시 내라는 식의 전근대식 징수행정은 이제 사라져야 한다.

그러자면 조세 채권시효 5년을 절반 정도로 단축하고 완벽한 세정 전산화를 서둘러야 한다. 그리하여 기한 내에 징수하지 못한 세금이나 범칙금에 대한 거증책임은 1차적으로 징수기관이 진다는 새로운 원칙이 행정에 도입돼야 한다. 권위주의 행정과 행정편의주의를 쇄신하는 정부개혁 작업은 시민들의 영수증 노이로제부터 없애 주는 데서 출발해야 한다.

(93. 11. 26.)

8) 40년 눈독들인 쌀시장

미국의 쌀과 밀가루. 6·25전쟁 후부터 60년대 중반까지만 해도 미국의 넘쳐나는 잉여농산물들은 한·미 우호관계를 돈독히 하는 상징처럼 보였다. 먹을 것이 절대부족했던 그 시절에 그것들은 우리에게 대단히 고

맙고 자비로운 것이기도 했다.

그러나 이제 미국의 쌀은 자칫 잘못하면 우리 농촌과 농민의 생과 사를 좌지우지할 공포의 대상으로 돌변할 위세다. 그런데도 우리에게는 마땅한 대응전략이 없다. 답답하고 한심스럽다.

미국쌀이 우리 시장을 노린 것은 멀리는 1940년 후반까지 올라간다. 40년 훨씬 전에 그들은 한국을 미국의 쌀시장으로 만들어 보려는 흉계를 꾸몄었다. 미군정 시절에 미국의 미곡 메이저들은 한국에 조사단을 대거 파견했다. 한국 농토와 쌀농사 현황을 세밀히 조사해 갔다. 48년 독립된 정부가 들어선 후 얼마 안 돼 쌀의 전량수급을 미국에서 맡을 테니, 일손이 많이 드는 한국의 논농사를 밭농사로 전환하라고 제의했다는 비화가 있었다고 한다. 미국 미곡 메이저들의 음모는 애초부터 이처럼 잔인하고 음흉한 것이었다.

그것은 실현되지 않았으나 한국전쟁이 터지자 원조 양곡형식으로 미국쌀을 한국에 팔기 시작했고, 60년대에 들어와서는 한국과 일본을 장기적인 미국 쌀시장으로 겨냥해 캘리포니아주에서 벼의 종자개량을 시도했다. 미국에서 벼를 재배하는 6개 주 중 클린턴 대통령의 고향인 아칸소 주에 이어 두번째로 많이 쌀을 생산하는 캘리포니아 주가 소비시장으로 한국과 일본을 겨냥한다는 전략이었던 것이다. 그런 목적으로 개량된 캘리포니아산의 단립종은 밥을 지어놓으면 차지고 윤기가 자르르 흘러, 한국과 일본인의 구미에 딱 맞는다. 미국이나 여타 세계 사람들의 입맛에는 맞지 않는 쌀이다. 한국과 일본이 아니면 달리 팔 곳이 마땅치 않아 미국 미곡 메이저와 정부의 새로운 고민거리가 된 미국쌀의 하나다.

우루과이라운드(UR) 협상이 본격화하면서 우리와 일본의 쌀시장을 그렇게 눈독들여 온 캘리포니아의 쌀생산량은 도대체 얼마나 되는 것일까.

우리 전체 국토의 거의 2배에 이르며 남한의 4배가 약간 넘는 광활한 땅을 가진 캘리포니아 주에서 쌀을 재배하는 지역은 북캘리포니아 주의 동중부평원 17개 카운티(군)이다. 61만 5천 에이커(7억 5천3백만 평)에서 장립미 5만 톤과 단립미 1백만 5천 톤 등 1백4만 5천 톤을 생산, 미국쌀 총 생산량 5백68만 6천 톤의 18.4%를 차지한다.

미국의 쌀생산량은 전 세계 쌀 생산량의 1.6%로, 우리의 1.5%보다 약간 많아 대수롭지 않은 것처럼 보일 수 있을지도 모른다. 그러나 미국쌀의 의미는 전혀 다르다. 생산량 중 42% 이상이 수출용이다. 이러한 수출량은 세계 쌀 수출량의 14.1%를 차지해 태국에 이어 세계에서 두 번째로 큰 쌀 수출국이다. 캘리포니아주에서 생산되는 쌀은 거의 전량이 수출용이다. 그 수출대상국이 한국과 일본 등 극동의 몇 나라에 국한돼 있다는데서 우리에게는 더할 수 없는 공포의 대상이 될 수밖에 없다.

더욱이 미국 쌀농사는 완전한 기계영농으로 생산비가 저렴한 데 비해 단위생산량은 높다. 우리 농촌이 도저히 경쟁할 수 없는 유리한 조건에서 생산한다. 캘리포니아 농민들은 80년 한국의 흉작을 감안, 81년에 쌀은 22%나 증산했었다. 그러나 그 해는 한국도 풍년이 들어 쌀 수입량을 줄이자, 캘리포니아주의 쌀값이 폭락해 연방정부가 1억2천만 달러의 보조금을 농민들에게 지급하는 곤욕을 치렀다. 미국이 쌀을 통상의 무기로 쓰지 않을 수 없는 것은 엄청나게 강한 농민파워가 있기 때문이다. 길게는 40여 년 전, 짧게는 10여 년 전부터 미국이 한국 쌀시장을 공략해 오리라는 것은 예고됐던 문제다. 지켜질 것 같지 않은 '개방불가' 원칙에만 매달리다 막판에 와서 허둥대는 국가경영 전략의 부재가 더없이 통탄스럽기만 하다.

(93. 12. 3.)

9) 소외된 교육

김영삼 대통령의 문민정부가 나라를 이끈 한 해가 저물어가고 있다. 꼭 2주일 후면 송구영신을 할 시점이다. '변화와 개혁'의 기치를 높이 들었던 새 정부의 통치 밑에서 우리 사회는 실로 엄청난 변화를 거듭했다.

그러나 막상 가장 먼저, 그리고 가장 많은 '변화와 개혁'이 예상됐던 교육 분야는 거의 달라진 것이 없다. 통치권자의 안중에서 벗어난 탓인지 교육은 여전히 '찬밥 신세'를 면하지 못하고 있는 느낌이다.

김 대통령은 "교육대통령이 되겠다'고 했었다. 입시지옥 해소와 인간성 회복의 교육개혁을 하기 위해 대통령 직속의 '교육개혁위원회'를 설치하겠다는 공약도 했다. 98년까지 GNP 5% 수준까지 교육재정 확대를 약속하는 등 7개 교육영역에 걸쳐 66개의 구체적인 교육공약을 제시함으로써 교육계는 물론이고 온 국민적인 기대를 갖게 했다.

새 정부는 그러나 집권 첫 해가 저물어가도록 교육 분야에 관해서는 개혁을 위한 어떤 준비도 한 흔적이 없다. 교육개혁이란 말마저 의도적으로 피하는 것 같다. 그래서 교육계에서는 "교육개혁은 물 건너간 것 아니냐"면서 불안해하고 실망스러워하고 있다.

대통령의 교육에 대한 무관심이 그것으로 끝날 수만 있다면 그래도 괜찮다고 할 수 있다. 그 무관심이 교육예산을 상대적으로 위축시키는 결정적인 요인이 되게 마련이라는 데 문제의 심각성이 있다고 봐야 한다.

94년 정부예산 속의 교육부 예산을 분석해 보면 그러한 문제점이 현실로 나타나 있다. 중교육정책을 공언했고 GNP 5% 교육재정 확대를 공약한 정부라면, 적어도 교육부 예산을 전 정권 때보다는 상대적으로 신장시켰어야 마땅하다.

내년도 교육부 예산총계는 10조 8천7백94억 원 규모다. 금년과 비교하면 12.13%밖에 늘지 않았다. 이중 일반회계(8조 2천4백10억 원) 증가율은 11.1%로 정부예산의 일반회계 증가율(13.7%)에도 못 미치는 푸대접을 받았다. 정부예산 중 교육부 예산이 차지하는 비중은 19.1%다. 최근 5년 동안에 최저일 뿐 아니라 올해보다도 0.4%가 축소됐다.

GNP 대비 교육재정 규모도 해마다 0.25%씩 늘려가야 약속한 98년에 5% 달성이 가능해진다. 그런데 시행 첫해인 94년 예산을 따져 보면 기준년(93년=GNP의 3.71%)보다 0.07% 증가에 그친 3.78%밖에 안 된다. 교육투자 의지가 식었음을 여실히 드러내 보이고 있다.

경제를 살리기 위해 기술개발 투자를 늘려야 하고 사회간접자본 확충에 예산배정을 더 많이 하다 보니, 공교육 예산배정이 여의치 못했으리라는 정부의 어려움을 모르는 바는 아니다. 그러나 병이 들대로 든 우리 교육을 일대 개혁하기 위해 교육재원을 대폭 확충하겠다던 새 정부의 의지와 약속이 첫해부터 축소지향적이 됐다면 이건 보통 일이랄 수가 없다.

그동안 역대 정권의 교육개혁 방안과 노력들이 말에 그치고 성공을 거두지 못해 교육이 중병이 든 근본 원인은 통치권자의 교육개혁 의지와 관심이 부족했으며, 개혁실천을 뒷받침할 추진체제와 재원확보를 해주지 않았기 때문이다.

우리는 지금 우루과이라운드라는 새로운 세계경제 질서 속에서 살아남기 위한 전략을 찾아야 할 어려움에 직면해 있다. 국제화·개방화란 국경없는 국제 경쟁 속에서 적자생존하려면 경쟁할 수 있는 정신력과 자질을 갖춘 2세를 길러내야 한다.

이 중차대한 역할을 해야 하는 것이 교육이다. 병든 교육을 이대로 방치해 두고서도 치열한 국제경쟁에서 살아남기를 바란다면 그것은 너무 큰 오산이고 착각이다. 교육을 더 이상 소외시켜서는 안 되는 이유가 바로 여기에 있음을 알아야 한다.

(93. 12. 17.)

9. 영재 위한 입시문호개방

1) 떠들다만 교육개혁

지나고 생각해 보니 정말 기이한 현상이었다. 교육 관련 단체·학계·일간신문과 TV특집 프로 등에서는 교육개혁의 공론화가 그 어느 때보다 무성했다. 그러나 결과는 무반응뿐이었다. 일반에서는 교육개혁을 목이 터져라고 외쳐 댔건만 통치권과 정책 당국은 무슨 연유 때문인지 묵묵부답이고 무행동으로 일관했다.

교육개혁에 열을 올리고 잔뜩 기대를 걸었던 수많은 사람들은 그래서 지금 허탈감을 감추지 못하고 있는 상태다. 지난 시절, 교육개혁을 정책 당국이 앞장서 추진하면서 국민들을 이해시키고 동의를 구하기 위해 지역순회 공청회까지 열었던 것과 비교해 보면 순서가 뒤바뀐 것 같다. 아니 교육개혁의 주체는 없고 객들만이 실컷 떠들다가 지쳐 버린 꼴이 돼 버렸다. 정상이랄 수가 없다. 선진외국에도 이런 기현상은 없다.

교육단체와 학계 그리고 대중매체에서 전개한 교육개혁의 공론화는 정말 활발하고 열정적이었다. 신문과 TV 등 대중매체에서는 교육이 처한 위기상황을 단순히 고발하는 데 그치지 않았다. 개혁의 당위성과 시급성을 일깨우고 선진국의 성공사례를 구체적으로 취재해 개혁의 모델을 제시하기까지 했다.

한국교총은 분야별로 개혁의 과제를 잡아 개혁의 방향과 정책대안까지 내놓았다. 학계원로가 제시한 교육개혁의 방향과 과제 그리고 교육재원 확보방안은 정부가 개혁작업을 할 때 한 가지 대안이 되기에 손색이 없을 정도라는 평까지 있었다. 교총이 전개한 '교육 바로세우기 운동'은 교육개혁이 성공을 거둘 수 있는 사회적 여건과 학부모 의식 그리고 교원사회의 잘못된 풍토를 개선하려는 것이어서 그 어느 때의 운동보다 뜻이 큰 것이기도 하다.

교육개혁의 공론화와 개혁의 대안제시는 이 밖에도 많은 관련 단체와 학계에서 아주 구체적이고 실질적으로 이뤄졌다. 교육재정학회, 한국교육개발원, 서울시 교육위원회 등의 개혁토론회에 제시된 교육재정 GNP 5% 확보 방안·입시제도 개선방안·교육행정 개혁대안 등은 앞으로 구성될 정부의 개혁팀이 수용해도 될 만큼 가치가 있는 것들이라는 평가를 받을 정도였다.

어디 이뿐인가. 서울대 교수들이 들고 나온 교수임용 개선방안과 승진제도 개선을 비롯한, 대학의 개혁논의와 대학평가인정제 및 교수평가제를 도입하려는 대학들의 개혁의지 또한 아주 의욕적이었다.

이러한 교육개혁의 공론화에 횃불을 붙인 것은 따지고 보면 김영삼 정부의 공로라 할 수 있다. 역대 어느 대통령 선거 때보다도 교육문제가 화끈한 공약으로 제시된 것도 그러하거니와 후보들 중에서도 교육에 관해 국민적 공감을 널리 받을 수 있는 교육정책의 청사진을 제시했던 것도 김 대통령이었기 때문이다.

그러했던 김 정부가 막상 집권을 하고 나서는 열띤 공론화를 지켜보면서 교육개혁을 행동화하는 데서 쑥 뒤로 물러나 있느냐는 데 문제의 심각성이 있다 할 것이다. 지금 우리 교육은 개혁의 꿈이나 꾸고 있을 만큼 한가로운 상황도 아니고, 교육개혁의 당위성이나 논하며 국민들에게 기대심리나 부추기는 것으로 자족하고 있을 때는 더욱 아니다.

공론을 행동으로 옮기고 개혁의 과실이 늦어도 21세기 초부터는 나타날 수 있도록 서둘러야 할 절박한 시기에 처한 것이 우리 교육의 현주소이다. 새해에는 대통령의 관심이 교육개혁에 쏠려 주기를 바라는 이유가 바로 이 때문이다.

(93. 12. 24.)

2) 교육개혁에 거는 기대

김영삼 대통령의 교육개혁 의지는 변치않고 살아 있다는 것이 확인됐다. 김 대통령은 집권 2차년 새해 국정방향을 밝히는 연두 기자회견에서 "국가경쟁력을 높이기 위해 올해는 교육개혁을 본격적으로 추진하겠다. 곧 발족할 대통령 직속의 교육개혁위원회가 종합적인 교육개혁안을 마련하게 될 것"이라고 분명하게 밝혔다.

'교육대통령'이 되겠다던 김 대통령이 막상 집권하고서도 1년여를 통치하면서 교육개혁 의지를 한 번도 분명하게 천명하지 않음으로써, 그동안 실망했고 허탈해 했던 사람들에게 이보다 더 희망적인 것이 또 어디 있겠는가. 교육계는 더 말할 것도 없을 것이다. 교육에 관심 있는 모든 사람들은 김 대통령의 교육개혁 의지가 생생하게 살아있다는 것을 다시 확인하면서 거는 기대는 그래서 훨씬 더 클 수밖에 없을 것 같다.

그 이유는 자명하다. 찌들고 병이 들대로 든 교육여건과 교육풍토와 교육실상을 그대로 놓아둔 채 국제화·개방화·미래화에 대비하는 전략을 모색한다는 것은 뿌리없는 나무를 심겠다는 것이며, 사상누각을 세우겠다는 것과 조금도 다를 것이 없기 때문이다.

폴 케네디 같은 미국학자마저도 한국이 21세기를 대비하기 위한 주요 과제로 한국교육의 개선과 개혁을 지적한 바 있다. 그는 세계인으로 자질을 키우는 교육체제와 국민의식이 시급하다고 역설했다. 외국 석학의 충고를 빌리지 않더라도 세계인과 함께 사는 시대에 대처하기 위한 기본적이고, 기초적인 전략은 2세 교육을 바탕으로 해야 한다는 것은 너무나 평범한 진리랄 수 있다.

21세기를 전망할 때 우리 교육은 20세기의 낡은 틀에서 해방돼야 한다. 우리 교육은 내면적 혁신을 통해 혁명적 변화를 이룩해야 한다. 적자만이 생존할 수 있게 될 21세기의 치열한 국제경쟁 사회 속에서 한국인이 선도에 설 수 있게 하고, 국내적으로 삶의 질을 향상시킬 번영된 복지국가를 이룩하려면 2세교육부터 개선하고 개혁해야 한다.

그렇다면 교육에서 무엇을 어떻게 개선하고 개혁할 것인가. 곧 발족할 교육개혁위원회가 해야 할 엄청난 책무다. 그렇다고 미리부터 주눅들 필요도 없고 질질 시간이나 끌면서 5·6공 때의 교개심이나 교육자문회가 했던 것처럼 개혁을 위한 종합구상이나 실현성 없는 청사진만을 제시하는 것이 돼서는 안 된다.

교육체제·교육내용·학부모의 잘못된 교육관·교육풍토를 혁신하는데 개혁의 초점이 모아져야 한다. 초·중등 교육은 창의적이며 민주적이고 주체적인 인간을 키워 낼 수 있는 전인교육 체제로 개선하고 교육내용과 가르치는 방법부터 새롭게 바꿔야 한다. 대학교육은 역시 수월성 추구와 질 높은 교육으로 국제경쟁력을 갖춘 인력을 배출할 수 있도록 개혁돼야 한다.

입시제도 개선으로는 대학의 좁은 문을 풀 수는 없다. 비뚤어진 고학력 풍조를 개선할 사회적 풍토와 학부모의 교육관을 바꾸는 방안을 모색해야 한다. 그리고 교육개혁의 성패는 튼튼한 교육재정을 어떻게 안정적으로 확보하느냐에 달려 있다는 것을 잊어서는 안 된다.

김영삼 대통령의 교육개혁 의지가 또다시 실종논란의 대상이 되어서는 안 된다. 실현성 있는 교육개혁방안을 빨리 마련, 임기 전반기 안에는 실행에 옮겨져야 한다. 대통령의 교육개혁 의지의 재천명에 거는 기대는 알차고 미래지향적인 '개혁의 실행'에 있기 때문이다.

(94. 1. 7.)

3) 기초과학 교육의 위기

서울대 자연과학대학이 체면을 불구하고 나상을 드러내 보였다. 더 이상 부끄러워 해서 될 일도 아니고 숨겨서도 안 되겠다는 위기의식에서 대학이 스스로 내린 용단이다.

기초과학 교육의 메카와도 같은 서울대의 자연과학대학. 이 나라에서는 누가 뭐래도 최고 수준의 교육과 연구를 해내고 있으려니 여겼던 자연과학대학이 '우리는 21세기를 준비하고 있는가'를 자문하면서 드러내 보인 기초과학의 교육과 연구가 직면한 위기상황들을 보면서 심각한 우려를 하지 않을 수 없다.

기초과학을 경시하는 풍조, 낙후한 교육환경, 실험실습 여건의 후진성, 교수부족, 모자라는 연구기자재와 연구공간, 영세한 연구비 등 기초과학 고등교육과 연구기관으로서의 구조와 여건이 한마디로 '수준 이하' 임을 보고서는 낱낱이 확인해 주고 있다.

선진국의 이름난 대학과는 비교할 것도 못 된다. 건학이 일천한 포항공대보다도 교육여건과 연구여건이 뒤져 기초과학 분야에서 일류의 자리를 추월당해 대학구성원들의 사기마저 떨어진 상황이다. 자연대학의 교수 1인당 지도학생수는 27명이나 된다. 서울대 평균 22명보다 많고 포항공대의 7명보다는 무려 20명이나 많다. 1백50명을 수용하는 대형강좌가 24개나 되고 교양과목 강좌당 평균 수강학생이 82명이나 된다. 앉을 자리가 없는 대학원생들, 연구할 공간이 없는 대학원생들, 아르바이트에 내몰리는 대학원생들이 기초과학 연구의 역군이래서야 이 나라 기초과학의 미래상은 기대할 게 없다.

선진국 교수들의 2~3배인 10시간 이상을 강의에 매달리다 보니 자연과학 대학교수들의 연평균 논문발표는 0.9편으로 국제수준 4편에 턱없이 미달한다. 세계 30위란다. 26위인 대만의 교수들만도 못한 실적이라는 것이다. 기초과학 교육과 연구의 주체가 되어 선진국 진입을 위한 견인차 역할을 담당해야 할 국립 서울대의 자연과학대학이 왜 이 지경의 위기상황에 빠져야 했는가. 기초과학 교육과 연구를 이대로 경시하고, 방치해 두고서도 21세기의 치열한 국제경쟁, 기술국가주의 격전장 속에서 우리가 살아남을 수 있다고 생각하는가. 해당 주체인 대학만의 반성과 각오로 그것이 해결될 문제란 말인가.

세계적 석학인 대니얼 벨 박사의 경고를 가볍게 들어서는 결코 안 된다. 이론적 기초지식이 발전해야 기술혁명이 가능하다고 그는 말했다. 이론적 기초지식이 무엇인가. 그것은 기초과학 연구만이 해낼 수 있는 일이다. 이론적 지식을 발전시키려면 대학의 기초과학 연구와 교육에 투자를 해야 한다고 그는 방향제시까지 하고 있다.

이제 우리는 서울대 자연과학대학이 드러내 놓고 있는 기초과학 교육과 연구의 위기상황을 보면서 한탄만 하고 있을 때가 아니다. 위기에서 탈출해 새로운 도전을 하는 일을 대학에만 맡겨 놓아서도 안 된다.

국가가 기초과학 연구와 교육의 중요성을 새롭게 인식하고 연구여건과 교육환경을 개선하는 투자를 확대하고 집중적으로 육성해 주는 일이 무엇보다 시급하다. 기초과학 육성을 위한 획기적이고 지속적인 투자 없이, 외국기술이나 이전받고 모방해서 기술선진국이 돼 보겠다는 허황된 꿈에서 빨리 깨어나야 한다.

핵심주체인 대학과 교수들이 새롭게 대응하는 일이야말로 더할 수 없이 중요하다. 뼈아픈 자성이 그것으로 끝나면 안 된다. 대학원 중심대학으로 과감한 전환을 서둘러야 하고 교수사회에 경쟁원리를 도입해 연구하고 가르치는 역할과 소임에서 할 일을 먼저 해야 한다. 그러면서 국가와 기업과 사회에 지원을 과감하게 요청할 수 있어야 한다. 기초과학의 연구와 교육의 새로운 진흥은 기술국가주의가 발호할 21세기에 우리의 명운이 달린 최대 과제이기 때문이다.

(94. 1. 14.)

4) 영재 위한 입시문호도…

과학영재 학교인 서울과학고등학교가 요즘 많은 사람들의 화제에 오르고 있다. 2차 수학능력시험에서 남녀수석을 모두 차지하면서 새로이 각광을 받기 시작한 서울과학고교는 대학별 고사로 신입생 선발을 한 신흥명문대학인 포항공대에서 유감없이 두각을 나타냈기 때문이다.

본고사 만점의 포항공대 전체 수석을 필두로, 10개 전학과 수석을 휩쓸었다. 53명이 합격해 본고사로 뽑는 입학정원(1백80명)의 29% 이상을 차지했다. 그러니 서울과학고교에 쏠리는 세인들의 관심이 높은 것은 당연한지도 모른다. 이번에 졸업하는 1백44명 중 87.5%인 1백26명이 서울대에 응시했다고 한다. 내일 서울대 합격자 발표가 나면 서울과학고교는 다시 한 번 인구에 회자될 것이고 이중합격의 서울과학고교 출신들을 서울대에 빼앗기는 대학들은 충원에 적지 않은 혼란을 겪게 될 것이다.

서울과학고교가 새롭게 두각을 나타내는 원인은 무엇인가. 새 입시제도와는 무슨 상관관계가 있는 것일까. 그러나 서울과학고교의 실상을 알고 보면 그러한 궁금증부터가 어리석기 짝이 없는 우문이라는 생각을 먼저 하지 않을 수 없다.

서울과학고교는 과학영재를 키우기 위해 설립한 공립 특수목적고교이다. 서울 전역의 중학교에서 상위 3% 성적에 들어야 입학추천서를 받게 되고, 국·영·수·과학·사회 과목시험을 쳐 한 학급 30명, 모두 6학급 1백80명을 해마다 선발한 우수집단이다. 이 학교가 탐구력을 길러주고 문제해결능력을 키우기 위해 과제 중심의 소그룹 토론식 수업을 하는 것도 과학영재를 기르기 위한 특수학교이기 때문에 가능한 것이다. 50명을 한 반에 수용하는 일반고교는 흉내 내기 힘든 수업방식이다. 이렇게 배운 서울과학고교 출신들이 수학능력시험과 대학별 고사에 강할 수밖에 없다는 것은 너무나 당연한 결과일 것이다.

특수한 교육환경과 수업방식으로 키운 서울과학고교 출신의 과학영재들이 평준화의 교실 속에서 배운 범재들과 함께 수학능력시험이나 치고 대학별 고사에 응시해야만 대학을 진학하게 돼 있는 융통성이 없는 대학입학제도가 문제인 것이다.

미국·영국 등 교육 선진국에서는 어느 분야에서 수재성만 발견되고 그것이 검증만 되면, 나이도 따지지 않고 정규교육을 받았느냐를 묻지 않고 대학입학을 허용, 천재성을 발휘할 수 있도록 대학들이 앞장서서 뒷받침한다.

우리도 진정으로 과학영재든, 또 다른 분야의 천재이든, 탁월한 두뇌들을 제대로 키워 국가발전의 토대를 마련하려면 고등학교 단계에서 서울과학고교와 같은 영재학교를 설립·운영하는 것으로 그쳐서는 안 된다. 과학영재로 싹을 잘 키워 놓았다면 이 영재들이 그 탁월한 재능을 꽃피울 수 있는 터전을 대학들이 제공해 줘야 한다.

입학의 문호부터 특수한 영재들에게 다양하게 개방해 무시험 진학길을 터줘야 한다. 영재들에게 대학입학시험과 같은 절차준비로 시간과 정력을 낭비하게 하는 것도 잘못된 일이지만, 그 특출한 재능이 입시란 장애에 걸려 좌절하고 만다면 그게 어디 한 개인의 불행이요 손실이라고만 할 것인가. 월반도 인정되지 않는 학제 속에서, 하향 평준화된 고교 교실의 둔재들 속에 묻혀 갈등과 좌절을 거듭하다 시들어버리는 천재와 영재가 없다고 누구도 장담할 수 없는 것이 오늘의 우리 고교 교육현장이다.

우리의 단선교육제도는 시들어가는 천재와 영재들을 발굴할 수도, 키워줄 수도 없다는 데 본질적인 문제가 있다. 대학의 학생선발권 신장이 이러한 문제해결의 계기가 됐으면 좋겠다.

(94. 1. 21.)

5) 줄어든 재수생 어디 갔나

새 대학입시제도는 첫 실험결과 보완해야 할 점이 많이 드러났다. 그런데도 이 미완의 입시제도가 꽤나 긍정적인 평가를 받게 된 까닭은 무시못할 순기능적 측면이 돋보였기 때문이 아닌가 한다. 고교교육을 정상화 쪽으로 유도하는 데 기여했다는 것이 첫번째로 꼽힌다.

객관식 출제의 학력고사 시절, 고교는 단편적인 지식을 주입시키는 암기 위주의 입시교육밖에 할 수 없었다. 새 입시제도의 수학능력시험은 고교교육의 내용과 방식을 변화시켰다. 점수따기 기계를 만드는 교육에서 탈피, 종합적인 사고력을 길러 주는 쪽으로 고교교육의 변화를 유도했다는 것이다. 입시제도와 출제방향이 고교교육의 방향타가 된다는 것을 확인시켜 준 셈이다.

새 입시제도의 두번째 순기능은 수학능력시험제가 재수생을 10만 명 이상 격감시켰다는 사실이다. 재수생 누증현상은 실로 대단했었다. 최근 3년의 실상을 보자. 91학년도 재수생 응시자는 33만 1천 명으로 사상 최고였다. 92학년도의 32만 6천 명, 마지막 학력고사인 93학년도의 32만 2천 명은 이 기간의 고3 재학생(72만~74만명)의 45%에 해당하는 것이었고 재수생의 학력고사 응시비율도 매년 34%를 훨씬 넘었다.

30만명 선을 넘어선 재수생 누증사태는 속수무책일 정도였다. 그것이 수학능력시험 도입으로 제동이 걸렸던 것이다. 1차 수학능력시험 응시자 74만 1천여명 중 재학생들이 52만 7천 명으로 70.23%를 차지했으며, 재수생은 21만 3천 명으로 28.73%였다. 2차 수학능력시험 때 재수생 응시자는 23만여 명으로 1차 때보다는 약간 늘었을 뿐이다.

1차 수학능력시험 때의 재수생 응시자는 93학년도의 재수생과 비교하면 10만 9천 명 이상이 준 것으로 기적과도 같은 것이다. 재수생이 20만 명대로 감소한 것도 기록적이지만 재수생 응시비율이 30% 이하인 28% 대로 떨어진 것은 입시사상 최저인 것이다. 서울대를 비롯한 명문대의 재수생 합격률이 크게 떨어진 것도 우연이랄 수만은 없다.

대학을 가겠다는 젊은이가 초지일관을 위해 한두 해 더 입시공부를 하는 투지어린 도전을 탓할 것은 없다. 재수나 삼수가 역경과 좌절을 이겨내는 의지까지 심어 주는 계기가 된다면, 개인을 위해서는 해볼 만한 것일 수도 있다. 그러나 한 사회에 30만 명이 넘는 젊은이가 맹목적인 대학 진학만을 위해 실의와 좌절 속에서 헤매도록 한다는 것은 국가차원에서 보면, 너무 낭비적이고 비생산적인 것이다. 그래서 새 대학입시제도 도입으로 재수생이 10만 명 이상 줄어든 현상을 반가워하는 것이다.

그러나 맹목적인 대학진학을 포기한 재수생이나 고졸 미취업자들에 대한 취업 문호확대 대책이 뒤따르지 않으면 재수생 감소현상은 일시적인 것으로 끝날는지도 모른다. 새 대입제도하에서는 아예 틀렸으니, 불법·탈법의 도피성 해외유학을 택한 부유층 재수생이 많아진 것이 재수생 격감의 원인이 됐다면, 오히려 더 나쁜 현상일 수도 있다. 정책 당국이 재수생 격감의 정확한 원인분석과 함께 고졸 미취업자들에 대한 정책의 손길을 펴야 할 때가 됐다. 서둘러야 할 것이다.

(94. 1. 28.)

6) 명도엔 명물도 많은데…

세계적으로 이름이 난 도시에는 그 도시를 대표할 만한 상징적인 명물이 한두 개씩 있다. 이러한 상징적 명물 중에는 건축문화의 극치를 자랑하는 건물이나 교량 등 건조물이 주를 이루지만, 산 또는 강이나 호수 등 자연환경이 한몫을 하는 곳도 있다. 작은 동상 하나가 도시를 상징하는 명물 노릇을 하는 도시도 있지만 어색하지가 않다.

에펠탑이나 에트왈 개선문 하면 누구나 프랑스의 수도 파리 시를 연상한다. 골든 게이트 브리지(금문교) 사진만 봐도 미국의 샌프란시스코를 생각하게 되고 엠파이어 스테이트 빌딩이나 횃불을 높이 치켜든 자유의 여신상이란 말만 들어도 뉴욕 시를 기억하게 된다. 불가사의한 건조물인 만리장성은 아예 중국이란 나라를 상징한다. 자금성과 천안문 광장은 북경을 상징하기에 충분하다. 세계적인 명성을 날리는 명도가 명물을 만드는 것인가. 명물이 명도의 명성을 더욱 드높이게 하는 것일까. 그 선과 후 그리고 상관도를 한마디로 답하기는 어렵겠지만, 우리로서는 여간 부러운 일이 아닐 수 없다.

올해로 정도 6백 년을 맞는 서울은 고도이다. 고도가 된 지 2천 년이 훨씬 넘는 이탈리아의 로마 시(정도 2503년), 터키의 앙카라 시(2293년), 그리스의 아테네 시(2003년), 1천 년의 도읍지인 이집트의 카이로 시(1020년)나 프랑스의 파리 시(1006년)만은 못하지만, 서울은 세계에서 13번째로 오래된 수도다. 북경 시(573년), 마드리드 시(429년), 동경 시(403년)보다 훨씬 오래됐다. 인구 1천97만 명을 포용하고 있는 서울은 인구 규모면에서는 세계 4위의 거대 도시이다.

초거대도시인 서울은 그러나 안타깝게도 세계 어디에나 내놓을 만한 명물이나 명소를 갖고 있지 않다. 국보 1호인 남대문과 경복궁·덕수궁·창덕궁 등 고궁, 남산과 한강 등이 있지만 서울을 대표할 만한 상징적 명물이라 할 수 있을까.

내국인들에게는 그럴는지도 모른다. 그러나 꼭 집어서 서울을 대표적으로 상징할만 하다고 외국인들에게 내세우기에는 부족하다는 느낌이 없지 않다. 세계인들이 '서울'하면 '남대문'을 연상할 수 있고, '남대문'하면 '서울'을 생각할 수 있겠느냐에 자신감을 가질 수가 없다.

하지만 그게 어디 어제, 오늘의 일이었던가. 서울의 '상징물 부재' 타령을 왜 새삼스럽게 한단 말인가. 그럴만한 이유가 있다. 올해가 바로 '서울 정도 6백 년'이 되는 해이기 때문이다. 옛 서울과 앞으로 수백 년을 지속하게 될 미래의 서울을 생각해 보지 않을 수 없기 때문이다.

미래의 서울을 위해 서울을 상징할 '무엇인가'를 만드는 일을 지금부터라도 시작했으면 하는 바람 때문이다. 낡고 헐어 언젠가는 다시 지어야 할 '서울시 청사'를 서울의 대표적인 상징물이 될 수 있게 계획해 볼 수도 있지 않을까 하는 생각도 해본다. '서울 6백 년' 기념사업을 추진하는 서울시가 기념비적 사업으로 추진했으면 좋겠다.

(94. 2. 4.)

7) 무한책임의 자녀 교육관

미국의 보통가정에서는 자녀의 '16세 생일'을 아주 뜻깊은 날로 여겨 의식에 가까운 생일파티를 해준다. 정장차림도 시키고 남녀 친구가 있으면 정식으로 초대해 부모에게 소개하도록 한다. 16세의 생일이 지나면 부모의 보증으로 자동차 운전면허도 받을 수 있다. 가정과 사회가 '준성인 대우'를 하기 시작한다.

이러한 관습은 자녀가 고교를 졸업하는 '18세'가 되면 "집을 떠나야 한다"는 무언의 통보이며, 자녀들은 '둥지를 떠날 각오'를 새롭게 한다는 전통적 의미가 담긴 것이라고 한다. 부모의 품을 떠나는 18세의 생일이나 바로 전해인 17세의 생일이 아니고 하필이면 '16세의 생일'을 우리의 성년식처럼 해주는 정확한 유래까지는 미처 알아보지 못했다.

그러나 고교를 졸업한 자녀는 대학에 진학해 기숙사에 들어가든, 취업 전선에 나가든, 독립적으로 살아가야 하며 부모는 더 이상 자녀교육에 연연하지 않는다는 것이 보통 미국인들의 합의된 자녀 교육관인 것만은 분명하다. 실제로는 모든 자녀가 집을 떠나지도 않고, 부모가 강제로 내쫓거나, 학비를 전혀 안 주는 것도 아니지만 18세가 넘은 자녀는 독립적인 생활로 공부도 하고 결혼도 해야 한다는 것이 미국인들의 가치관이자 가족관계의 기본이라는 것을 알 수 있다.

우리는 어떠한가. 자녀교육에 관한한 부모들은 무한책임을 지는 것을 당연시하고 있다. 그것을 다하지 못하면 부모의 도리를 못한 것이 된다. 대학은 말할 것도 없고 대학원 외국유학까지도 못 보내서 한이다.

시집·장가보내고 아파트든, 전세집이든, 살집까지 마련해 줘야만 부모가 할일을 했다고 생각한다. 자녀에 대한 부모의 이러한 무한책임의 현실적 표현이 바로 교육을 많이 시켜야 한다는 것으로 나타내려 한다. 자녀

교육이 모든 가치에 최우선하는 이유가 바로 여기에 있다. 대학입시가 온 국민의 최대 관심사가 될 수밖에 없고, 입시전쟁이 치열해질 수밖에 없는 이유 또한 마찬가지다.

고교졸업생의 80% 이상이 대학에 가겠다고 아우성인 나라가 세계 어디를 봐도 우리밖에 없다. 아들은 부모 1백 명 중 96명 이상이, 딸도 93명 이상이 대학에 보내야겠다고 벼르는 부모들의 고학력 열기가 식지 않으니 20만 명이 넘는 청소년·소녀들이 재수와 삼수를 하지 않을 수 없는지도 모른다.

그렇게 해봤자 4년제 대학은 3명 중 1명이 갈까 말까 하다. 대학입학 정원이 적어서가 아니다. 너무 많이 가려하기 때문이다. 그처럼 어렵게 대학에 가서 4년 공부를 마쳐봤자 출세를 하는 세상도 아니다. 일자리도 잡지 못해 실업자 신세가 된 학사만도 십수만 명이 되는 게 현실이다.

우리 사회는 지금은 물론이고 가까운 장래에도 대학졸업자를 모두 수용할 만큼 충분한 일자리를 창출하기에는 역부족일 것 같다. 이러한 데도 부모들은 자녀들의 교육과 사회진출을 뒷받침하기 위해 '끝도 없는 책임과 의무'를 다하느라고 자신들의 인생을 언제까지 희생시켜야 하는 것일까. 부모는 자녀교육을 '어디까지' 시켜 주면 최소한의 의무를 다했다고 할 만한 국민적 합의나 자녀 교육관을 우리 나름대로 새롭게 정립해 볼 수는 없을까. 우리 모두가 생각해 보자. 교개위가 교육개혁 과제의 하나로 공론화도 해 봤으면 한다.

(94. 2. 18.)

8) 대학정원자율화의 전제

대학으로부터 28년 전에 몰수됐던 대학정원조정권이 머지않아 교육부의 손을 떠나 대학에 환원될 것이라는 소식이다. 교육부가 대학정원조정권을 대학에 일임하기로 정책결정을 이미 했고 구체적인 준비작업에 착수했다는 것이다. 그 용단에 찬사를 보내고 싶다. 막강한 권한을 내놓게 된 데 아쉬움은 없었을까. 괜한 궁금증까지 발동한다. 교육부가 짜놓았다는 대학정원자율화 일정부터 보자. 외부 연구진에 연구를 의뢰한 정원자율화 방안이 오는 6월까지 나온다. 이 시안을 8월까지 공청회 등에 부쳐 여론을 수렴하고 최종안을 연말까지 확정한다. 내년 1년 동안 대학들로 하여금 정원조정권 반환에 따른 준비를 시키고 96년부터 정원조정권을 대학에 넘긴다는 계획이다.

교육부의 계획이 차질없이 진행된다면 우리 대학들은 대학자율권의 핵심이라 할 정원 조정권한을 실로 30년 만에 되찾게 되는 셈이다. 66년에 대학정원조정령을 제정 시행하면서 빼앗겼던 권한을 반환받게 되는 것이다. 대학들이 거는 기대가 얼마나 크리라는 것은 짐작이 가고도 남는다. 대학 특히 사학들이 그동안 정부가 하라는 대로 고분고분할 수밖에 없었던 가장 큰 원인을 따지자면 입학정원조정권에 목이 매여 있었기 때문이다. 학생등록금이 대학운영비의 절대 몫을 차지하는 사학은 입학정원을 더 받고 덜 받는 것이 바로 대학의 존립과 직결되는 중대사안이다.

대학들이 가르칠 만큼의 학생을 뽑을 수 있는 결정을 스스로 행사하는 것은 대학자율권한의 기본이랄 수 있다. 그러나 정원자율화 방안이 어떤 식으로 만들어지느냐에 따라 대학들의 기대와 실망이 또 한번 교차될 수 있는 여지는 많다.

우리 대학들이 많이 달라지고 있는 것은 사실이다. '변화와 개혁'의 시대, 문민정부하에 대학들이 변화하려는 노력은 각별했다. 평가인정을 받겠다며 경쟁을 선언한 대학도 많아졌고, 대학교육을 한 차원 높이기 위한 교수평가제를 도입하려는 대학들도 줄을 잇고 있다.

이만하면 우리 사학은 이제 입학정원쯤이야 스스로 결정해도 될 만큼 자율권이 성숙했다고 봐도 좋을 것인가. 정원조정 자율권을 모든 대학에 한꺼번에 똑같은 내용으로 되돌려줘도 과연 괜찮을 것인가.

대학들이 듣기에는 거북할지 모른다. 그러나 선뜻 그렇다고 답하기에는 어렵다는 생각을 하게 된다. 때문에 정원조정자율권을 획일적으로 반환하기 보다는 선별적으로 차등화해서 연차적으로 되돌려 주는 방안을 권하고 싶다. 증원을 하라 해도 마다할 정도로 성숙한 자율성을 발휘하는 대학들에게는 학생선발 권한까지를 넘겨준들 무슨 문제가 있겠는가. 그러나 '정원자율화=대폭 증원'을 택할 대학들은 아직도 많다. 또 정원자율화가 이공계나 자연계보다는 돈 적게 드는 인문계나 사회계의 입학정원이나 주로 늘리고, 인기학과 위주의 증원을 해 대학정원을 또다시 폭증시키는 계기가 돼서는 절대 안 된다. 이를 방지할 전제조건을 확실하게 만들어 놓아야 한다. 지금의 대학입학정원 23만 6천 명은 결코 적은 것이 아니기 때문이다.

(94. 2. 25.)

10. 철학의 빈곤

1) 새로운 반민주

민주주의란 무엇인가. 그것은 어떻게 해야 꽃 피울 수 있는 것인가. 이론과 방법론은 많다. 그중에서도 핵심적인 것은 모든 국민들에게 자유와 평등을 보장하는 것이라고 정의되기도 한다.

법 앞에 만인이 평등하다는 진리의 실현이 그 기초적인 조건이 되는 것이다. 그러나 이러한 정의와 기초 조건을 외면한 채 민주주의란 말만을 남용하고 도용하는 경우는 너무나 많다.

자유주의 국가가 아닌 공산주의 국가에서마저도 '민주주의○○공화국'이라는 국체를 들고 나오리만큼 너도나도 민주주의를 표방하고 있다. 권위주의적 독재정권이나 극악한 공산정권일수록 그 비민주성을 호도키 위해 '민주'라는 너울로 스스로의 흠집을 가리려고 한다. 이렇다 보니 민주주의의 실체가 어떤 것인지, 그것을 가시적으로 판별할 기준을 찾기가 더욱 어려워진다.

정치학적인 설명에 의하면 국민들의 자유와 평등한 법적 신분상태를 극명하게 보여주는 보통·평등·직접·비밀투표의 실시 정도에 따라 민주주의 존재 여부가 결정된다는 것이다. 이 같은 시각으로 본다면 민주주의가 말로만 존재하느냐, 구체적인 모습으로 실재하느냐는 것은 헌법이나 국체와는 별로 상관이 없어 보인다. 그것은 지난날 우리의 정치실상을 돌이켜보면 쉽게 알 수 있을 것 같다.

부산정치파동(52년), 사사오입개헌(54년), 3·15부정선거(60년), 5·16군사혁명과 유신체제, 5·17사태 등은 한국 민주주의의 실현에 단절과 굴절을 강요했던 크나큰 상처들이다.

서구 민주주의가 완숙하기까지 2백여 년의 과정에서 겪었던 고난사를 열거하기도 하고, 우리 정치문화 토양의 특수성을 들먹이며 그 단절과 굴절을 당연한 것이라고 말하는 사람도 많다. 그러나 그것이 얼마나 어처구니 없는 궤변이며 자기합리화였든가를 지금은 더이상 따질 때가 아니다. 그 불행했던 단절을 잇고 굴절을 바로 펴 민주궤도에 올려놓기까지 우리는 얼마나 많은 진통을 겪어야 했으며, 진정한 민주방식의 투표를 할 날을 얼마나 열망했던가. 그러했기에 '6월의 승리'는 더욱 위대한 것이다. 지금 우리는 그렇게도 염원했던 '내손으로 직접' 대통령을 뽑을 날을 한 달도 채 안 남겨 놓고 있는 처지이다.

그런데 이 어찌된 일인가. 유세장에 불길이 치솟고 돌멩이가 난무한다. 동서로 갈리어 '지역 대통령'이라도 뽑을 것 같은 '지역감정'이 불타오르고 있다. 무엇을 하자는 것인가. 이런 일을 하자고 그 많은 세월을 최루가스 속에 살아 왔는가. 지역감정을 부채질해서라도 대권을 잡으면 민주주의를 할 수 있다고 보는지 묻지 않을 수 없다. 지역감정과 정치폭력, 그것은 민주역정에서 겪어야 했던 단절과 굴절에 못지않는 새로운 반민주적 행위이다.

그런데도 정치인들은 책임전가만을 일삼고 있다. 국민을 분열시키는 지역감정을 뿌리 뽑는 데 몸 바쳐 '5년 임기'가 아닌, 영원히 기억될 정치인은 정말 이 땅에서는 나올 수 없을 것일까. 흑인노예제를 폐지한 미국의 링컨과 같이 진짜 위대한 정치가를 우리도 한 번은 가져 보고 싶다.

(87. 11. 18.)

2) 철학의 빈곤

50년대 말 미국과 소련은 우주개발 경쟁에 돌입했다. 소련은 미국보다 먼저 우주선을 쏴 올려 미국을 앞질렀다. 미국민들의 높은 콧대가 납작해지리만큼 의기소침해질 수밖에 없던 것은 당연하다. 그 후의 선거에서 케네디는 미국민들의 마음속을 정확히 읽었다. '뉴프런티어'(새로운 개척사) 정신을 정치모토로 들고 나왔다. 미국민들의 마음속에 희망과 활기를 불어넣기에 충분했고 그 덕으로 임기와 지지를 얻어 승리했다.

음융한 닉슨이 워터게이트 망령에 걸려 대통령 자리에서 쫓겨났을 때 미국민들의 체면은 말이 아니었다. 불신풍조가 만연하고 정치윤리가 땅에 떨어졌던 때에 카터는 도덕정치의 기치를 들었다. 카터의 우유부단한 외교로 대소 무력경쟁에서 미국이 뒤지는 듯 했을 때 레이건은 '힘의 우위'를 내세워 '세계 제일이여야 한다'는 미국인들의 자존심을 되살려 놓음으로써 대통령이 됐다. 이처럼 선진 민주정치국가들의 선거이슈와 캐치프레이즈를 자세히 보면, 그 시대의 국민적 갈등과 불만이 무엇이었던가를 알 수 있다. 그리고 선거는 한 정권이 저지른 과오나 실정을 깨끗이 여과시켜 줌으로 해서 새 정권에게 짐이 되지 않게 하는 것이 특징이다.

이제 우리의 선거는 본격전에 접어들었다. 거리마다 현수막이 걸렸고 길가 담벽과 전신주에까지도 후보들의 포스터가 어지럽게 나붙어 눈길을 끈다. 전국에 메아리치는 사자후와 환성과 박수소리가 그치는 날이 없다. 거리와 다방, 음식점과 술집에서, 사무실과 안방에서 사람들은 선거를 말하고 핏대를 세우며 소리를 높인다. 아직은 뚜렷하게 앞선 후보도 눈에 띄는 것 같지는 않다. 유권자도 극렬지지자와 극렬반대자들만이 돋보일 뿐 대부분은 '아! 이 사람이다'고 아직은 마음을 정한 것 같지도 않다.

이번 선거의 의미는 실종됐던 통치권의 '정통성' 회복에 있다. 자유스럽고 공정한 선거, 그리고 정정당당한 대결로 선출되어 정통성 시비는 더 이상 없어야 할 것이다. 하지만 지금 벌어지고 있는 선거운동의 꼴새를 보면 깨끗한 승리와 뒷말 없는 '승복'이 과연 가능할 것인가 하는 의문의 구석이 없지도 않다. 물량과 금전살포의 타락선거 조짐이 보이고 선거 후 분열을 초래할 극과 극의 대립양상이 너무나 분명해지고 있기 때문이다.

더욱이 후보들이 입만 열면 쏟아 내는 공약들을 보면 한심하다는 생각도 든다. 너무나 지엽적이고 평면적이며 눈앞에 보이는 것들뿐이고 선심위주의 얄팍한 것들이어서 그렇다. 그렇게 뿌리깊은 지역감정을 뿌리뽑을 용기있는 후보도 안 보인다. 오히려 선거 뒤를 우려할 새로운 갈등의 씨앗들을 마구 뿌리고 있는 것 같다.

불신풍조와 비틀리고 희극적인 발상의 확산에 대한 처방전도 볼 수 없다. 국민들의 마음속에 와 닿는 차원높은 정치모토, 선거공약이 너무나 없다. 한마디로 말해 미래지향적인 정치비전의 부재다.

철학의 빈곤 때문인가. 이래 가지고서야 어찌 정치선진화로 진입할 수 있을 것인가.

이번 선거를 통해서 미래지향적인 정치풍토가 성큼 다가서기를 바라는 것은 아무래도 너무 성급한 주문일 것만 같다.

(87. 11. 2.)

3) 농민파워

빈집들이 많다. 살아 줄 주인이 없어 퇴락한 모습으로 무너지는가는 농가들. 벽지농촌의 어느 마을에서나 쉽게 볼 수 있는 슬픈 풍경이다.

돈이 될까 해서 고추를 많이 심으면 영락없이 고춧값이 떨어져 손해를 봤고, 마늘을 심으면 씨앗값도 못 건지기 일쑤였다. 농민들은 그 지독했던 소값 폭락과 돼지값 파동의 세월을 생각하기 마저 싫다.

지쳐버린 농촌 사람들은 솔권하고 도시로 떠나갔다. 공장을 찾아간 처녀들은 돌아오지를 않는다. 빚에 쪼들리고 시집오겠다는 처녀마저 없게 돼 앞이 캄캄해진 영농후계자들은 버티기가 힘겨워졌다. 그들중에는 비극을 자초한 사람들도 있었던 것을 우리는 아직도 기억한다.

피폐한 농촌의 실상이다. 통계가 그것을 실증해 준다. 85년 인구센서스 결과를 보면 60년 이후 전국의 주택증가율은 67%나 된다. 그것은 모두 대도시와 중소도시에서 지어진 것이다. 군단위 지역, 즉 농촌주택은 75년 이후 반대로 3.4%가 줄었다. 있던 집마저 없어졌다는 얘기다. 65년의 농가인구는 전체 인구의 55.1%로 절대적이었다. 그 후의 산업화 일변도 정책은 도시만 살찌우고 농촌을 메마르게 해버렸던 것이다. 80년의 농가인구는 28.4%, 85년에는 20% 이하로 뚝 떨어졌다. 전체 인구의 65.4%가 도시에 몰려 살고 34.66%만이 군지역에 산다. 이중 8백만 명 정도가 순수한 농가인구이다.

지난 20여년 동안 이농 인구가 얼마나 엄청난 것인가를 말해 주는 것이다. 그만큼 농촌에는 사람이 줄었다. 산업화의 성숙에 필연적인 '도농 인구비의 선진국화'라는 정부 당국의 설명이 별로 반갑지가 않다. 농촌의 희생을 딛고선 비대한 도시의 추악한 뿌리를 보는 것 같은 심사마저 든다.

이처럼 홀대당해 왔고 그늘에 가렸던 농촌에 선거가 스포트라이트를 쏘아대고 있다. 4조 원이 넘는 부채를 탕감해 주겠다고 하며 5년 내 소득 2배를 약속하기도 한다. 농산물 가격보장·저리융자·농촌근대화 10년 계획 등 좋은 것, 이제까지 못 했던 것을 다해 주겠다고 대통령 후보들이 열을 올린다. 그러나 농민들에게는 표를 달라는 소리로 밖에는 더 이상 가치가 없다는 표정들이다. 선거가 끝나면 '괜한 헛소리'가 될 것이 뻔하다는 것을 오랜 경험으로 터득한 탓일까. 그들에게는 그 실천을 보장받아낼 힘이 없기 때문일까.

산업 선진국이라고 해서 농민의 파워가 모두 우리처럼 허약한 것은 아니다. 미국의 농민들은 강하기만 하다. 1세기 전 미국 인구의 80%가 농민이었다. 50년대 이후 8%로 떨어졌으나 그때의 파워와 혜택을 여전히 누리고 있다.

캘리포니아 주 의회의 '볏짚논쟁'은 농민파워의 강도를 실감나게 보여준 사례다. 평원에서 추수 후 일시에 볏짚을 불태울 때면 연기·재·냄새가 인근 도시까지 뒤덮여 공해 문제가 됐다. 주 의회가 태우지 못하게 법을 제정하려 했으나 '거름이 되고 병충해를 죽인다'는 농민들의 압력에 '시차제 소각'을 권고하고 말아야 했다. 지금 우리가 당하고 있는 미국 농산물 수입압력도 농민들의 거센 목청 때문이다.

우리 농민들은 언제쯤 이만한 주장과 권익을 보장받을 수 있을 것인가. 언제까지 정치가 베푸는 시혜만을 기다려야 할 것인가. 이번 선거야말로 농민들이 정당한 권리행사를 통해 농민파워가 싹트고 있음을 보여줄 절호의 기회가 될 것을 기대해 본다.

(87. 11. 24.)

4) 선거와 변수

선거는 이변을 낳게 마련이다. 선거운동기간에 돌출하는 변수가 어느 쪽으로 작용해 전혀 예기치 못했던 결과를 가져오기 때문이다.

'2·12 국회의원선거' 결과는 우리의 선거사상 가장 놀라왔던 이변으로 기록되고 있다. 선거 직전에 급조된 신민당이 그렇게 많은 국회의원을 당선시키리라고는 신민당도 몰랐던 일이다. 50명 당선이란 놀라운 결과는 가히 이변이기에 충분했다.

그 이변을 몰아온 변수는 무엇이었을까. 운동권 학생들이 바람을 몰아줬기 때문이라고 보는 사람도 있고 중산층들의 마음속에 굳어진 응어리가 약자편으로 집중 표출된 결과라는 해석도 있다. 유권자들은 어차피 불확실성 속에서 표를 던질 수밖에 없다. 끝없는 논쟁과 선심공약의 늪속에서, 선전물의 홍수와 상호비방과 변명을 귀 아프게 들으면서 투표를 한다.

선거공약이나 특정이슈에 대한 후보들의 입장을 비교 분석해 보고 이성적인 판단을 하는 유권자는 많지가 않다. 사실 그것은 그렇게 가치가 있는 것도 아니다. 정치인들이란 본디 말과 본심이 다르게 마련이며 선거 때는 더욱 그렇기 때문이다. 그래서 어느 편을 들기로 작정한 유권자를 제외하고는 선거운동기간에 돌출하는 변수에 따라 마음이 흔들리게 되는 것이다. 이번 선거에서는 어떤 것이 그런 변수가 될 것인가.

그 첫째는 누구나 다 아는 것이다. 양 김 씨의 독자출마가 바로 그것이다. '6·29' 직후 많은 사람들은 이번 대통령 선거야말로 여와 단합된 야의 일대 회전이 되리라고 믿었고 양 김 씨도 그것을 수없이 공언했다. 하지만 그것은 끝내 성사되지 못했고 야는 양분됐다. 예측불허의 불리한 변수를 스스로 만든 셈이다.

김종필 씨의 공화당 출현도 또 하나의 변수가 될 것이 분명하다. 유세마저 쉽지 않으리라던 당초의 예상을 뒤엎고 4자 대열을 만들어 세를 이루고 있다. 누구 쪽의 표를 어느 정도 잠식할는지 알 수 없지만 변수가 되기에는 충분한 것 같아 보인다.

이른바 '민중세력'을 대표하는 백기완 후보도 야성향계에 새 변수가 될 것이라는 여론도 있다. 백기완 후보가 꼭 누구의 표만을 깎아 먹을 것이라는 예측이야 차치하더라도, 그의 출마를 다른 차원에서 보려는 사람들도 많아 관심이 간다. 반독재 투쟁과 민중운동으로 일관해 온 백 씨를 미는 운동권 세력을 흡수할 만한 혁신정당 부재 차원의 견해이다. 그가 얼마만큼 표를 모으느냐에 따라서는 이념정당이나 진짜 혁신정당이 입신할 전기가 마련될 수도 있지 않겠느냐고 보는 것이다.

백 씨와 주장과 이념이 다르기는 하지만 80년대 초부터 프랑스에서 극우세력의 기수인 르펜의 입신을 예로 들기도 한다.

르펜은 프랑스의 경제위기 속에서 외국이민철폐 등 국수주의 바람을 일으켜 10% 유전자의 지지를 얻어 33명의 국회의원을 당선시켰다. 당당한 정치세력을 형성해 상승가도를 달리고 있다는 것이다. 어쨌든 선거는 결과가 말하고 그 결과를 낳게 할 변수는 아직도 많은것 같다. 야가 막판에 합치거나 4자 중 누가 사퇴하는 큰 변수도 배제할 수 없을 것 같고, 누군가가 끝판 장세를 휘어잡을 큰 바람을 일으킬 수도 있을 것이다. 그러나 이변을 만들 비장의 변수는 정정당당한 것이어야 한다. 그래야만 뒤탈이 없을 것이다.

(87. 11. 27.)

5) 선택의 기준은…

지미 카터가 미국 민주당 대통령 후보로 부상했던 76년 중반께의 자그마한 에피소드가 기억난다. 조지아주 남부에 있는 카터 후보의 고향인 플레인즈는 주민이라야 겨우 6백83명뿐인 시골이다. 이 작은마을 길가에서 카터 후보의 막내딸 애미 양(8세)은 아버지 때문에 유명해져 찾아드는 관광객들에게 레몬주스를 팔아 하루 23달러씩을 벌어 아버지의 선거 자금을 보태고 있었다.

이를 본 미국 언론들은 애미 양의 소꿉장난 같은 장사모습을 사진과 함께 보도하면서 아래와 같은 사족을 단 신문이 있었다. "만일 애미 양이 뉴욕시내 길가에서 레몬주스 장사판을 벌였다면 경찰을 비롯, 10여 개의 관련 행정기관이 규제하려고 출동했을 것"이라고. 대도시에서는 어린이가 성장할 때 '무엇을 해보자는 꿈'이 긍정적으로 길러지는 것이 아니고 '무엇을 해서는 안 된다'는 부정적 제동에 움츠러들도록 훈련된다는 의미가 함축된 것이어서 인상적이었다. 도시에서 어린 시절을 보내면 사람이 작아지게 마련이어서, 큰 인물은 시골에서 나온다는 역설적 설명으로 시골정객 카터를 추켜세웠던 것이다.

큰 정치 꿈나무는 대부분 시골의 평화스럽고 거칠 것 없는 생활 환경 속에서 자란다고 한다. 외국에서도 그렇지만 우리에게도 통할 수 있을 것 같다. 독립투사나 역대 대통령 등 위인들은 거의가 다 시골 출신이었으니 말이다.

이번 선거에서 4명의 후보들도 모두 그러해서 공교롭다는 생각까지 든다. 노태우·김영삼·김대중·김종필 후보들은 다 같이 리 단위의 시골 출생으로 초등학교 때까지 농촌과 어촌에서 자라났다. 모두가 중농 정도의 가정환경에서 청소년기를 보냈으니 성장기의 큰 굴절이 있었던 것 같지도 않다.

선거운동기간에 공개된 그들의 신상명세를 보면 20세 전후 무렵에 노후보는 육사생도였고, 김영삼 후보는 대학생으로 정치가의 꿈을 키우고 있었다. 김대중 후보도 건준에 참가, 정치지향성을 보이고 있었으며 김종필 후보는 벽지교사를 걷어 치우고 대학에 갔다가 다시 진로를 바꿔 군문에 들어가 있었다. 30세를 전후해서 양 김 씨는 국회의원 또는 국회의원 지망생으로 정치가의 발판을 굳히고 있었으며, 노 씨와 다른 김 씨는 영관급 장교가 되었었다.

이들 4후보의 청년기까지의 성장과정을 바버의 성격 형성론에 대입해 보면 지도자로서의 인품이 보일 듯도 하다. 미국의 정치학자 제임스 바버에 의하면 사람의 성격은 유아기와 아동기에 형성된다. 감정반응 활동력 판단력의 뿌리가 이 시기에 자리잡게 된다.

중학교 때부터 20대 초반의 청소년기에는 인간성, 인생관과 세계관이 정립된다. 20대 중반부터 30대 초반까지 청년기에 스타일이 체질화한다. 설득력, 조직력, 관리능력 등 지배방법을 개성화한다는 것이다.

과연 누가 이 시기에 적합한 지도자로의 인품을 갖추고 있는 것일까. 지도자의 이미지와 개성의 근원이 되는 인품은 선거에서 가장 두드러진 선택의 한 기준이 되는 것은 분명하다. 물론 이념과 정책에 비중을 더 두기도 하고 공약에 끌려 투표할 수도 있다. 정당을 보고 결정하기도 한다. 또 선거가 지니는 시대적 의미와 그때의 국민적 여망이 무엇이냐가 우선적인 기준이 될 수도 있다. 이번 선거에서는 어느 것이 가장 우세한 선택의 기준이 될 것인가.

결정의 날은 2주밖에 안 남았다.

(87. 12. 1.)

6) 79만 명의 열병

입시철이 다가왔다. 오는 10일이 고교입학 연합고사일이고 전기대학의 시험날이 22일이다. 18일밖에 안 남았다. 예년 같으면 교회와 산속에 '합격소원 행렬'이 장사진을 이루고 신문이 북치고 방송이 장고쳐서 나라

안이 온통 입시열기에 휩싸일 때이다.

그러나 이번 입시시즌은 국가대사인 대통령 선거열풍에 밀려났음인지 겉으로는 조용해 보인다. '선지원 후시험'으로 점수를 알지 못한 상태에서 지원을 해야만 했기에 눈치작전, 요행·도박성 지원 현상이 거의 없었다고 한다. 아수라장 같던 막판의 혼란과 혼잡도 사라졌다고 들린다.

하지만 이번 대학입시가 겉모양처럼 정말 차분한 것일까. 입시열병이 사라진 것일까. 수험생들과 학부모들의 불안과 경쟁열기는 그 어느 때보다 더할 것이 분명하다. 내열하고 있을 뿐이다. 불안의 요인이 전보다 많기 때문이다.

눈치만 잘 보면 지원만으로 합격이 결정되기도 했던 '선시험 후지원' 때와는 달리 대학이 시험을 관장, 재량의 폭이 넓어졌고 8년 만에 처음으로 주관식 시험도 치러야 하기에 수험생들은 한층 불안할 수밖에 없다. 또 입학의 문마저 좁아진 데다 전기대학에 집중지원(지원율 73.2%), 경쟁열기는 더욱 치열해졌다. 입시열병의 깊은 뿌리는 여전한 것이다. 해묵은 입시철의 유감이 또 한 번 새로워진다.

계속되어온 추세를 보면 병든 입시풍토가 밝아질 전망은 흐리기만 해 더욱 그렇다. 졸정제란 명분으로 대학문을 한때 넓혀도 봤지만 허사로 끝났다. 대학을 가겠다는 고졸자는 해마다 늘어나지만 대학의 수용률은 반대로 떨어지고 있으니 근치될 리가 없다.

82학년도 36%까지 올라갔던 대학의 수용능력은 87학년도 26.05%까지 떨어졌고 이번 입시에서는 24.75%까지 낮아질 수밖에 없다. 대학진학을 원하는 76만 5천6백여 명 중 대학이 받아들일 인원은 18만 9천5백여 명에 불과한 것이다. 전문대학 (입학정원 10만 7천1백30명)까지 합쳐도 수용률은 38.75%밖에 안 된다. 결국 이번 입시에서도 46만 8천9백여 명이 탈락을 해야 한다.

그렇다고 대학의 문이 좁다고만 탓할 일도 아닌 것 같다. '대학을 가야만 잘 살 수 있다'는 고학력 지향의 비틀린 사회풍조에 문제의 핵심이 있기 때문이다. 그것이 얼마나 심각한가는 고졸 예정자의 대학진학 희망률이 입증한다.

88학년도 고졸예정자는 69만 3천5백12명이다. 이들 중 50만 9천2백65명이 대학진학을 원하고 있다. 73.43%, 즉 10명 중 7.3명 이상이 대학을 가야겠다는 뜻이다. 지난해(70.64%)보다도 거의 3%가 증가했다. 증가폭도 엄청나지만 절대치가 너무 놀랍다.

이 같은 고학력 지향 풍조는 가히 세계제일임에 틀림없다. 대학교육이 벌써 대중화 단계에 이른 미국의 고졸자 대학진학률도 아직은 60%를 넘지 않고 있다. 엘리트 대학교육을 고수하는 영국, 프랑스, 서독은 20% 안팎이다. 대학을 안 가도 잘 살 수 있어 기를 쓰며 대학에 가려고 하지 않는다.

우리처럼 너도나도 대학을 가야 한다는 사회풍조가 계속되는 한 입시열병을 치유할 특효약은 없다. 입시제도를 바꾼다고 나아질 것도 없고 대학을 무수히 만들어서 될 것도 아니다. 이미 우리는 고학력 양산사태에 직면해 있기 때문이다. 문제는 '대학을 안 가도 잘 살 수 있는 사회'를 만든 데서부터 풀어야 한다. 새 시대의 정치가 해야 할 일이다. 기대를 걸어보자.

(87. 12. 4)

7) 경쟁과 투쟁

이번 선거가 쌓인 갈등을 해소하고 응어리진 한을 풀고 대화합을 가

저울 국민적 축제가 되기를 바랐던 것은 애당초 잘못된 기대였던 것 같다. 초반전부터 휘몰아진 지역감정에 시달리고 폭력에 멍들어가며 종반전에 이른 선거전의 양상은 너무나 달아올랐고 너무 과격해 불안스럽다.

6, 7일의 마산과 여수 유세에서도 역시 돌멩이가 날고 불길이 솟고 차량이 불타고 부서졌다. 보기가 섬뜩하다. 상호비방과 인신공격의 소리가 안방에까지 들린다. 중상모략과 흑색선전의 유인물이 담장 너머로 날아들고 금전살포의 추태가 도처에서 눈에 띈다. 타락하고 부정한 선거전의 판세가 민주화의 도정에 먹구름을 드리우는 것 같기도 하다.

실어오고 끌어오는 군중을 놓고 판세다툼을 하는 전근대적이고 낭비적인 유세장, 피차의 지역에서 유세도 마음 놓고 못하는 극렬한 대립감정, 어떤 곳에서는 벽보마저 붙일 수 없는 험악한 분위기는 무엇을 하자는 것인가 안타깝기만 하다. 일당 시비 농성의 추태, 선거관리사무 방해, 정당사무실 습격 등의 폭력이 날뛰고 탈법·혼탁선거전의 꼴새가 더욱 짙어가고 있다. 벌써 직전제 선거의 한계상황을 걱정하는 소리까지 들린다.

후보들마저 내가 안 되면 '혼란이 온다' '위기가 온다'고 막 부추겨 놓는 위협적 분위기와 위기설은 많은 유권자들을 겁에 질리게 만들어 놓았다. 서로가 '군정종식' '안정속의 변화'를 장담하지만 어느 누구에게서도 '불안없는 신뢰감'을 확신할 수 없는 뜻있는 사람들은 오히려 선거뒷일을 걱정하며 부동하고 있는 것 같다.

이 후보가 되면 이런 위험이, 저 후보가 되면 저런 뒤탈이 예상된다는 걱정하면서 혼란스럽고, 후유증없이 나라를 이끌고 갈 후보가 과연 누구냐는 식이다. 민주장정의 큰 뜻이 담긴 선거, 그래서 흠없이 맑고 공명정대해야 할 이번 선거가 타락과 부정 그리고 극한대결의 양상으로 치닫고 있는 연유는 무엇에서 비롯된 것일까. 한 정치학자에 의하면 대통령 선거를 어디까지나 '경쟁'으로 인식해야 하는데도 이 땅의 정치풍토는 아직도 대권쟁탈을 위한 '투쟁'으로 의식하는 데서 비롯되는 것이라 설명이다.

합의개헌에 의한 민간·민주정부를 만들기 위한 이번 선거는 법절차를 통한 공정한 경쟁이어야 하는데 후보와 지지세력들은 경쟁 아닌 투쟁만을 생각, '생사를 건 싸움'처럼 극렬한 대결을 하고 있다는 것이다. 따라서 경쟁으로의 의식전환이 없는 선거운동은 페어플레이일 수도 없고 대화합의 출제는 더욱 기대할 수 없다는 것이다.

또 다른 학자는 선거야 본디 갈등의 요인이 있게 마련이니 다소의 싸움은 이해할 수도 있지만, 지금 같은 분열과 극한대립이 후유증을 낳아 '선거의 정착'을 방해할까 우려가 된다고 말한다. 선거가 금전살포로 만신창이가 되고 분열을 조장할 때, 행여나 그것이 빌미가 되어 선거기피나 선거무용론 같은 지난날의 악몽이 되살아날까 봐 걱정된다는 것이다.

어쨌거나 8일밖에 남지 않은 선거운동이 극한대립으로 치달아서도 안 되고 "결코 질 수 없다"는 식이 되어서는 더욱 안 된다. 선거는 패자를 낳게 마련이고 승자는 떳떳하게 이겨야 한다. 과정에 부정과 타락이 있어 패자가 승복할 수 없게 된다면 '6월의 승리'는 무슨 뜻을 가지게 될 것인가.

16년간 단절됐던 민주헌정을 되살리는 국민적 대행사가 더 이상 더렵혀지지 않고 공정하게 치러져 누구도 수긍·승복할 수 있게 하자.

(87. 12. 8.)

8) 교육의 이정표

영국에서는 중학교 입학제도를 바꾸는 데 장장 14년이 걸렸다. 70년대

이전까지 영국의 중학교는 대학진학을 전제로 한 학교와 취업을 위한 기술계 학교로 엄격히 구분돼 있었다. 국민학교를 졸업하는 만 11세에 적성판별시험을 쳐서 진로를 결정해 주는 입학제도였다.

이른바 "일레븐 플러스 익재미네이션"이란 이 제도가 50년대 하반기부터 말썽이 났다. 너무 어린아이에 적성판별을 하는 것이 어느 정도 타당성을 갖느냐는 반발이었다.

개혁에 착수한 영국의 교육계는 실증적 연구와 실험을 거듭한 끝에 만 11세의 진로판별은 경제적으로 안정된 가정의 어린이에게 유리하며, 11세가 넘어 진짜 적성이 나타나는 경우가 많다는 결론을 내려 70년대 초에 종합 중학교제를 채택했다. 영국인들의 그 유명한 보수성 때문인 것처럼 보이지만 교육은 그만큼 '신중해야 한다'는 교훈적 의미가 더욱 돋보인다.

미국이 대학입시에 고교내신제를 채택하는 데도 8년 연구 끝에 실현됐다. 그러나 우리는 교육을 너무 쉽게 생각한다. 손바닥 뒤집듯이 마구 바꾸고 멋대로 시행한 교육시책과 제도가 빚은 교육의 파행과 부작용은 생각하기마저 싫다. 그래서 건국 이래 최대의 연구진이 동원되고 최대한의 노력을 기울여서 만들었다는 교육개혁심의회의 '교육개혁 종합구상'을 대하면서도, "너무나 서둘렀구나" 하는 느낌을 또다시 받게 된다.

2년 10개월 동안에 우리 교육의 문제점들은 42개 과제로 분류, 공청회·세미나와 숱한 회의를 거쳐 10대 개혁안으로 묶어 내놓은 내용들은 "전반적으로 제도개선에만 치중한 것 같아 보이고, 개혁을 뒷받침할 근본적인 문제해결 방안을 제시하지 않은 채 문제제기에 그치고만 부분이 너무 많다"는 것이 교육전문가들의 지적이다. 교육내용과 방향제시가 미흡하고 비현실적이라는 평도 있다.

사회의 변화요인을 감안하는 데 소홀했고 드러난 문제점만을 풀려고 집착한 면도 있으며, 21세기를 지향한다는 이상에 치우쳐서 실현성이 희박하리만큼 성장지표를 높게 잡은 것도 적지 않다. 2001년의 초·중·고 교학급당 학생수와 교사당 학생수 등 교육여건 개선지표를 오늘의 일본에 맞춰 놓은 것이 한 예일 것 같다. 그러면서도 의무교육 완전실시는 97년까지 뒤로 미뤄 놓고 있다.

더욱이 목표연도까지의 대학진학률을 50%, 전문대학을 포함한 고등교육 진학률을 65%선까지 잡아 놓은 고학력 지향의 방향제시도 과연 옳은 것이냐는 의문이 간다.

학령간 임금격차를 줄이고 고교와 전문대학의 기술교육을 강화, 취업을 보장함으로써 불필요한 대학진학을 줄여 보려는 구체적 방안이 미흡하다. 대학진학률 신장만이 교육선진에 도달하는 것일까. 초급 및 중간 기술인력을 길러 내는 실업고와 전문대학을 지금보다도 더 사립에 의존하겠다는 방향제시도 문제가 있다.

산업의 기초기능 기반구축을 국가가 맡아야만 알찬 자격증 시대를 앞당기고 보장할 수 있는 것이다. 구미 선진국의 산업기반이 튼튼한 것도 국가가 도맡아 하기 때문이다.

어쨌거나 한정된 시간압박 때문에 '성급한 연구작업과 완벽하지 못한 결론'을 낼 수밖에 없었던 교개심(敎改審)의 고충은 이해할 수 있다. 또 그 숱한 교육의 난제들을 단 한 번에 명쾌하게 해결할 방안을 제시할 수 없는 것이 우리의 현실이다. 이 '교육개혁 구상'은 비록 완전한 것이 아니더라도 우리 교육에 새 이정표를 마련했다는 의미는 크다. 계속 연구하고 보완하고 수정하면서 새 시대 교육의 지침으로 삼아야 할 것이다.

(87. 12. 11)

11. 승자의 책무

1) 상처 없는 정당성

"선거로 뽑히는 지도자는 선거민의 요구가 분명히 옳지 못한 것이라고 판단하면서도, 선거민들에게 영합해야 하는 마음의 유혹을 뿌리치기가 어렵게 마련이다. 그러나 그 유혹에 지면 지도자로서 역할을 다할 수 없게 된다"세계적인 석학이었던 영국의 아놀드 토인비가 일찍이 지적했던 민주선거 체제하에서 지도자가 겪어야 하는 위험요인 중의 하나이다.

선거민의 비위에 거슬린다고 해서 올바른 정책을 내세울 용기를 잃고 실현할 수 없는 선거민들의 욕구만을 따르는 체하고 표를 얻어 당선된다 해도, 결국은 선거민을 속인 것이 드러나 신뢰성을 상실하고 이로 인해 지도력이 상처를 입어 제대로 정치를 할 수 없다는 경고이다.

그래서 훌륭한 지도자가 되려면 유권자에게 영합하려고 자신을 기만해서도 안 되며, 유권자와의 관계가 공명정대할 수 있어야 한다는 것이다. 마지막 선거전까지 달려온 우리의 대통령 후보들 중에는 과연 누가 선거후의 지도력 발휘에 미칠 영향까지를 생각하면서 떳떳하게 선거전을 펴왔다고 할 수 있을까. 대답은 부정적일 수밖에 없다.

동원군중으로 세를 과시하고 공약남발로 유권자의 환심사기 경쟁이었던 이번 선거전에서 후보들은, 유권자들이 미처 생각하지도 못한 것까지 들고 나와 공약으로 내걸고 '나는 다할 수 있다'고 약속했다.

'나는 다 할 수 있다', '나만이 할 수 있다'는 이 말들부터가 몹시 듣기가 거북하다. 새 헌법은 분명히 대통령의 권한을 대폭 약화시켜 놓았다.

절대권한을 휘두를 수도 없고 권위적인 통치를 할 수 없도록 해놓았다. 그런데도 후보들은 당선만 되면 '모든 것을 다하는 대통령'이 되겠다고 하나같이 공언했다. 또다시 헌법 위에 군림하는 대통령이 되겠다는 뜻을 같이도 들린다. 그렇지 않다면 국민을 기만하거나 얕잡아보는 발상의 소지일 수밖에 없다.

한자리에서 '국민을 하늘같이' 모신다고 말하고 뒤이어 실천도 못할 공약과 선심을 쓰겠다는 식으로 국민을 깔보고 속이려는 행동을 하는데도 환호와 박수를 보내는 이 안타까운 선거풍토. 아무리 막가는 선거판의 유세라고 하지만 '나만이 할 수 있다'는 그 '나만이'는 바로 우리의 민주주의 정착을 그토록 방해했던 독선적 사고의 망령이 되살아나는 것 같아도 보여 불길하기까지 하다.

6·10사태 이후부터 6·29선언 과정과 여야의 합의개헌 성사를 지켜보면서 우리 정치의 새로운 가능성을 보는 것 같았고, 정치인들의 의식과 행태가 민주화로 성숙하는 것 같기도 했다. 그러나 선거전을 보면서 구태의연할 밖에 될 것이 없었다. 극렬하게 부추겨놓은 지역감정과 유세장의 폭력, 계층간을 이간시켜 놓은 분열과 대립현상, 탈법·불법·금품공세·관권개재 시비 등의 부정·타락선거전으로 통치권의 정통성과 정당성 회복은 상처투성이가 될 판에 이르렀다.

권력싸움에서는 흔히 목적이 수단을 정당화한다고 하지만 이번 우리의 선거는 그 반대로 수단이 공명정대해야 할 특별한 이유가 있는 선거이다.

어쨌든 싸움판은 끝났다. 유권자들은 내일 투표장에 나가 심판을 할 것이다. 투·개표만은 공정해서 선거의 정당성이 더 이상 상처받지 않아야 하고 정통성 시비가 나오지 않게 해야 할 것이다. 후보들은 싸움을 선거 후까지 끌고 가지 말아야 한다. 패배했을 때는 다음을 기약하는 아량과 기다림의 여유를 갖고 승자에게 출전을 보내는 패자의 미덕을 보여주도록 하자. 그리하여 선거전에서 입은 서로 간의 상처를 치유하게 되기를 기대해 본다.

(87. 12. 15.)

2) 승자의 책무

국민의 심판은 끝났고 새로운 대통령은 탄생했다. 단일화를 못 이뤄 패배한 야권 후보들의 안타까움은 이제 옛말이 되기에 이르렀고, 1백만 명이 넘는 군중집회의 함성을 되뇌어 봐도 소용없는 일일뿐이다. 유권자들은 단합할 줄 모르는 사람들에게 냉혹하다는 교훈을 남겼고 전환의 시대, 새로운 질서의 장을 열게 해놓았다. 선거전의 함성이 승자에 대한 관심과 기대의 소리로 바뀌고 있는 순간이다. '승리에 자만하지 말고 더욱 많은 반대의 소리에 귀를 기울여야', '패자의 의견도 국정에 반영했으면', '연립정부 형태를 갖춰라', '공약을 공약화해서는 안 된다'는 기대와 당부의 소리가 들린다.

새 대통령의 시대적 사명과 부담스러운 책무는 무엇일까. 16년간의 단절과 굴절로 얼룩진 한 시대를 청산해야 한다. 그리하여 민주화가 사회의 모든 부문에 뿌리내려 대결과 갈등의 요인을 제거케 해야 한다. 선거전이 격화시켜 놓았고 응집된 표로 분명히 나타난 지역감정을 해소시킬 대화합의 정책을 펴야 한다.

반대표의 소리에 귀를 기울여 연립정부와 같은 화합정치도 구상해 볼 만하다. 분열된 국민감정을 단합시키지 않고는 올림픽의 대사를 원만히 치르기에는 힘겨울 것 같다. 선거전에서 보였던 '나만이'라는 독선을 버리고 협동의 정치를 펴야 한다. 독선과 독주, 억압과 강요가 되살아나서는 안 되며 권위주의에 젖어서는 더욱 안 될 일이다.

국민들이 정부가 더 이상 자신들의 것이 아니라고 느끼게 되면 치자와 피치자 사이에 단절이 온다는 것을 잊어서는 안 된다. 민주주의가 정착하지 못한 나라에서 흔히 직면하는 위험한 상황이다. 우리는 지난날의 정치에서 이미 이를 터득했고 그 해결의 방법은 민주절차를 따르는 것밖에 없음을 '6월의 승리'는 증언해 주고 있다.

패자를 아량으로 받아들이고 분출되는 제3의 소리도 정치의 장으로 나오게 해야 한다. 그렇게 함으로써 토론과 타협이 가능하도록 하고 '견제와 균형'이 정치를 지배토록 해야 할 것이다. 새로운 승자가 안게 된 부담과 책무는 한없이 무겁기만 한 것 같다.

하지만 정치는 가능성의 예술이란 말이 있다. 아무리 국민이 뽑은 대통령이라 하더라도 정치적 자질의 가능성을 꽃피울 수 있는 토양은 국민들에게 달려 있는 것이다. 국민들은 끝없는 관심과 감시, 그리고 일할 수 있는 풍토를 제공해야만 할 것이다.

《불확실성의 시대》의 저자 존 샐브레이스(미국 경제학자)가 예로 드는 스위스 민주주의의 힘의 3대 원천은 그런 의미에서 우리에게 시사하는 것이 많다. 첫째 스위스인들은 투표결과에 끝까지 관심을 갖는다고 한다. 그래서 정치가 국민의 뜻을 저버릴 수 없게 한다는 것이다. 둘째 공동체 의식이다. 스위스인들은 특정의 이익을 위해서 사회 전체가 희생되는 것이라면 손실이 너무 크다는 것을 안다. 따라서 공동체 즉 국가와 사회의 이익은 개인이나 당파 혹은 조직의 이익에 우선한다는 것이 국민적 양식이라고 한다. 셋째 스위스인들은 원리원칙보다는 실제의 결과에 대해 훨씬 많은 관심을 기울인다. 이러한 정신은 명분보다 실리가 앞서게 해 타협정치의 원동력이 된다는 것이다.

우리의 정치문화 그리고 의식구조와는 무엇이 얼마만큼 다른가를 비교해 볼 수 있게 한다. 민주정치의 새 터전을 마련해야 할 전환기의 문턱에 서서 지도자와 국민들이 다 같이 스위스인들의 지혜를 생각해 봤으면 한다.

(87. 12. 18)

3) '12·16'과 '7·29'선거

이번 '12·16'은 60년의 '7·29'를 닮은 데가 너무 많았다. 3·15부정선거에 항거한 대학생들이 이승만 자유당 독재 12년에 막을 내리게 한 4·19 학생의거가 '7·29총선'을 가져왔다. 군정종식과 민주화를 요구하는 대학생과 재야 및 야당 그리고 중산층의 막판 가세로 이룩된 '6월의 승리'가 '6·29선언'을 받아 넘으로써, '12·16 대통령 선거'가 있게 됐다는 점에서 두 선거는 아주 흡사하게 닮았다고 할 수 있다.

'7·29'는 제5대 민의원과 초대 참의원을 뽑는 총선이었으며 '12·16선거'는 대통령 직선이라는 점에서는 다를 수도 있다. 그러나 그때의 민·참의원 선거는 내각책임제하의 총선으로 의석을 다수 얻는 당에서 국무총리 즉 정권을 차지하는 선거였다는 점에서 이번 선거와 내용적으로 다를 것이 없다.

27년이란 시차에도 불구하고 선거가 있게 된 동기와 대권을 잡는다는 목적에서 꼭 같았던 것이다. 또 비슷한 데가 있다. 자유당의 독재에 시달린 국민들이 반독재투쟁에 일관해 온 당시의 야당인 민주당이 집권해야 한다는 열망이 하늘을 찌를 듯했던 것이 당시의 사회분위기였다. 이번 선거 분위기도 정통성 시비와 권위주의 통치에 싫증을 느껴 민간정부·

문민정치를 실현해야 한다는 수많은 국민들의 정권 교체욕구가 그때와 거의 비슷했다고 할 수 있다.

그러나 두 선거가 치러진 상황과 결과는 너무나 달랐다. '7·29'는 여당이 없고 야당이었던 민주당과 무소속의 독무대였다. 이승만 정권의 붕괴로 허정 과도정부가 선거를 관장함으로써 편들어야 할 여당이 없었다. 민주당이 사실상 여당인 셈이었다. 선거는 비록 타락상을 보이긴 했지만 사상 유래없이 자유롭고 공정했다.

선거결과 민주당은 민의원의 2백33석 중 1백58석(구 83석, 신 75석)을 차지, 의석의 67.8%를 점유했고 참의원의 35석 중 22석(62.8%)을 차지, 내각책임제하에서 절대다수당이 됐다. 의석을 너무 많이 차지한 것이 도리어 화근이 됐다. 신·구파로 갈려서 국무총리를 차지하기 위한 피나는 경쟁 끝에 신파의 장면 정권이 탄생했지만, 당내 싸움으로 새 정권은 맥을 못추다가 8개월여 단명으로 끝나고 말았다. 기성세대는 누구나 생생히 기억하는 역사의 한 페이지이다.

그러나 이번 선거가 치러진 상황은 그때와는 너무나 달랐다. 여당인 민정당이 아무리 7년 집권과 '6월의 항복'으로 상처를 입었다고는 하지만, 4·19 후의 자유당은 결코 아니었다. 엄연한 집권당으로 프리미엄도 누릴 수 있었고 조직도 건재했으며 돈도 있었다. 두뇌집단도 야당에 비할 바가 아니었다. 결코 만만한 여당이 아니었다.

상황이 이러한 데도 야당은 일대 착각을 했던 것이 분명하다. 국민들이 바라는 변화의 욕구가 갈라서도 야당에게 승리를 안겨 주리라고 생각했던 모양이다. 한 정치학자는 여당을 터무니없이 얕잡아 본 야당, 두 김씨의 상황오판과 현실인식의 잘못이 서로의 패배를 불가피하게 했다"고 애석해 한다.

어쨌거나 두 김 씨에게 천재일우의 찬스는 가 버렸다. 누구를 원망하고 힐뜯는 일이 무슨 소용이 있겠는가. 선거무효를 선언하고 부정선거 백서를 낸다고 해서 결과가 뒤집어지리라고 믿는 국민이 얼마나 있을까. 힘의 낭비일 뿐이다. 지금 두 김씨가 해야 할 일은 실의와 미련을 떨쳐버리는 용단을 내리는 것뿐이라고 나는 생각한다. 그리하여 달라진 모습을 국민 앞에 다시 서야 할 것이다.

(87. 12. 22.)

4) 지역감정의 뿌리

지역감정- 아무리 선거전이 맞불을 질렀다고는 하지만 감히 상상도 못할 지역몰표로 표출된 지역 간의 대립감정. 이제 입에 올리기마저 섬뜩한 그 지역대립 감정은 어디서 연유한 것일까. 그 뿌리는 얼마나 깊고 질긴 것일까.

그것은 벌써 통일신라 때 싹텄다고 보는 사람도 있다. 고구려와 백제를 멸망시킨 신라가 피정복 지역에 대해 차별정책을 폄으로써 피해의식이 지역감정으로 나타났을 것이라는 풀이다. 정복자로서 피정복 지역주민들에게 차별등용정책을 공공연하게 쓴 것은 고려의 태조 왕건이었다는 사실은 분명하다. 왕건은 고려를 세우는 과정에서 후백제 유민들의 거센 저항에 혼이 났다.

그 보복으로 그는 "금강 이남의 산형지세는 배역하니 그 지방 사람을 등용하지 말라"는 유훈(훈요10조 9항)을 남겨 고려 왕조 동안에 후백제의 땅은 소외됐고, 그것이 뿌리깊은 지역감정을 형성했다고 보는 사학가들이 많다. 조선시대 때의 지역차별은 더욱 심했다. 지금의 평안도인 서북인들에게 시종일관 계속된 등용제한은 끝낸 홍경래의 난(1811년)을 유발하기에 이르렀음을 역사에서 본다.

또 정여립의 모반실패(1589년)로 중엽 이후 호남인들의 출세길도 막혀 지역감정을 응어리지게 했다. 일제는 36년 동안 민족단절을 방해키 위해 파당심리를 조장했고, 해방 후 혼란기에 불순 정치세력이 지역대립 감정을 부채질했다. 그러나 이 같은 역사 속의 지역감정이 오늘의 그것에 접목됐다고 볼 수는 없다. 일부 정치인들이 정치적 이해 때문에 부추겼고 특정지역이 권력과 그 반사 이익을 독점한 데서 오늘의 지역감정은 고질화됐다고 봐야 한다. 역대 대통령선거에서 나타난 표의 지역대립 형상은 장기집권과 비례했다는 것을 보면 그것은 입증된다. 5·16 후의 5대 대통령선거(63년) 때까지는 대단치 않았다. 구태여 따진다면 남-북 현상 정도로 지역대립은 아니었다.

박정희 후보와 윤보선 후보가 재대결했던 6대 선거(67년)에서 표의 동-서 대결양상은 나타났다. 부산·경남북·충북·강원이 박 후보에게 몰표를, 서울·경기·충남·전남북이 윤 후보를 선호했다. 박정희 후보와 김대중 후보가 대결한 7대 선거(71년)에서 영-호남의 대립양상이 분명해져 지역감정이 표로 나타나는 불행한 계기가 됐다.

박 후보는 경북에서 75.6%, 경남에서 73.4%의 몰표를 받았고, 김후보는 전남에서 62.8%, 전북에서 61.3%의 표를 받아 연고지의 표 대결현상을 드러냈으며 영남 쪽 단결이 한층 강했다.

이번 선거에서도 내용은 영남 쪽이 더했다. 김대중 후보가 단독이어서 돋보이지만 (광주 93.8%, 전남 87.9%, 전북 80.9%) 영남 연고 두 후보의 표를 합치면 (대구 93.8%, 경북 92.3% 경남 90.3%, 부산 86.7%) 지역의 단합의식은 영남이 호남을 앞질렀다고 봐야 한다.

역사 속의 지역감정이나 오늘의 지역대립 감정이나 모두가 정치에서 비롯됐고 그 씨앗은 독점권력을 행사한 쪽에서 뿌렸다고 할 수밖에 없다. 나라의 요직과 경제를 과점하고 지역개발에 차등을 둠으로써 피해당한 쪽에 한 맺힌 감정을 심어 놓지 않았던가.

이제 그것은 맺은 자가 풀어야 한다. 제6공화국이 짊어진 가장 무거운 유산이다. 응어리지고 고질화된 지역감정을 얼마만큼 슬기롭게 풀어 국민화합을 이룩하는지 기대를 걸어 본다.

(87. 12. 25.)

5) 정답 시비의 정체

시험 뒤끝이 시끄럽던 전기대 입시가 채점진통을 삭이고 어제부터 합격자 발표를 하기에 이르렀다. 혹시나 결정적인 출제 미스라도 있어 새 입제가 '선거무효 시비'에 걸린 정치판을 닮지나 않을까 했던 우려가 기우로 끝난 것은 정말 다행스러운 일이다.

하지만 이 나라에서는 대학입시를 이렇게 해도 탈이고 저렇게 고쳐도 말썽이 나게 마련인 것 같아서 안타깝다. 입시제도는 정말 어쩔 수 없는 고질병일까. '선시험 후지원'제가 눈치와 배짱 그리고 도박성 지원으로 너무나 기교육적이라 해서 폐지되고, 7년 만에 환원된 '선지원 후시험'제는 왜 또 말썽인가.

소신지원이 늘어 매우 긍정적으로 받아들여졌던 새 제도는 막상 시작에서부터 오점들로 얼룩이 졌다. 입시날 대도시의 교통공황은 제도의 본질과는 상관도 없는 엉뚱한 역작용이었다. 구태여 따진다면 대학의 시험관리 7년 공백이 빚은 부작용이라 할 수 있다. 문교부, 대학, 경찰, 학부모의 훈련 공백에서 온 것이며 넓게는 이 사회의 상황대처와 질서의식의 수준을 나타낸 것이기도 하다. 그러나 그것은 지엽적인 말이다.

더욱 큰 오점은 정답 시비였다. 채점과정에서 시비가 됐던 문제가 10개 이상이 되고 그래서 대학들이 우왕좌왕한다고 전해질 때는 아찔한 느낌까지 들었다. 자칫 잘못하다가는 '시험소송' 사태가 나지나 않을까 하는 우려에서였다. 60년대 '무즙파동'까지 연상했다.

객관식 문제까지도 말썽의 소지가 있었다니 더욱 이해가 안 간다. 그 오랜 학력고사 실시로 객관식 출제에서야 도가 텄을 출제 당국이 아니었던가 말이다. 주관식 문제야 객관식과는 달라 정확한 답이나 엇비슷한 답이 있을 수 있으니 채점의 어려움은 예상했던 일이다.

결과적으로 볼 때 출제가 근본적으로 잘못됐던 것은 없었던 것 같다. 그렇다면 정답 시비의 정체는 무엇일까. 첫째는 출제와 채점을 이원화시킨 제도적 모순에서 비롯됐다고 볼 수 있다. 출제는 중앙교육평가원에서 하고 채점은 대학에서 해야 하는데 이견의 소지는 있을 수 있었다. 그런데도 출제위원들이 자신들의 주관이 개입된 채점기준표를 서둘러 대학에 제시함으로써 혼란을 가중시켰던 것이다. 채점 재량권한의 침해였다. 둘째는 대학이 오랜 기간 채점을 하지 않은 데서 온 경험부족과 자율기능의 미비가 시비의 여지를 만들었다고 해야 할 것이다.

많은 대학들이 정답 시비에 서로 눈치를 보는 자신없는 태도는 대학의 권위를 크게 해쳤다. 여하간 "주관식 문제에 대한 평가원의 채점기준표는 참고로 하고, 대학이 자율적으로 원칙을 정해 채점하라"는 평가원의 새삼스러운 재량권 위임이 있은 후에야 채점의 진통이 멎을 수 있었다는 것은 문교 당국과 대학 그리고 대학의 권위와 자율기능이 어디까지 와 있는가를 극명하게 보여 주는 것이다.

대학의 입장에서는 '출제 따로, 채점따로' 식의 제도에 할 말이 많을 것 같다. 또 문교 당국은 벌써 학생 선발권한을 넘기기에는 시기상조라는 식으로 대학의 자율성 미흡을 질책하는 볼멘소리까지 하고 있다. 그러나 오늘의 대학이 그처럼 주눅이 들게 한 책임이 문교 당국에 있다는 것을 부인할 수는 없다. 새 입시제도의 출제권한은 대학에 넘기는 것이 이번과 같은 말썽의 소지를 없애는 길이라고 본다. 대학의 자율권 회복은 학생 선발권한을 되찾는 것에서부터 이뤄져야 하기 때문이다.

(87. 12. 29)

6) 인권의 신장

지수로 나타내는 것들이 많다. 물가지수·생산지수·불쾌지수 등은 자주 쓰고 듣는 용어들이어서 긴 설명 없이도 그 뜻을 대개는 안다. 수치로 세상사를 비교하기 좋아하는 미국민들은 최근 인간의 고통까지도 지수로 나타내는 방식을 만들어 내 관심을 끈다. '인간 고통지수'라는 것은 얼른 듣기에 심리학의 용어같이 보이지만 내용을 보면 전혀 그런 것이 아니다.

미국의 인구위기위원회가 작성했다는 고통지수는 한 나라 국민들의 복지와 관련된 경제·인구통계·보건 및 통치상태를 지수로 나타낸 것이다. 민간 인구문제 연구기관인 이 위원회는 한 나라의 소득 인플레이션, 취업수요, 인구의 도시집중, 영아사망율, 영양, 식수, 에너지, 소비, 성인문맹률, 개인의 자유와 관련한 통치상황 등 10개 항목을 항목당 10점씩 배점, 수치가 높을수록 국민들이 당하는 고통의 비중이 크다고 설명하고 있다.

지난해 10월 보고서 형식으로 공개한 고통지수는 ① 극심하게 고통받는 나라(지수 75~1백), ② 매우 고통 받는 나라(50~74), ③ 보통 고통받는 나라(25~49), ④ 최소 고통 받는 나라(0~24) 등 4그룹으로 분류했다.

세계 1백30개국을 평가대상으로 했다는 것인데 모잠비크(지수 95), 앙골라(91), 아프가니스탄과 차드(88) 등이 '고통지수'가 가장 높은 것으로 나타났고, 낮은 나라는 스위스(4), 서독(5), 룩셈부르크(6), 네덜란드(7), 미국(8) 순이다.

한국의 고통지수는 44로 '보통 고통받는 나라'에 속한다. 29개국이 우리와 같이 ③ 그룹에 해당한다. 아시아에서 10개국, 유럽 7개국, 중남미 11개국, 아프리카의 모리려스 등이다. ①그룹의 나라는 30개국으로 이들 나라의 인구는 5억 1천9백만 명으로 세계 인구의 11%이다. ②그룹은 44개국으로 20억 8천5백만의 인구(세계 인구의 58%)가 이에 속해 있다. 결국 세계 인구의 69%가 ①, ②그룹에 해당해 세계의 절대다수 사람들이 '극심하게' 또는 '매우' 고통을 당하면서 살고 있다는 풀이이다. '최소한의 고통을 받고 있는 나라'는 27개국으로 인구는 10억. 유럽 20개국, 호주·뉴질랜드와 일본·싱가포르 등 아시아 2개국, 미국·캐나다·트리니다드토바고 등 미주 3개국 등이다.

지난해 11월 하순께 영국의 주간지 《이코노미스트》가 '후손들이 태어나 살기 좋은 나라'로 세계 50개국 중에서 한국을 10번째로 선정해 우리를 놀라게 했었다. 《이코노미스트》지의 선정은 우리가 평소 살기좋은 나라로 여겨왔던 오스트리아·노르웨이·스위스 등을 한국이 앞질렀다는 데서 신빙도에 회의를 갖게 했었고, 특히 남북분단의 위기상황 등이 평가기준에서 빠져 남의 호평을 우리 스스로 그대로 받아들이기에 개운치 않았다.

어쨌거나 고통지수 산정에서나 《이코노미스트》지의 '살기좋은 나라' 선정에서나, 다 같이 한 나라의 실상을 얼마만큼 정확하게 평가하고 있는지는 알 수 없지만 공통되는 한 항목에 눈길이 간다. 고통지수에서의 개인자유 및 통치항목과 《이코노미스트》의 인권항목이다. 한국은 이 항목에서 나쁜 점수를 받고 있다. 우리의 인권 측면이 경제성장 등에 훨씬 못 미치고 있음을 지적하고 있다.

우리의 정치가 서둘러 해야 할 큰 과제가 인권신장임을 일깨워 주고 있는 것이다. 새 정부가 들어서서 알찬 민주화를 실현하고 그리하여 인권이 보다 더 신장된다면 우리는 '최소한의 고통받는 나라' 대열에 들어가게 될 것이다. 새해를 맞으면서 갖는 소망이다.

(88. 1. 25.)

7) 대학입시 앞당기자

새로운 제도에는 대부분 크고 작은 부작용이 따르게 마련이다. 변화에 대비하는 지혜의 부족 때문일 것이다. '선지원 후시험'의 입시제도도 예외는 아닌 것 같다. 새 입시제는 많은 긍정적 평가가 나오고 있지만 눈에 띄는 역작용은 그냥 넘길 수 없다. 전기대학의 입시진통을 겪고 난 많은 사람들은 우선 입시날을 잘못 잡았다고 말한다. 입시날을 생각없이 잡아놓아 결과 발표가 새해 첫날을 전후해서 나올 수밖에 없었고 그래서 수십만의 가정이 우울한 정초를 지내야 했다는 불평이다. 수긍이 가는 얘기다.

한 동리에서 7명이 응시, 2명만이 합격해 떨어진 집에 새해 인사도 못 가고 피해야 했다는 한 수험생 어머니의 말은 여운이 너무 길다. 수험생을 둔 친척이나 친지집에 새해 방문은커녕 인사 전화마저 하기 어려웠다고 실토하는 사람들도 많다. 이 사회에서 대학입시가 무엇인가를 실감케 한다. 56만 명이 전기대학에 응시해 14만 2천여 명만이 합격하고 41만 명 이상이 탈락해야만 하는 현실은 수험생과 그 부모는 말할 것도 없거니와, 모든 예비수험생과 학부모까지도 불안 속에 몰아넣고 있다. 이러한 실상을 모를 리 없는 문교 당국이 12월 하순(22일)으로까지 늦춰 잡은 것은 잘못한 것 같다. 우선 연말의 어수선한 분위기가 수험생과 그 가족에게 맞지 않는다.

시험을 관장하는 대학인들의 철야작업에도 연말의 들뜬 기분이 좋을 리가 없다. 더욱이 불합격의 결과가 수험생과 그 가정에 주는 충격파는 너무나 커 새해맞이를 전후한 발표가 되지 않도록 했어야 옳다. 41만 이상의 가정이 당해야 하는 실의와 실패의 아픔을 원단에 안겨 준 것은 너무 가혹한 일이었다. 새해 설계와 소망으로 한껏 밝아야 할 한 해의 시작이 기가 죽어 숨을 죽이고 암울한 날이 되게 한 것은 사회 전체를 위해서도 득이 될 것이 없다.

또 12월 하순과 1월 초순은 혹한기이다. 전·후기 입시가 모두 혹한 속에서 치러져야 한다. 우리 말고 또 어느 나라가 입시를 가장 추운 때 치르고 있을까. 이상난동으로 지난번 시험날은 비만 약간 뿌리다 말았을 뿐 기운은 높아 천만 다행이었다. 하지만 예년기온으로 미뤄 본다면 입시철로는 결코 적합치 않다.

눈이라도 많이 오고 추위가 겹쳐 도로가 빙판이 된다면 수험생이 당하는 고통은 어떠하겠는가. 입시날은 분명히 잘못 잡았다. 제도의 변혁으로 당해야 하는 시행착오로 치부하기에는 문교 당국의 안목이 너무 치졸했다고밖에 볼 수 없다. 문교 당국이 12월 하순 입시를 고집할 이유는 없을 것이다.

대학입시와 같은 중대사가 설날을 전후하는 게 무슨 대수냐 할 수도 있겠지만, 그것이 중대사이고 '새해맞이'에 대한 국민감정이 또한 남의 나라와 크게 다르다는 것을 고려한다면, 중대사와 좋은 날은 겹쳐서는 안 된다고 생각한다. 대학의 시험관리나 고교의 학사일정도 이유가 될 수 없다. 과거 7년 동안 학력고사 시행경험을 통해 봐도 한 달 정도 대학입시를 앞당기는 것이 이상적일 것 같다.

11월 15~20일 사이에 전기대학 시험을 치면 후기대학도 12월 하순 전에 결과 발표까지 끝내게 될 것이다. 그리고 전문대학은 1월 중순 이후로 잡으면 연말 분위기도 피하고 그 충격파가 새해 벽두를 어둡게 하는 것도 줄일 수 있을 것이다. 대학입시날은 89학년도부터 당장 고쳤으면 좋겠다고 생각한다.

(88. 1. 8.)

12. 변질된 5세 입학제

1) 고학력 양산정책

95학년도 4년제 대학의 입학정원이 올해보다 2만 명 이상 증원될 것이라는 소식이다. 지난 88년 졸업정원제가 입학정원제로 환원될 때의 2만여 명 증원보다 훨씬 많을 것이라고 한다.

4년제 대학의 입학정원의 이러한 파격적 증원은 선거 때 "대학입학정원을 단계적으로 자율화하겠다"고 공약한 김영삼 정부가 두 번째로 대학입학정원을 조정하면서 정원폭을 넓히려는 정책의지를 드러낸 것이어서 놀라지 않을 수 없다. 고학력 양산정책을 또다시 부활하겠다는 것인지를 그래서 묻게 되는 것이다.

교육부가 9월 초에 발표예정인 4년제 대학의 내년 입학정원은 올해 증원했던 1만 1천8백여 명보다 72%에 가까운 8천3백 명 이상이 많다는 것이다. 이렇게 되면 1백57개 4년제 대학의 입학총정원은 26만 명을 넘게 된다. 고학력 양산을 이처럼 해내도 괜찮을 것인가.

고졸자의 80% 이상이 4년제 대학엘 가야겠다고 아우성치는 우리 현실에서 입학정원을 해마다 조금씩은 늘릴 수밖에 없다는 불가피성은 인정한다. 그러나 무턱대고 대폭 증원만을 계속해서는 안 될 이유가 있다는 것을 알아야 한다. 김영삼 정부는 올해분 정원조정 때 93년 증원분 7천6백60명보다 56%가 많게 증원했었다.

김정부에 와서 해마다 50% 이상씩의 대학입학정원을 증원해 간다면 가뜩이나 형편없는 대학교육의 질이 더욱 떨어질 것은 분명하다. 대학강의실이 비좁아 터져나는 사태를 면키도 어렵게 될 것이다. 입학정원이 3천~5천 명이 넘는 규모 큰 국·사립대학들을 포함해 전국 1백57개 4년제 대학들의 절대다수가 교수확보율, 강의실, 실험실습 기자재, 도서관과 장서 등이 선진국 대학들과 비교가 안 될 만큼 빈약하다.

재단전입금과 정부지원금 그리고 산학협동기금도 보잘 것 없다. 거의 모든 사학들이 학생등록금에 의존해 대학을 꾸려가는 실정인 것이다. 따라서 정원의 '많고 적음'이 대학재정의 '부와 빈'을 가르는 척도가 된 지 오래다. 그래서 대학들은 외형적인 팽창에만 골몰할 뿐이다. 교육의 질을 높이려는 수월성 추구는 엄두도 내지 못하고 있다.

대학입학정원을 늘리고 늘려도 대학의 문이 여전히 비좁기만 한 근본 원인은 학부모들의 과다한 고학력 풍조 때문이다. '자녀에게 기대하는 교육수준'에 관한 일본 학부모들의 여론조사(91년) 결과를 보면 아들의 대학진학을 바라는 학부모는 54%, 딸의 대학진학 기대는 23%에 불과하다.

우리는 어떠한가. 아들은 96.5%, 딸도 93.7%가 꼭 대학을 보내야겠다고 벼를 정도로 학력중시 풍조가 심화돼있다. 국민들의 달아오른 고학력 열기는 고등교육기관의 취업률에 그대로 반영돼 있다. 세계 제1인 미국(60.3%) 다음인 44.8%를 기록하고 있다.

자녀교육에 가장 열성이라는 이스라엘(34%)을 제쳤고 대학교육이 오래 전에 정착된 영국(22.8%), 프랑스(34.5%), 독일(26%) 그리고 경제부국 일본(30.1%)을 앞서가고 있다. 정말 이것을 좋다고만 할 것인가.

부존자원이 없는 우리가 자녀교육이라도 많이 시켜 인적자원으로 국제경쟁에서 적자생존할 수밖에 달리 무슨 방도가 있느냐. 그렇다면 국민들의 고학력 열기를 북돋워 줘야 할 일이지 "그게 왜 걱정거리가 되느냐"

면서, 70년대 경제개발의 초석이 됐던 고학력 양산을 반증으로 댈는지도 모른다.

그러나 그것은 그렇지가 않다. 70년대는 고등교육기관의 취업률이 10% 안팎일 때의 일이다. 이제는 우리의 고학력 열기가 지나쳐도 너무 지나치다는 데 문제의 심각성이 있는 것이다. 고학력 열기는 국민들의 마음속에 출세주의 교육관만 심어 놓아 2세교육 자체를 망가뜨린다. 초·중·고교의 교육현장이 점수따기식의 입시교육에서 벗어나지 못하는 파행교육을 면치 못하는 근본 원인도 비틀린 고학력 풍조에서 연유됐다는 것을 알아야 한다.

깨끗한 사무실에서 볼펜이나 굴리며 편하게 살아야겠다는 소위 3D 현상도 잘못된 출세관을 낳게 한 고학력 풍조 때문이랄 수 있다. 제조업을 비롯한 생산현장의 엄청난 기능인력난이야 말로 실속이 없는 고학력 풍조가 낳은 표본적인 역기능인 것이다. 대졸자들의 취업난도 만만치가 않다.

국민들의 고학력화가 보다 나은 개개인의 삶의 질과 그리고 국부와는 어떤 상관관계가 있는 것일까. 비록 얄밉기는 하지만 그것을 잘 조화시켜 가는 일본에서 우리는 배워야 할 것 같다. 그리하여 대학을 좀 덜 가고서도 손해 보지 않고 살 수 있는 사회를 만들어야 한다. 대통령 직속 교육개혁위원회(교개위)의 교육개혁과제 중 가장 중요한 것이 아닐 수 없다.

(94. 8. 28.)

2) 고교평준화 해법

74년 시작에서부터 오늘에 이르기까지 '폐지'와 '개선' 논쟁이 그치지 않았던 고교평준화제도가 드디어 수술대에 올랐다.

교육개혁위원회(교개위)가 공교육비의 사부담 확대방안의 하나로 초·중등 사립학교에 학생선발권을 부여하는 대신 납입금을 자율화한다는 개혁방향을 제시했기 때문이다. 이를 위해 개교위는 20년 동안 시행해 온 고교평준화제도를 부분적으로 깨 사립고교의 경쟁입시를 부활하기로 하고 세부 개선방안 마련에 착수했다는 것이다.

　연합고사에 의한 학군 내 추첨 배정방식인 평준화제도는 일류 고교병과 중학생의 과열과외, 그리고 중학 캠퍼스에서 치맛바람을 몰아내는 데 결정적인 기여를 한 제도였다. 국민학생과 중학생들을 입시지옥에서 해방시켜 건전한 신체발육을 도왔다. 국·중학부모들의 과외비 경감, 부실 사립고교의 정원미달 사태방지, 학교격차의 해소와 고입 재수생 해소 등 중·고교의 병폐를 없애는 데 혁명적인 역할을 했다.

　그럼에도 불구하고 고교평준화제도는 학력격차가 극심한 수재와 둔재를 한 교실에 수용함으로써 고교교육의 수월성 추구를 방해했다. 그로 인해 학교의 평준화가 아닌 고교생들의 실력을 하향 평준화시켰다. 제도 실시 20년 속에 불만과 비난이 끝없이 이어져 '몹쓸 제도'로 혹평 받아 왔던 것도 부인할 수 없는 사실이다.

　비평준화 지역 고교의 일류대학 합격률을 상승시켰고 '과외신뢰·학교불신' 풍조를 조장하기도 했다. 고교생의 과열과외를 부채질했으며, 끝내는 중학생은 말할 것도 없고 국교생과 유치원생들에까지 과외를 역류케 하는 망국현상을 초래했다는 비난까지 뒤집어써야 했던 것이 평준화제도다.

　또 평준화는 건전한 사학까지도 공립화로 취급당해 건학이념을 살리지 못하게 해 발전하지 못하도록 족쇄를 채웠다. 학생들의 학교선택 권리와 기회를 박탈해 '능력에 따라 균등하게 교육을 받을 권리(헌법 22조와

31조)'를 침해하는 위헌 소지마저 있다는 논리와 함께 폐지론이 수없이 제기되기도 했다. 경북도의회가 지난 16일 학군 내 진학이 위헌이라며 '학군 폐지를 위한 위헌심판 청구결의안'을 채택, 헌법재판소에 제출키로 한 것도 같은 맥락인 것이다.

이러한 찬·반론의 타당성 여부는 어찌됐든 간에, 평준화란 단선 고교 입시제도로는 극복할 수 없는 '교육의 수월성 추구'를 위해서는 평준화 의 일대 개혁이 불가피하다는 데 전적으로 동의한다. 그러나 제도의 개 혁은 평준화의 골격을 유지하는 차원에서 개혁돼야지 기본 골격 자체를 무너뜨려서는 안 된다. 개혁의 칼자루를 쥔 교개위가 특히 유념해야 할 일이다.

중졸자의 96%가 고교에 진학할 정도라면 고교는 이제 '만인을 위한 교육기관'이기 때문이다. 학비부담 차원이 아니라면 사실상 평균 국민들 의 의무교육기관 단계인 것이 고교이다. 가고자 하면 누구나 다 가는 고 교를 평준화 전폐로 모두가 '경쟁시험'을 통해 진학하게 한다면 시험준비 에 모든 학생과 학부모가 치러야 할 '부담'은 말할 것도 없어, 평준화 때 이상의 부작용과 역기능이 생길 것이 분명하다.

따라서 평준화의 개혁방안은 현재 실시되고 있는 15개 대도시 지역의 7백29개 고교재학생 1백22만 9백 명 중 1학년 입학생의 5~10% 정도를 우선 수용할 수 있도록 사립고교를 선정해 '경쟁시험'으로 학생을 선발케 함으로써 고교입시제도를 이원화한다는 차원에서 개혁해야 한다.

대상 고교의 선정기준은 수월성 있는 교육을 해낼 수 있는 우수교원 확보 및 교육시설과 환경을 갖출 수 있는 사학 중에서 '원하는 고교'로 하고, 지역별로는 교육감이 선정하도록 해야 한다. 공립고교를 포함시키 면 납입금 자율화에 걸림돌이 되어 곤란하다.

사립에 한해 학생들에게 학교선택의 권한을 주고, 비싼 납입금을 내고라도 다니려면 다니도록 허용하면 된다. 그리하여 고교교육의 수월성 추구가 실현되는 것을 검증해 가면서 '경쟁입시 고교'의 범위를 전체 입문 고교학생 수용비율의 30%까지 늘려간다면 우수학생들의 학습욕구를 충족하게 돼 평준화의 결정적 결함인 수재를 사장시키는 폐단을 보완하게 될 것이다.

그런 후에도 학습성취도가 40% 이하인 지진학생들을 별도로 수용할 공립고교를 새로 만들어야 한다. 그렇게 되면 학습성취도 40% 이상 70% 이하인 중간층 학생들은 평준화 고교에 수용해도 크게 문제될 것이 없게 될 것이다. 이처럼 고교수용 체제를 이·삼원화하는 평준화 개혁 방안이 성공하려면 건학이념이 투철한 사학이 솔선해 줘야 하고, 교육관리들의 공립 우선이나 공립이 사립보다 좋아야 한다는 중앙집권 의식이 배제돼야 하며, 공립 모교가 다시 명문이 돼야 한다는 사회지도층의 맹목적인 명문 향수심리에서 벗어나야 한다. 평준화의 기본 골격만은 어떤 일이 있어도 유지돼야 한다.

(94. 9. 25.)

3) 성수대교와 같은 사회

"다리가 무너지고 유람선은 불탄다. 비행기는 떨어지고 기차는 충돌한다. 이런 참사들이 잇따라 한국사회는 더할 수 없이 불안하다.

성수대교 붕괴사고는 출근길의 시민들을 공포에 떨게 하고 있을 뿐 아니라, 세계 건설업계의 선두주자였던 한국의 명성에 흠집을 남겼다. 김영삼 대통령이 성수대교 붕괴사고에 대해 사과하기 직전에 충주에서 유람선이 불이 나 최소한 25명이 숨졌다. 최근 일련의 사건들로 해서 한국에서는 나돌아다니는 것이 위험하다고 느끼고 있다.

지난해 10월에 서해에서 훼리호가 침몰해 2백92명이 숨진 지 겨우 1년 만에 유람선 사고가 또 발생한 것이다. 기차나 비행기 여행도 안전하지가 않다. 지난 8월 1백60명의 승객과 승무원을 태운 대한항공 여객기가 폭풍우 속의 제주공항에 비상착륙하다가 불타 버렸다. 지난해 7월에는 아시아나항공의 보잉기가 목포 야산에 추락해 64명이 숨졌다. 지난 8월 열차끼리 충돌해 3명이 죽고 50여 명이 다쳤다. 지난해 3월에는 여객열차가 전복돼 79명이 숨진 대형사고도 있었다" 이상은 내 글이 아니다.

로이터통신의 서울주재 특파원이 '한국에서 나돌아다니기 겁난다'는 제하로 세계 언론매체에 타전했던 기사내용의 요약이다. 26일자 한국의 신문들도 전재했던 기사다. 이 기사를 좁은 지면에 장황하게 옮겨놓는 까닭은 그 기사를 보면서 터졌던 분통이 아직도 가시지 않아서이기도 하지만, 우리의 추락하는 모습이 세계인들의 눈에 어떻게 비치고 있는가를 되새겨 보자는 뜻에서이다.

세계의 건설시장을 누비며 고도의 경제성장을 지속해 선진국의 문턱에 들어섰다 해서 우리 스스로도 좋아했고 세계인들이 부러워했던 우리가 이게 무슨 추한 꼴이란 말인가. 우리는 이렇게 흉악한 모습으로 추락하고 말 것인가.

사회학자들의 이론을 빌리면 국민 1인당 GNP가 5천 달러를 넘어서면 공무원들의 부정부패가 자연스럽게 사라진다는 것이다. 또 GNP가 7천~8천 달러 수준에서는 급격한 고도성장에 따라, 쌓였던 사회 구석구석의 적폐가 터져 나오면서 선진국 진입병을 앓게 된다는 설도 있기는 하다.

그렇다면 60~80년대에 기록적인 고도성장을 하면서 앞만 보고 달려온 우리 사회가 지금 선진국 진입병을 앓고 있다는 것인가. 그러나 우리가 최근 2년 동안 겪고 있는 '참사의 연속'은 그렇게 낙관할 수 있는 성질의 것이 아닌 것 같아 두렵기만 하다.

GNP가 9천 달러를 넘어 1만 달러를 눈앞에 두고 있건만, 사라졌어야할 공무원들의 부정과 부패는 오히려 기승을 부리고 있다. 국민들의 세금까지 도둑질할 정도니 어느 세월에 부패와 부정이 근절되겠는가. '대형참변의 연속'을 도약과정에서 있게 마련인 적폐의 노출로 간과하기에는너무 구조적인 것 같다. 사회를 떠받치고 있는 사괴석이 빠져 버린 게 아닌가 할 정도다.

겉으로는 멀쩡했다가 하루아침에 무너져 버린 성수대교를 이 사회가구조적으로 닮은 것 같아 보이기도 하니 말이다. 그리고 대형참사의 뒤에는 언제나 공무원들의 무사안일과 복지부동이 도사리고 있으며, 요행만을 바라는 눈가림식 행정이 되풀이되고 있었다.

어찌할 것인가. 사회구조 자체가 흔들거린다 해서 혼절하다시피 정신을 차리지 못하고, 계속 대형참사에 얻어맞아 끝내 추락하고 말 것인가.그럴 수는 없다. 사회를 구조적으로 썩게 하는 공무원들의 부정과 부패를 뿌리 뽑고 복지부동하는 그들을 일으켜 세워야 한다. 그것을 성공적으로 해내는 데는 통치권이 휘두르는 사정의 칼만으로는 역부족이다.

흐린 물을 맑게 해서 먹이를 찾는 물고기가 몰려들지 않게 하듯이 해야 한다. 흐린 물이 누구겠는가. 부정하고 부패한 공무원들이 기생할 수있는 흐린 물은 먹이사슬처럼 얽혀 있는 이 사회이고 우리 모든 국민들이다. 국민들 하나하나가 제 이득을 위해 공무원을 부패시키는 고리를먼저 끊어 내야만 공직의 부정과 부패를 막을 수 있다. 그렇게 돼야만 참변의 근본 원인이 되는 사회적 적폐를 방지할 수 있을 것이다.

사회를 맑게 하기 위한 의식개혁 운동에 국민들이 횃불을 들고 다 같이 동참해야 한다. 연속되는 대형참사에 가위가 눌려 떨고만 있으면 재앙은 우리 곁을 떠나지 않을 것이다.

청와대의 석조여래좌불상이 치워져 대형참사가 연발한다거나, 누구의 실덕 때문이라는 식의 허무맹랑한 유언비어나 퍼뜨리고 그것에 귀 기울이면서 자조만 하고 있을 때가 아니다. 전공무원과 국민들이 새롭게 달라져야 재앙을 물리칠 수 있다. 그래야만 더 이상 세계인들의 웃음거리가 되지 않을 수 있다.

(94. 10. 30.)

4) 교육의 세계화

시대가 사람을 만든다는 말이 있다. 이 말은 사람이 바로 그 시대를 만든다고 바꿔 말할 수도 있다. 사람은 커가면서 배우게 되는 문화전통의 범주 속에서 살아가게 되며 그 문화전통은 사회 속에서 살아가는 사람들의 생각과 행동이 응축되어 이룩되는 것이다. 문화적인 전통을 새 세대들에게 전수하는 것은 교육이 할 일이다. 새로운 생활 속에서 얻어진 가치관과 지식을 문화전통과 함께 새 세대들에게 가르치는 것이 바로 교육의 역할인 것이다.

교육은 과거를 현재에 연결시키고 다시 현재를 미래로 이어지게 하는 매개체라 할 수 있다. 그래서 교육은 미래를 창조하는 수단이라고도 말하게 된다. 다가오는 21세기의 미래사회에서 2세들이 바른 삶을 해 나갈 수 있도록 잘 키워야 하는 이유가 바로 여기에 있는 것이다.

미래사회의 보편적인 질서는 민주시민사회가 될 것이라는 게 미래학자들의 예견이다. 그렇다면 지금부터 다음 세대들을 이상적인 민주시민으로 키워 내는 일이 시급해진 것이다.

자기의 삶을 스스로 설계할 수 있는 창의성과 자립성, 자신의 행동에 책임을 질 줄 아는 책임의식과 시민정신, 또 서로 다른 생각을 가진 사람과 어울려 살 수 있는 융통성을 겸비한 2세들로 키워 내야 하는 것이다.

코앞에 다가선 21세기에 2세들은 국경을 초월한 세계 무대 속에서 온 세계를 삶의 터전으로 삼고 살아갈 수 있도록 가르쳐야 한다. 다른 문화 배경을 가진 사람들과 더불어 살 수 있는 훈련도 시켜야 한다. 외국어로 의사소통을 하는 것만으로는 안 된다.

세계의 보편적인 질서에 친숙해야 하고 공통의 가치관을 소화해 행동할 수 있어야 한다. 미래사회에서는 풍부한 지식과 창의적인 노력이 삶의 기본조건이 될 것이니 지금부터 2세들에게 이러한 기본자질을 갖출 수 있도록 교육시켜야 한다. 이것이야말로 우리 교육의 세계화인 것이다. 교육의 세계화를 통해 21세기를 준비하지 않는다면 우리 민족공동체는 미래세계의 새 물결 속에서 낙오자가 되고 말 것은 너무나 자명하다.

이처럼 교육은 우리의 미래를 판가름할 역사적 책임을 져야 하는 것이다. 우리 모두가 2세들을 올바르게 키우는 바른 교육, 수준 높은 교육이 이뤄질 수 있도록 적극 참여해야 한다. 그러한 노력을 국가와 국민 모두가 하지 않는다면 우리는 세계적인 발전추세에서 내몰리고 만다는 것을 알아야 한다. 민족공동체의 장래와 개개인의 앞날이 교육에 달려 있다는 것을 깨달아야 한다. 이제 교육은 우리 역사의 방향을 결정짓는 시대적 사명을 안고 있다고 아니할 수 없다.

우리 교육이 이처럼 중차대한 사명을 다하자면 지금과 같은 교육제도, 교육내용, 그리고 가르치는 방식으로는 결코 안 된다. 초·중·고교의 입시 위주교육으로 획일적인 점수따기 기계나 만드는 비창조적인 교육으로는 다양한 자질과 창의성을 요구하게 될 미래사회에서 도저히 적자생존할 수 없다.

입학은 하늘의 별을 따듯 어렵고 입학만 하면 공부를 하지 않고 졸업하는 대학교육으로 어떻게 세계적으로 경쟁할 교육력을 확보할 수 있겠는가. 김영삼 대통령도 연두 기자회견에서 강조했듯이 이제 우리 교육을 혁명적으로 개혁하는 문제가 국가적으로 시급한 과제로 등장하게 된 것이다. 그러나 그 책임을 맡은 교육개혁위원회는 발족 10개월이 넘는데도 11개 개혁과제만을 선정했을 뿐이다. 아직 구체적인 개혁방안을 내놓지 못하고 있어 답답하기만 하다.

광복 반세기 동안 쌓여온 교육의 적폐와 문제점들을 근본적으로 개혁하려면 교개위는 과감해야 한다. 2세들은 정보화·세계화·다원화 사회로 변모하고 통일이 실현될 21세기의 주역이다. 시대에 뒤지지 않고 시대를 이끌어 갈 수 있도록 교육을 시키자면 입시제도·교육환경·교육방식과 교육내용·대학교육·교원들의 사기, 그리고 국민들의 잘못된 자녀교육관이 개혁을 통해 새롭게 달라져야 한다.

그중에서도 제일 중요한 것은 교육재정을 안정적으로 확충하는 일이다. 개혁과제들에 대한 개혁방안을 아무리 혁신적으로 만든다 해도, 그것을 실현하는데 소요될 재정이 뒷받침되지 않으면 교육개혁 방안들은 휴지가 될 수밖에 없다. 교개위는 시대적 사명감을 분명히 인식하고 시대를 앞장서 이끌 수 있는 2세를 키워낼 교육개혁방안을 서둘러 마련해야 한다. 그래서 올해는 틀림없이 교육개혁에 착수할 수 있어야 한다.

(95. 1. 8.)

5) 입시 다양화의 의미

이수성 신임 서울대 총장의 취임일성이 사회의 지대한 관심을 끌었다.

"학업성적뿐 아니라 고교에서의 사회봉사활동을 입학 전형자료로 활용하는 독자적인 입시제도를 마련하겠다"는 이총장의 구상은 학과 성적만으로 학생을 뽑는 획일적인 현행 입시제도의 기본틀을 깰만한 파격적인 것이라 할 만하다. 현행 입시제도의 틀을 허물고 다양한 전형자료를 도입하는 대학자율의 입시제도를 만들겠다는 구상과 노력은 이 총장이 처음 시도한 것은 물론 아니다.

연세대·고려대·서강대 등 주요 사립대학들이 특별전형 방식의 입시제도 개선을 이미 추진하고 있기 때문이다. 그러나 이총장의 입시제도 개혁의 의지표명이 크게 관심을 끌게 된 것은 서울대 입시제도 개혁이 갖는 각별한 의미 때문이라 할 수 있다. 또 대학들의 자율입시제도 마련 움직임을 가속화시키고 실현시키는 새로운 계기를 만들 수도 있다는 기대에서 더욱 큰 의미를 갖는다고 할 만한 것이다.

연세대는 지난해 추진하다가 교육부의 불허로 유보했던 군단위 지역할당제 입학과 특별입학제를 다시 추진하고 있다. 지난해 '바른교육 큰사람 만들기' 교육선언을 한 고려대도 농어촌학생 특례입학제를 추진하고 있으며, 서강대도 환경미화원과 도시의 소외계층 자녀들을 별도 기준으로 뽑는 특례입학을 검토하고 있다.

사회봉사활동을 반영해 "가슴 따뜻한 학생도 뽑겠다"는 이총장의 구상이나 고려대의 '바른교육 큰 사람만들기' 교육선언은 날로 황폐화하고 있는 이사회의 도덕을 다시 일으켜 세울 수 있는 인재들을 대학이 앞장서 길러내겠다는 것이어서 정말 기대되는 바가 크다. 농어촌과 벽지학생 그리고 도시 소외계층의 자녀들을 특별입학시키려는 연세대와 서강대의 계획은 아직까지 정부가 하지 못하고 있는 소외계층에 대한 교육복지를 대학이 선도해 보려는 것이랄 수 있다. 그것을 정부가 막아야 할 이유가 있겠는가.

'사람됨'을 입시에 반영하겠다는 이 총장의 구상이 실현만 된다면 국어·영어·수학 위주의 고교교육을 정상화시키고 인성교육 체제로 전환시키는데 결정적인 계기가 될 수 있을 것이다. 서울대의 입시과목이 무엇무엇이냐는 것은 고교교육이 향방을 결정짓는 방향타라 할 수 있는 우리의 현실이다.

90여 개 대학들이 수학능력시험 성적과 고교내신 성적만으로 학생을 선발하는데도 서울대와 주요 대학들의 본고사 과목이 국어·영어·수학 위주로 돼 있어, 고교교육이 이들 과목 위주로 수업을 하는 파행교육을 면치 못하고 있다. 본고사 부활 후 과열과외가 더 극성을 부리는 것도 서울대와 주요 대학이 본고사 과목을 잘못 선정했기 때문이라는 것도 전혀 근거가 없지 않다.

서울대와 이들 주요 대학은 또 여타 대학의 학사운영과 입시과목 선정에 모범이 되고 또 선도적인 역할을 해왔다는 점에서도 이들 주요 대학의 입시 다양화 구상이 실현만 된다면 많은 대학에 확산될 것도 분명하다. 대학입시제도의 일대 개혁이 가능해질 수 있다는 측면을 그래서 중시하게 되는 것이다.

가정이 어렵다거나 교육환경이 나빠 사장되는 농어촌과 오지학생들을 특별전형하고, 소외계층 자녀들에게도 대학교육의 기회를 제공한다는 것은 있는 계층과 도시지역의 고학력 과점 현상을 해소하게 되는 것이다. 대학의 사회참여 기능을 한층 넓히게 된다는 의미도 돋보인다.

지적 영역에 대한 평가에 국한된 현행 입시제도로는 인성이 풍부하고 특출한 재능이 있는 학생을 뽑는 데는 한계가 있다. 이를 극복하자면 학생선발에서 다양한 전형자료를 대학이 자율적으로 과감하게 도입할 수 있어야 한다. 그러나 다양한 입시제도를 실현하는 데는 대학의 의지나 노력만으로는 안 된다.

교육부가 대학에 학생선발 권한을 완전하게 일임해 주는 것이 가장 우선하는 선결조건이다. 대학들이 정부의 입시제도 개혁을 앞지른다 해서 교육부가 대학들의 개혁방안을 수용하지 않는다면 그것은 모두가 햇빛을 볼 수 없게 된다. 그래서 교육의 용단을 촉구할 수밖에 없는 것이다. 지난해 연세대학에 했던 우를 교육은 되풀이 말아야 하는 것이다.

대학들도 사회봉사든, 특별입학이든, 독자적인 전형자료를 만들 때는 우리의 현실에 맞는 방안을 제시해야 한다. 보편성과 공평성이 결여돼서도 안 되며 외국 것을 그대로 모방해서도 안 된다는 것을 유념해야 할 것이다.

(95. 3. 12.)

6) 자립형 고교 경시로 뽑자

존속과 폐지의 논란이 그치지 않았던 고교평준화제도의 개혁방안이 교육개혁위원회에 의해 제시됐다. 사립고교에 한해 자립형 고교를 도입해 학생들에게는 학교선택권을, 학교에는 학생선발 권한을 줌으로써 사학의 다양성과 자율성의 신장을 통해 고교교육의 경쟁력을 강화하겠다는 방안이다.

또 자립형 고교를 통해 과열과외에 쏟아붓는 엄청난 규모의 사교육비를 학교교육비로 흡수하는 계기를 마련하며, 보편화된 중등교육의 수월성 추구를 하겠다는 것이다. 교개위의 이러한 개혁방향에 대해 긍정적인 평가를 할 만하다. 그것은 평준화제도가 지닌 문제점이 무엇인가를 알아보면 자명해진다.

연합고사에 의한 학군 내 추첨배정 방식의 고교입시제도인 평준화는 일류 고교병과 중학생들의 과열과외, 그리고 중학 캠퍼스에서 치맛바람을 몰아내는데 크게 기여를 한 제도임은 이미 잘 알려져 있다. 이 밖에 장점도 많다. 그럼에도 불구하고 고교평준화는 학력격차가 극심한 수재와 둔재를 한 교실에 수용해 교육의 수월성 추구를 망쳤고, 그로 인해 학교의 평준화가 아닌 고교생의 학력을 하향 평준화시켰다 해서 제도실시 20년 동안에 존폐논쟁이 끊이지 않았던 것이다.

따라서 평준화란 획일적인 틀 속의 고교입시제도를 융통성 있게 이·삼원화하게 개선하면 됐지 평준화 골격 자체를 전면폐지할 이유는 없었던 것이다. 더욱이 중졸자의 98%가 고교진학을 하는 현실에서 이제 고교는 만인을 위한 교육기관이 된 것이다. 누구나 가는 고교를 경쟁입시를 통해 가도록 한다는 것은 생각할 수도 없는 일이다.

그래서 98학년 무렵부터 건학이념이 분명하고 정부의 재정지원 없이 재단전입과 학생납입금 및 기부금 등으로 학교운영이 가능한 사학에 한해 자립형 고교를 허용하겠다는 평준화 개혁방향은 옳다고 보는 것이다. 그러나 이 같은 고교평준화 개혁방향에 대해 벌써부터 일부 국민들 사이에서 신흥 명문고 출현의 길을 열었다면서 귀족학교의 등장을 우려하고 자립고교 도입이 형평의 원칙에 어긋난다는 걱정이 나오고 있다. 신임 박영식 교육부장관마저도 이러한 우려의 목소리를 감안한 듯 '전체 고교의 99%는 평준화를 유지하고 자립형 고교는 시·도별로 1~2개 정도만 허용해 고교교육의 다양화를 도모해야 할 것'이라고 말한 것으로 전해지고 있다.

그러나 이러한 기우는 고교평준화의 맹점이 무엇이며 그것을 어떻게 보완해야 고교교육에서 우수한 인재를 잘 길러내 나라를 이끌고 나갈 인재를 확보할 수 있을 것인지에 대해 깊이 생각해 보지 않은 편견의 소산에서 나온 것이랄 수 있다.

자립형 고교 도입의 취지는 좋은 교육환경과 우수한 교사를 확보해 평준화 속에서 넘쳐나는 학습욕구를 마음껏 발휘할 수 없는 아주 우수한 학생들을 수용, 그들의 타고난 재능을 살려 주자는 데 있는 것이다. 따라서 중졸자의 생활기록부와 면접을 통해 입학정원의 1.5배를 뽑은 뒤 그 중에서 추첨으로 합격자를 선발케 하는 전형방식은 잘못된 것이라고 본다. 최소한 자립형 고교의 입학전형은 엄격한 관리하에 공개경쟁시험으로 뽑는 것이 훨씬 바람직하다.

공개경쟁시험이 중학생들의 치열한 과외를 유발할 소지는 있다. 그렇다고 하더라도 자립형 고교에 갈 만한 우수한 학생들 간의 경쟁은 마땅히 있어야 한다. 장래 이 나라를 이끌고 갈 큰 재목의 인재들이라면 경쟁은 치열할수록 좋고 또 빠를수록 좋다. 그러한 경쟁이 자질도 없으면서 부모의 돈이 많다 해서 이들까지 가세할 여지가 있기는 하지만, 그것이 두려워 경쟁시험없이 자립고 입학생을 뽑는다는 것은 '구더기 무서워 장 못 담그는 격'밖에 안 된다.

또 박장관이 자립고 허용범위를 1% 정도 하겠다는 것은 말이 안 된다. 최소한 인문계 고교의 10% 정도는 자립고를 허용해 평준화 속에서 수용할 수 없을 만큼 우수한 자질을 가진 중졸자를 수용할 수 있어야 한다. 자립고 입학생은 중학교에서부터 치열한 경쟁을 통해 재능과 소질을 남김없이 발휘할 수 있어야 하고, 자립고교가 그것을 뒷받침해야 한다. 그리하여 이들 중에서 노벨상을 탈 수 있는 과학자, 대문호, 철학자, 교육자, 대통령 등 각계 지도자가 나올 수 있게 해야 한다.

(95. 7. 30.)

7) 교육위원 선출방법

교육의 자주성·전문성·정치적 중립성은 법률이 정하는 바에 의하여 보장된다고 헌법 31조 4항이 명시하고 있다. 국가와 지자체가 '지방교육자치'를 해야 할 의무를 지워 놓은 법적 근거다. 이에 근거해서 지방교육자치법이 91년 3월에 제정됐고 이 법에 따라 첫 민선교육위원이 뽑혀 시·도 교육위원회가 구성돼 지난 8월로 1기 임기를 마쳤다.

그러나 지방교육자치법은 교육자치를 활성화시키기에는 너무나 졸속으로 성안되어 많은 문제를 노출시켰다. 교육위원회의 성격과 위상설정도 잘못해 놓았고 교황 선출방식을 본떴다는 교육감 선출방식과 이중간선제의 교육위원 선출방법은 부정과 부패의 소지가 많아 교육자치법 자체의 개정은 말할 것도 없고, 교육위원회 선출방법의 개선이 발등의 불로 등장하게 된 것이다.

지난 8월 21일~22일 전국 시·도별로 선출된 2기 교육위원선거에서 교육위원 후보들이 1차 선출권을 행사하는 시·군·구의원과 2차 선출권을 가진 시·도의원들에게 금품을 제공해 부패선거를 연출한 내용이 지금 속속 드러나기에 이르렀다. 부패 정도가 아주 심했던 경기도의회에서는 수뢰의원 8명이 구속되는 불상사까지 난 것을 보면 '이중 간선제'의 선출방법 자체가 탈법 부패선거를 초래한 문제의 핵심이라고 봐야 할 것이다.

그렇다면 교육위원 선출방법을 어떻게 바꿔야 부정·부패 소지를 제거하고, 양질의 교육경력자가 보다 많이 교육위원으로 선출돼 참된 교육자치가 정착될 수 있을 것인가. 현재 나와있는 개선방안은 교육개혁위원회안과 정부여당안 등 두 가지인데 모두가 본질적인 문제점을 안고 있어 선뜻 어느 한 안을 찬성키가 어렵다.

먼저 교개위안을 보자. 앞으로 초·중·고교에 구성될 '학교운영위원회'

대표들이 추천하는 교육전문가 중에서 교육위원정수의 절반을 시·도의원들이 투표로 뽑고 (이중간선) 나머지 절반은 시·도의원들이 겸직하게 한다는 것이다. 이 방법은 두 가지 측면에서 아주 큰 본질적인 문제에 걸린다. 첫째 시·도의원이 교육위원의 절반을 겸직케 한다는 것은 헌법소원의 소지가 크다. 교육의 정치적 중립성 보장을 위해 교육자치를 하겠다면서, 정당 출신의 시·도의원에게 교육위원을 겸직시킨다면 교육의 정치적 중립 저해는 더 말할 것도 없고 교육의 자주성과 전문성을 살릴 수 없다는 본질적 문제에 부딪친다. 바로 위헌 판결에 봉착하게 될 것이라는 뜻이다. 둘째 학교운영위원회 대표에게 1차 선출권을 준다는 것은 또 두 가지 문제가 있다. 하나는 학교운영위원회 구성은 공립학교에만 의무사항이고 사립학교는 권장사항이다. 공립학교 중심의 학교운영위원회 대표에게 1차 추천(선출)권을 주고 학교운영위원회가 없게 될 사립학교에는 추천권을 행사할 수 없게 한다면, 헌법 11조가 규정한 국민의 평등권 원칙에 위배된다. 그 대표권의 정통성이 흔들리게 될 것이다. 둘은 이중 간선제의 폐단이 여전할지도 모르며 단위학교의 이기주의까지 발동한다면 기초의회 의원들에 의한 1차 선출권 행사 때보다 나아진다는 보장이 없을 것이다.

이처럼 본질적인 문제를 안고 있는 교개위안을 수용, 입법화한다면 여당인 민자당이 14일 '선거인단'을 구성해 교육위원을 선출케 하는 단간선식 선출방법을 제시했다. 선거인단 구성은 학교운영위원회 60%, 기초의원 30%, 광역의원 10%로 하겠다는 방안 역시 교개위안의 학교운영위원회 대표에게 1차 선출권을 줄 때 생길 문제점을 피할 수 없다는 데서 문제가 있다.

시·도마다 1백~3백 명 규모의 선거인단을 구성하는 것도 너무 번잡스럽다. 선거인단이 되기 위한 로비 등으로 잡음이 따를 소지도 배제키 어려울 것이다. 그럴 바에는 차라리 교육위원을 지역별로 입후보하게 해 단위지역별로 '교원이 직선'하게 하거나, 시·도의회에 교육위원 후보 등록을 하게 하고 시·도의원들이 단간선케 하는 방법을 생각해보라고 정부·여당에 권하고 싶다. 그리고 언젠가는 주민직선제로 발전시켜야 할 것이다. 교원직선제를 한다면 그 정치적 의미는 대단할 것이다. 철학은 난해할수록 훌륭한 것일 수도 있지만 제도나 법, 특히 선거방법은 복잡하면 그만큼 많은 부작용과 잡음의 소지가 있다는 것을 알았으면 한다.

(95. 9. 17.)

8) 변질된 5세 입학제

미국, 캐나다, 호주, 중국, 뉴질랜드에서는 어린이가 4~5세가 되면 국민학교 입학을 하게 된다. 국민학교의 조기입학제를 시행하는 대표적인 나라들이다. 그러나 독일, 프랑스 같은 나라들은 국민학교 입학 연령을 탄력적으로 운영한다. 5~7세에 입학할 수 있게 연령폭을 3세까지 열어 놓고 학부모가 자녀의 지적성장을 감안해 자율적으로 입학시킬 수 있게 하고 있다.

우리는 건국 이후 반세기 동안 국민학교 입학 연령을 '만 5세'로 교육법에 못박아 놓았다. 그 때문에 지적성장이 유난히 빠른 아동까지도 6세에서 단 하루가 모자라면 국민학교 입학을 할 수 없어 유치원을 2년씩이나 다녀야만 한다. 그런 데다가 극성과외가 유치원생에게까지 확산돼 국어, 산수는 물론 기초영어까지 가르침으로써 지적성장이 빠른 아동들은 유치원단계에서 국민학교 저학년 공부를 거의 다 해 버리는 경우도 흔하게 된 것이 오늘의 사회상이다.

이 같은 문제점을 해결하려는 뜻에서 교육개혁위원회가 '5·31 교육개혁방안'에서 경직된 '6세 국교입학' 규정을 개정, 지적성장이 빠른 5세 아동의 국교입학 문호개방을 제안했던 것이다.

그러나 '국교 5세 입학제'는 교육법의 관계조항 개정을 위한 입법예고 과정에서 엄청난 찬반논쟁에 부딪쳐 현실타협을 하게 됨으로써 '지적성장이 빠른 아동을 조기입학시키자'는 제도도입 취지를 살리기 어렵게 변질되기에 이르렀다는 것이다.

이번 정기국회에서 교육법 개정안이 통과되면 내년 국민학교 입학에서부터 허용될 5세 입학제 운영지침은 '5세 아동 부모의 희망이 있고 해당 지역 국교의 수용능력에 여유가 있을 때 생년월일순으로 입학을 허용한다'고 돼 있다. 이 같은 운영지침은 부모가 희망만 하고 아동의 나이가 만 6세에 가까울 경우에 5세 입학이 가장 유리하다는 결론에 이르게 된다. 아동이 학교공부를 따라갈 수 있을 것이냐는 가장 핵심적인 요소를 조기입학의 판별기준으로 활용할 수 없게 돼 버렸기 때문이다.

또 국교의 학급당 학생수가 40명을 훨씬 넘는 서울과 5개 광역시에서는 국교 5세 입학제가 그림의 떡이 돼 버릴 수밖에 없다는 것도 문제가 아닐 수 없다. 전국의 5,679개 국교의 10만 1,500학급 중 대도시와 신도시의 257개 국교의 1,652개 학급이 교실부족으로 2부제 수업을 하고 있다. 또 전체 국교학급의 48.8%가 평균 41명 이상을 수용하는 콩나물 교실이다. 그런가 하면 농어촌 국교는 한 교실에서 20~25명도 수용하지 못해 이 측면에서는 도시가 부러울 게 없는 것이 우리의 현실이다. 서울의 경우를 세분해 봐도 지역편차가 극심하다. 강남지역 국교는 한 학급 평균 수용학생이 46명인 데 반해 도심인 중부교육구청 내 국교는 30~32명선으로 다소 여유가 있다.

교육부의 운영지침대로 5세 입학을 허용해도 한 반의 수용인원이 39명을 넘어서는 안 된다면, 대도시에서 5세 입학제는 선언적 의미밖에는 없는 제도가 될 수밖에 없게 된 것이다. 어느 나라 국민이든 아동의 1% 정도를 영재아로 추정하고 있다. 인구가 밀집된 대도시에는 영재아동도 그만큼 많이 있을 수 있다는 추정도 가능하다.

국민학교의 5세 입학제가 이러한 영재아동을 조기입학시켜 줌으로써 빠른 지적성장을 꽃피울 수 있게 하는 것이 제도도입의 근본 취지라면, 대도시에서 그 제도가 그림의 떡이 되게 해서는 안 된다. 이 제도를 살리자면 조기입학을 원하는 아동에 대한 지적능력검사를 하는 방안도 고려했어야 한다. 그러나 지적성장도가 빠른 아동을 판별해 낸다 해도 국민학교의 수용능력이 한계에 달했다면 어찌하겠는가. 그래서 만 6세에 가까운 아동부터 입학을 허용한다는 고육책을 쓸 수밖에 없는 현실성을 이해할 수밖에 없는 것이다.

그렇다 하더라도 5세 입학을 허용키로 한 정부라면 수용능력 부족 때문에 영재아동이 입학을 못해 그 훌륭한 싹을 스스로 잠재워야 하는 일이 없도록 교육환경 개선에 투자를 서둘러야 한다. 학부모들도 조기입학이 내 자녀에게 과연 합당한 것인가를 냉정히 판단해, 그렇지 않다는 결론에 이르면 지적성장이 빠른 다른 집 자녀에게 조기입학 기회를 양보할 수 있는 아량을 가져야 한다. 조기입학이 결코 좋은 것만은 아니라는 것을 학부모들이 깨달아야 할 것이다.

(95. 10. 29.)

9) 세모 유감

한 해가 저물어 가고 있다. 한 해의 마지막 길목에 선 사람들은 썰렁하고 스산하며 무엇인가를 잃은 듯한 공허감에 사로잡혀 있다. 유난히 추울 것이라고 예보된 겨울날씨의 탓만은 아닐 것이다.

한 해의 삶을 반추하면서 회한에 잠기게 되는 올해의 세모가 유독 각별한 것은 무엇 때문일까.

너무나 끔찍했고 경악스러웠던 사고와 사건들이 국민들을 불안과 긴장, 충격과 분노, 실의와 혐오에 시달리게 해 삶 자체가 피곤하고 짜증스러웠기 때문이 아닐까. 건국 이래 최악이었던 삼풍백화점의 붕괴참변이 죄없는 수많은 시민들의 생명을 앗아갔다.

열차 충돌사고, 비행기 추락사고, 연안여객선 침몰사고, 성수대교 붕괴참변, 충주호의 유람선 화재, 서울 아현동의 도시가스 폭발사고 등 정신없이 사고가 이어졌던 지난해를 무색케 했다. 삼풍백화점 붕괴참변은 나라 체면을 '사고공화국'으로 추락시켰다. 고층아파트와 백화점과 극장 등 다중이용 시설물에 확산된 불안심리가 아직도 사라지지 않고 있다.

연말에 육상에서 또 대참변이 터진다고 했다는 어느 점쟁이의 예언이 송년 분위기를 썰렁하게 만들어 놓았다는 말도 있다. 사람들이 돌발사고에 가위가 눌려있다는 반증이 아니고 무엇이겠는가. 삼풍붕괴의 폐허 속에서도 11일·13일·15일씩이나 버티고 살아난 최명석 군·유지환 양·박승현 양 등 세 젊은이들이 보여 준 강인한 생명력과 서민정신은 그때 절망감에 빠져있던 국민들을 크게 격려했다. 비극적인 올해에 보석처럼 반짝이는 인간승리가 있었다는 것은 유일한 위안이 아닐 수 없다.

하지만 나라를 이끈다는 정치인들이 한 일은 대형사고 못지않게 국민들을 화나게 했다. 그래서 정치에 대한 실망과 혐오와 무관심이 그 어느 해보다 컸다.

북한에 15만 톤의 쌀을 주고서도 뺨만 맞은 꼴이 된 대북외교 행태는 정말 국민들을 속상하게 했다. 30억 달러를 부담해야 할 북한 경수로 건설협상에서도 재주는 미국사람들이 부리고 북한은 배짱부리며 이득을 취하고 있건만, 우리는 팔짱만 끼고 봉이 돼 버린 것을 생각하면 분통이 터진다. 우성호 선원들의 귀환소식은 여전히 감감하다. 쌀 주고 경수로 만들어 준다는 데도 북한은 전쟁준비에만 골몰해 전쟁이 터질지도 모른다 해서 주식이 곤두박질치고 있다. 중소기업은 하루에도 40~50개씩 도산하고 있다. 이게 어디 문민정부에 기대했던 정치였던가.

대통령으로 뽑아 줬던 노태우 전 대통령은 정치에는 그렇게도 무능했으면서 재벌들에게 공갈이나 쳐 5천억 원 이상을 비자금으로 끌어 모으고 2천8백억 원 이상을 사리를 위해 꼬불쳤다. 이보다 더 국민들을 분통 터지게 하는 일이 또 있겠는가. 철장에 갇힌 노 씨가 밉기만 하다.

노 씨 사건은 대통령 자리에 대한 불신과 격하의 심사를 드높여 놓았다. 돈에 대한 가치혼란을 국민들의 마음속에 심어 놓았다는 것도 작은 문제가 아니다. 그래서 건국 이래 최대 최악의 부정축재 사건이라 아니할 수 없는 것이다. 그처럼 탐욕스러웠던 대통령에게 기십 기백억 원씩을 뜯기고서도 끄떡없는 재벌기업들의 생명력도 불가사의한 것이 아닐 수 없다. 그러한 정경유착 밑에서도 경제는 9.3%나 신장되고 국민 1인당 GNP가 1만 달러를 돌파하게 됐다고 하니, 우리 국민은 세계에서 둘도 없는 기적의 민족임이 분명하다.

6·27지방선거에서 여당의 참패와 DJ의 명분 약한 정치복귀가 몰고 온 정치권의 '제로섬' 투쟁은 대형사고 못지않게 국민들을 불안케 하고 있다. 국민 누구도 마다치 않을 '역사 바로세우기'의 명예혁명을 제창한 김영삼 대통령의 통치의지는 무엇 때문에 국민들을 시큰둥하게 만들어 놓았는가. 선뜻 동참하기를 꺼리며 냉소만 짓고 있는 이유는 무엇인가. 대

통령이 예측할 수 없는 인물로 낙인찍혀 국민들로부터 신뢰심을 잃었기 때문이 아닐까 한다. 깜짝쇼식의 통치행태가 빚은 결과다.

어찌됐든 지구는 돈다. 그래서 해는 바뀐다. 참담하고 낭패스러운 한 해는 머지않아 가 버리고 새해의 맑은 해는 어김없이 떠오를 것이다. 새해에는 사고도 줄고 예측가능한 정치가 펼쳐져 온 국민들의 삶이 희망적이었으면 하는 기대를 걸어 본다. 영화 '개같은 날의 오후'만도 못한 '돼지의 해'가 빨리 가 버리기를 바라는 이유가 그 때문이다.

(95. 12. 17.)

13. 효도도 못 받을 것을…

1) 나쁜 '시나리오'

한국개발교육원(KDI)의 이주호 연구위원은 지난 3월 대학설립 자유화를 제청해 관심을 끌었다. 그는 '교육개혁의 과제와 방향'이란 주제발표를 통해 "일정한 요건만 충족되면 대학을 마음대로 설립하고 정원이나 학과 설치도 자유화하도록 해 교육의 질을 높여야 하며, 이 부담을 소비자인 학생과 학부모가 아니라 대학이 떠안도록 해야 한다'는 개혁방향을 제시했다.

그의 주장에는 물론 일리가 있기는 하다. 그러나 그의 주장에 더욱 큰 관심을 갖게 되는 까닭은 정부의 교육개혁팀의 실세들이 이위원과 똑같은 발상을 하고 있어 곧 발표될 교육개혁방안 중 대학교육 개혁방향이 그런 식으로 설립문호를 개방하고 정원규모도 대폭 늘리는 게 아닌가 해서이다. 문민정부에 들어와서도 대학팽창을 계속돼 왔다. 93년도에 4년제 대학입학정원을 1만 1천 명, 94년도에 2만 명 이상 증원했다. 대학정원 자율화도 예정보다 앞당겨 96학년도부터 단계적으로 시행키로 했다. 대학정원에 대한 국가통제의 폐지를 선언한 것이다. 정부의 이러한 방침이나 교육개혁팀의 발상은 대학을 시장경제의 논리에 맡겨놓으면 대학 간의 자유경쟁으로 우수한 대학은 살아남고, 낙후된 대학은 저절로 도태된다는 것이다. 97년 이후 고등교육시장의 개방은 국내 대학의 경쟁을 부추겨 이러나 논리를 뒷받침해 줄 것으로 인식하는 것 같다.

대학입학정원의 철폐와 고등교육시장 개방으로 외국대학 분교가 많이 생기고 교육여건이 우수한 대학들은 정원을 늘리게 될 것은 확실하다. 인구증가 추세로 봐도 대학 수요는 더 이상 크게 늘어나지 않을 것은 예측이 가능하다. 교육소비자(학생)들은 더욱 많아진 선택의 기회를 활용해 싸고 질 높은 대학을 선택하게 되고, 대학은 학생확보를 위해 수준 높은 교육서비스를 더욱 향상시킬 것이다. 교육개혁팀에서 상정하는 '이상적인 시나리오'인 것 같다. 그렇다면 꼭 이렇게 되지 않는다는 '나쁜 시나리오'도 생각해봄 직하지 않겠는가. 교육학자 정재걸 교수가 상정해 보는 '나쁜 시나리오'에 그래서 더욱 큰 관심을 갖게 된다. 그의 가설은 이렇다.

첫 번째 가정은 대학교육에 대한 수요가 그렇게 쉽게 줄어들지 않을 것이라는 것이다. 진학 수요는 당해 연도 고졸자에게만 한정되지 않는다. 지난 시험 때만도 수능시험 응시생의 35.4%인 27만 6천 명이 재수생이었다. 취업한 고졸자들도 기회만 주어지면 대학진학을 하고자 하는 잠재 수요자들이다.

두 번째 가정은 대학들이 담합하여 등록금을 계속 인상하지만 교육서비스는 향상되지 않을 수도 있다는 것이다. 자유시장 경제의 역사를 보면 상품제조업자들이 적자생존의 경쟁을 하다가 승자만이 남고 패자는 도태하는 경우보다는 서로 담합해서 공생하는 경우가 더욱 많았다. 자유경쟁만 시키면 교육의 질이 좋아지리라는 가정은 우리 대학들의 부정적 요인을 과소평가하는 것이라 할 수 있다.

마지막 가정은 지금의 대학진학을 위한 학생들의 경쟁이 대학원으로 상승하리라는 것이다. 노동시장과 학력 간의 관계를 보면 노동시장의 직업구조가 끊임없이 상위학력으로 이동해 왔음을 볼 수 있다. 과거 국졸 학력이면 가능했던 직업이 중졸과 고졸학력으로 채워지고 있으며, 고졸자면 될 일자리가 대졸자에게 빼앗기고 있다는 현실만 봐도 알 수 있다.

50~60년대의 고졸실업률 증가가 대학진학을 부추겼다는 역사적 사실은 점차 심각해지고 있는 대졸실업률의 증가가 대학원 진학의 가속화를 예고하고 있다고 할 수 있다. 눈치 빠른 대학들이 대학원 중심대학을 자칭하면서 대학원 증설을 준비하고 있는 것도 이와 무관하지 않다.

이러한 '나쁜 시나리오'를 종합해 보면 머지않아 우리의 대학취학률은 90%를 자랑하게 될 것이다. 대학등록금은 더욱 많아지고 학부모들의 사교육비 부담은 가계비의 대부분을 점하게 될 것이다. 대학원 진학 열기는 더욱 확대되어 대학진학 시험이 지금의 대학입시를 대신하는 북새통이 될 것이다. 이렇게 되면 교육에 대한 초과잉투자로 나라경제는 쇠약해지고 일자리가 없어 노는 석·박사학위 소지자들이 중대한 사회불안 세력으로 등장할지도 모른다. 대학의 입학문호를 활짝 열었을 때 이렇게 되지 않는다고 누가 보장하겠는가. 그때 가서 후회해 봤자 때는 이미 늦어버린다는 것을 교육개혁팀은 유념했으면 한다.

(95. 4. 30.)

2) 교육감, 교원들이 뽑자

교육의 자주성과 전문성 그리고 지방교육의 특수성을 살리기 위해 도입한 교육자치가 왜 이처럼 썩어가고 있는 것일까. 서울시 교육감선거 때 교육감 출마를 희망했던 한 교육위원이 4명의 교육위원들에게 5천만 원씩을 주고 한 표를 부탁했다가 무더기로 구속됐고, 이 과정에 끼어들어 역시 거액을 받은 제1야당 부총재마저 쇠고랑을 찼다.

또 지난 7월 제2대 전북 교육감으로 당선, 취임한 지 한 달 남짓한 현직 교육감이 1대 교육감 선거 때 금품을 뿌린 혐의가 잡혀 역시 구속됐고, 충남 교육감도 선거 때 금품을 살포했다는 의혹을 받아 금명간 검찰에 소환될 지경에 이르렀다.

　사회 어느 분야보다도 깨끗해야 할 교직사회에서, 또 어린 학생들에게 모범을 보이기 위해서라도 가장 투명하고 한 점의 티 없이 치러져야 할 교육감 선출이 왜 이처럼 '돈판선거'로 부패하고 타락하기에 이르렀는가. 정치로부터 교육의 자주성을 확보하기 위해 한다는 교육자치가 오히려 정치의 손안에서 놀아나게 된 것인가. 또 제1대 교육위원화 교육감 선출 때는 그런 대로 넘기더니 왜 제2대 선출에서 이처럼 '돈판'이 되고 정치가 끼어들게 된 것일까.

　그 원인을 찾아 내지 않고서는 썩어 문드러질지도 모르는 교육자치를 희생시킬 수 없을 것 같다. 원인을 분석해 보면 첫 번째는 교육감이나 교육위원을 하겠다는 사람이 문제이고, 두 번째는 교육위원과 교육감을 선출하는 선거방식이 잘못돼 있다는 것을 꼽을 수밖에 없다.

　서울시 교육감선거에서 출마를 희망, 거액을 살포한 문제의 교육위원은 교육감은 고사하고 교육위원이 돼서도 아니 될 사람이었다는 게 주위의 공통된 평가다. 학교를 4개나 운영하는 육영사업가라고 하지만 10여 년 전 서울교육청 직원 33명을 중상모략했다가 무고로 밝혀져 철창신세를 진 일까지 있다는 것이다.

　4년 전 1대 교육감선거 때 거액을 뿌리고 교육감 자리를 탐했다가 실패한 경력 있는 전북 교육감만 해도 그렇다. 교육감 자리를 무슨 떼돈이나 버는 자리로 알고 아예 돈판선거를 시도한 장본인이었다면 이번에도 교육감으로 뽑히는 것이 차단됐어야 한다.

　그런데도 하물며 현행 교육위원과 교육감 선출방식은 이러한 자격미달의 사람들을 차단할 수 없게 돼 있다는 데 문제의 심각성이 있는 것이다. 그래서 교육개혁위원회는 3차 교육개혁방안에서 지방교육자치제도 개혁

방안을 마련, 98년 실시를 목표로 관계법 개정을 추진하고 있다. 그러나 개혁방안이 제시한 교육감 및 교육위원 선출방식도 현행 제도의 미비점을 완벽하게 개선·보완했다고 볼 수는 없다.

현행 교육감 선출방식은 교황 선출방식을 모방했다 후보등록이나 추천과정 없이 교육위원회에서 무기명 비밀투표로 선출하도록 돼 있다. 이처럼 얼굴 없는 후보에게 투표케 하는 데서 돈이 판치고 부정이 개입할 여지가 많다는 게 현행 제도의 단점이다.

개혁안은 교육감 후보등록을 받은 후 소견발표회를 갖게 해 자질과 자격을 검증한 후 교육위원들이 선출토록 하는 공개방식을 도입했다. 하지만 개혁안의 최대 단점은 현재 7~26명인 교육위원을 7~11명으로 대폭 줄여 만에 하나라도 '돈판선거'가 판을 친다면 매수하기가 훨씬 쉽고, 매수금액은 위원수가 준 것에 반비례해 더 커질 수밖에 없다는 것을 상정하기가 어렵지 않다.

교육위원 선출방식도 개선됐다고 보기가 어렵다. 교육위원 정수의 3분의 1을 지자체장이 추천하고 나머지 3분의 2를 교육계가 추천, 시·도의회에서 선출하도록 했다. 이 제도는 기초의회에서 2명을 추천해 시·도의회가 1명씩을 선출하는 현행 제도의 지역대표성이 삭제되는 폐단을 내포하고 있다. 교육자치가 잘못하면 지자체와 시·도의회에 예속될 소지가 많다는 결정적인 폐단이 있다.

시·도의회 의원은 정당을 가진 정치인들이고 지자체장도 역시 정당에 소속돼 있다. 그러한 정당인들이 교육위원 후보를 추천하고 선출하면 교육위원은 어쩔 수 없이 그들의 눈치를 보지 않을 수 없는 것이다. 제1야당 부총재가 서울시 교육감 선출과정에 연루된 사건이 바로 교육자치가 정치의 손안에서 놀아나게 됨을 입증한 것이다.

따라서 진정한 교육자치를 하려면 교육감과 교육위원들을 그 지역 교원들이 직접 투표해서 뽑는 교원직선제를 과감히 도입하라고 권하고 싶다. 개혁방안이 이미 공표됐는데 무슨 소리냐고 할지 모른다. 하지만 공표된 개혁방안은 선거부정을 막기에도 역부족이고 잘못하면, 교육자치를 정치와 지자체에 예속시킬 소지가 너무 많다는 것을 교개위와 교육부는 결코 가볍게 봐 넘겨서는 안 될 것이다.

3) 명문대학 선호열기

대학입시철이 절정에 달했다. 140개 전기모집 대학 중 서울대·고려대·연세대·포항공대·이화여대 등 102개 대학들이 지난주 8일과 어제 대학별고사나 면접시험을 마치고 채점과 사정에 들어갔다. 17일에 38개 전기모집 대학이 시험을 치르면 4년제 대학의 입학시험은 사실상 끝나게 되는 셈이다.

올해 대학입학정원 27만 3,544명의 13.46%인 3만 6,824명을 뽑는 69개 대학의 특차모집 전형을 시작으로 구랍 하순에 막이 오른 96학년도 대학입시는 모집정원의 82.22%인 22만 4,969명을 뽑는 전기모집 대학입시를 고비로 4년제 대학의 당락은 판가름이 난다 해도 과언이 아닌 것이다.

후기대학시험(2월 20일)이 남아 있기는 하다. 후기모집을 하는 19개 대학과 분할모집 14개 대학이 있기는 하지만, 모집정원이 1만 1,751명에 불과하다. 후기모집 대학 중에는 성적이 우수한 학생들이 노릴 만한 명문대학이 끼어 있지 않아 후기대학시험은 있으나 마나한 것이 돼 버렸다.

어찌됐건 수학능력시험에 응시했던 80만 7,736명의 수험생 중 33.82%만이 4년제 대학에 진학하게 될 뿐이다. 나머지 66.18%인 53만 5,192명 중에서 23만 6,635명은 153개 전문대학에 진학하게 될 것이다. 그런다 해도 수학능력시험 응시자의 36.91%인 29만 8,667명은 4년제 대학도 전문대학도 못 가게 된다. 진학의 꿈을 이루지 못하는 낙방생이 37%에 가까운 30만 명에 이른다면 고등교육기관의 입학문턱은 여전히 높다고 할 수밖에 없다.

김영삼 정부에 들어와 3년 동안 4년제 대학입학정원을 5만 2,000명 이상 증원했고 전문대학 정원도 6만 2,000명 이상 늘렸다. 반면에 고교 졸업자는 4만 5,000명 이상 줄었는데 고등교육기관의 입학문호가 비좁기만 한 이유는 어디에 있는가.

그것은 김정부 역시 국민들의 왜곡되고 과다한 고학력 열기를 진정시키는데 실패했다는 반증인 것이다. 국민들의 교육고통을 덜어 준다면서 대학의 입학문호를 넓혀 입시지옥을 해소하려는 어설픈 대학정원 증원 정책이, 오히려 고학력 열기만을 부추겨 놓았던 것이다. 국민들의 삶의 질이 향상되려면 4년제 대학에 덜 가고서도 보통시민으로서 불편없이 살 수 있는 사회를 만다는 것이다. 정책입안자들은 그것을 알아야 한다.

또 이번 전기대학 입시에서 특기할 만한 상황은 소위 명문대학의 입시 경쟁률이 근래 몇 년 동안과는 비교할 수 없을 정도로 치솟았다는 점이다. 그 외형적인 원인은 전기대학 입시날짜가 4~5일 간격으로 황금분할 돼 3복수 지원이 가능해졌고 특히 서울대의 입시날짜가 연세대, 고려대, 포항공대, 이화여대와 달리 잡혀, 상위권 성적 수험생들이 보다 나은 대학에 도전할 수 있는 기화가 보장됐기 때문이다.

이러한 복수지원제의 활용은 상위권 실력 수험생들의 낙방을 방지하고 대학 선택의 폭을 넓혀 놓았다는 측면에서는 매우 긍정적이고 순기능적이라고 할 수 있다. 그러나 그것이 수반하는 역기능이나 부정적 측면이 전혀 없는 것은 아니다. 그중에서도 가장 우려되는 것은 대학을 맹목적으로 서열화시키고 '명문대학 선호열기'를 가열시킨다는 것을 꼽을 수 있다.

'명문대학'이 무엇인가. 우수한 교수가 많고 도서관·실험실습시설·강의실 등 대학의 시설이 좋고 우수한 학생이 많이 모이고, 졸업생의 사회진출과 활동이 화려하고 건학이념과 학풍이 독창적이며 개교 연륜이 오랜 대학을 지칭하는 것이 아니겠는가. 대학진학 희망자들이 가급적이면 이러한 명문대학에 입학해 보다 나은 미래를 보장받고 싶은 것은 인지상정이랄 수 있다. 구태여 나무랄 것은 못된다.

하지만 모든 수험생들이 명문대학 입학만을 선호해 자질과 능력을 무시한 채 그 엉뚱한 열기에 휘말린다면 그것은 과도한 '고학력 열기'만큼이나 해로울 수 있다.

5년 앞으로 다가선 21세기는 '명문'이라는 간판보다는 특정 분야가 필요로 하는 특수한 재능과 기술을 요구하는 시대가 될 것이다. 대학들은 어느 한 분야만은 자신하는 특성화를 도모해야 하고, 대학진학자들도 명문대학의 아무 학과나 진학하기보다는 자질과 특성을 살릴 수 있는 특성화한 대학을 가는 지혜를 터득해야 할 것이다. '명문간판'이 보다 나은 삶을 보장하는 시대는 곧 끝난다는 것을 알아야 한다.

(96. 1. 14.)

4) 복수지원제 보완방안

올해의 대학입시에서 제대로 활용된 대학입학 복수지원제는 수험생과 학부모에게는 아주 좋은 제도였다. 아직까지도 3명 중 1명만이 진학하게 되는 4년제 대학의 비좁은 입시문호 속에서 그나마도 수험생들이 이 대학 저 대학을 지원해, 시험을 쳐보고 합격한 대학 중에서 '보다 좋다'는 대학을 골라 갈 수 있었으니 이보다 더 괜찮은 제도가 또 있겠는가.

학부모들의 입장에서도 그것은 바람직한 제도였다. 분명히 대학에 갈 만한 실력이 되는 데도 시험날의 하찮은 실수로 실력발휘를 못 해 낙방하고 재수·삼수를 하는 자녀를 뒷바라지해야 하는 고통을 웬만하면 하지 않아도 되게 됐으니 이 얼마나 다행스러운 일인가.

대학입시제도로서 이처럼 괜찮은 제도가 그러나 대학들에는 입시행정에 적지 않은 번거로움과 혼란을 안겨 줬다. 합격시켰던 학생들을 보다 낫다는 대학에 빼앗기는 데 따른 자존심의 상처도 결코 가볍지 않았다. 서울대학만이 모든 분야의 수재들을 독점하는 모순을 노골적으로 노출시키기도 했고, 대학을 한줄로 나란히 세워 등급을 정하는 서열화 현상도 심화시켰다.

이 같은 긍정적 측면과 부정적 측면을 동시에 보면서 교육제도, 특히 입시제도의 양면성을 새삼 생각케 된다. 우리처럼 아들은 97%, 딸도 93%를 대학에 보내겠다고 아우성인 고학력 지향풍토에서, 그로 인해 1당2락 해야 하는 입시지옥의 현실에서는 어떤 입시제도도 역기능과 부작용을 수반할 수밖에 없다는 것도 확인하게 되는 것이다. 그래서 복수지원제의 역기능을 해소할 보완방안을 모색해 보게 되는 것이다.

첫 번째 역기능인 성적우수학생의 서울대 과다집중 현상을 막자면, 서울대를 제외한 여타 대학이 특차모집 비율을 더욱 확대하는 방안이다. 학과 또는 계열에 따라 모집정원의 20~50%까지 뽑았던 특차전형을 50~70%까지 확대해 서울대로 몰릴 우수성적 학생을 일반 전형 이전에 많은 대학들이 확보할 수 있게 하는 것이다. 그렇게 해서 올해 3만 6,824명이었던 특차정원을 5만 명 정도까지 미리 뽑는다면 서울대로의 집중은 상당히 완화될 것이다. 이 방안은 대학들의 의지 여하에 따라 97학년도 입시부터 당장 시행이 가능한 것이다. 대신 서울대는 특차모집을 계속해서 하지 말아야 한다.

두 번째 역기능인 복수합격자의 수직이동에 따른 대학의 서열화 현상을 막을 단기대책은 지금으로서는 없다. 97학년도 입시에서는 후기모집까지 없어져 4복수지원까지 확대되면 대학서열화는 더욱 노골화할 것이다. 대학에 따라 특성화나 서울대와는 차별화가 돼있는 학과나 계열을 가진 대학들이 이런 학과와 계열만을 떼어서 서울대와 같은 날 전형함으로써 서울대와는 복수합격을 못하게 하는 방안을 생각해 볼 수는 있을 것이다. 그러나 그러한 모험을 해볼 대학이 과연 있겠느냐는 데서 보완책이 될 수 있을지는 의문이다. 때문에 대학이 특성화를 앞당기는 노력을 가속화할 수밖에 없을 것이다.

미국처럼 9월 새학기에 입학할 학생을 전해 12월 중순부터 뽑기 시작해 대학입시 시즌이 5~6개월간 장기화하고 대학들이 여러 그룹으로 나눠 전형을 하는 식으로, 우리의 입시시즌이 연중화하면 입학생에 의한 대학의 서열화는 어느 정도 완화할 수도 있을 것이다. 그러나 이 방안도 2~3년 내에 시행되기는 어려워 당장의 보완방안은 될 수가 없다는 데 아쉬움이 있다. 시험날짜는 달리하되 합격자의 등록일을 같은 날로 정해 등록을 했다가 빠져나가는 데 따른 대학의 체면손상을 막을 수는 있겠지만, 자칫하면 복수지원제의 기본취지를 손상시킬 수 있다는 데서 선뜻 권장하기도 어렵다.

수험생과 학부모를 위해 개선할 점은 미등록자 충원을 위한 추가합격자의 예비명단을 최초합격자 명단발표 때 함께 하는 것을 의무화하는 방안이다. 대학들은 미등록자가 정확히 어느 정도 생길지 모르는데 그것을 미리 발표하자면 입시업무가 한층 복잡해 고충이 클 것은 분명하다. 하지만 서울대의 추가합격자 명단에 들고서도 전화불통으로 통보를 받지 못해 등록일을 놓침으로써 두 번 불합격한 전주의 유은이양의 불행이 어느누구에게도 다시 되풀이돼서는 안 될 것이다. 또 추가합격 통보를 기다리느라고 수만명의 학부모들이 며칠씩을 전화통 옆에 묶여 있어야 하는 너무나 어처구니없는 대학입시의 새 풍속도는 결코 바람직스러운 것이 못되기 때문이다.

(96. 2. 11.)

5) 선거와 교원

4·11총선날이 'D-18일'로 다가섰다. 15대 국회의원을 뽑는 이번 총선에서는 전국 253개 지역구에서 4만 4,500여 후보자가 출마할 것으로 예상된다. 역대 어느 총선 때보다 치열한 접전이 될 것으로 보여 벌써부터 선거결과에 국민들의 관심이 쏠려 있는 것 같다. 그래서 유권자들은 선거날을 손꼽아 기다리는 것 같다. 선거사무와 무관한 많은 공직자들과 기업체 종사자들은 임시공휴일인 선거날에 일찍 선거를 마치고 봄기운이 충만한 휴일을 즐길 생각에서도 선거날이 기다려지는 것이다.

그러나 유독 초·중·고교의 교원들만은 선거날이 닥치는데 별로 달갑지 않다는 표정이다. 많은 교원들에게는 선거날의 임시공휴일이 그림의 떡이다. 쉬는 것은 고사하고 하루종일 투표장에 나가 투표가 공명하고 공정하게 진행되는가를 지켜봐야 하고, 밤에는 개표장에서 밤새워가며 개표업무에 공사해야 하기 때문이다.

물론 모든 초·중등 교원들이 다 투·개표장에 나가는 것은 아니다. 30여만 명의 평교원 중에서 7,000여 명 가량이 투표장에 동원되고 1만

8,000여 명은 개표업무에 종사하게 되는 것이다. 합쳐봐야 2만 5,000명 정도로 전체 평교원의 8.3%에 해당하는 인원이기는 하다. 하지만 누가 투·개표업무에 종사하게 될 것인지를 알게 되는 것은 선거날이 임박해야 한다. 지역선관위에서 단위학교에 필요한 인원수를 통보해와 학교별로 대상 교원을 선정하게 되기 때문에 아직은 전체 교원들의 마음을 무겁게 한다는 것이다.

4개 선거를 동시 실시했던 지난해 6·27지방선거 때는 투표업무에 교원 2만 9,243명, 개표업무에 7만 4,700명 등 10만 3,900여 명이 동원됐다. 전체 평교원의 34.3%나 됐고 개표에 동원된 교원의 12.4%인 898명이 여자교원이기도 했었다. 선거 때마다 투·개표업무에 교원들을 동원하는 데 대해 교원들이 반발하는 이유는 몇 가지가 있다. 평소에는 교직을 홀대하기만 하면서 왜 하필이면 투·개표 업무종사 공무원의 60%까지를 교원으로 할당해 교육활동과는 전혀 상관없는 일을 시키느냐는 것이다.

교원들이 특히 자존심 상한다고 생각하는 것은 투·개표업무에 동원되는 교원들에게 선관위 직원들이 함부로 지시·명령하는 말투를 쓰고, 심부름꾼이나 되는 것처럼 통제하고 간섭하는 권위주의적 자세이다. 봉급호봉으로 따진다면 5급 사무관격인 교원들을 7급인 선관위 평직원의 보조원 노릇이나 하게 하는 것은, 교직을 홀대하는 상징과 같아 참기 어렵다고 분개하는 교원들이 많다.

투표업무 종사 교원에게 1만 5,000원, 밤샘개표업무 종사 교원에게 2만원을 지급하는 수당도 불만요인 중의 하나다. 교원들을 투·개표업무에 가장 많이 동원하는 데 따른 문제점이 이것으로 그친다면야 말 많은 일부 교원들의 단순한 불평으로 넘길 수도 있을 것이다.

그러나 문제의 심각성은 철야개표에 동원되는 교원들이 다음날 수업을 제대로 못 한다는 데 있는 것이다. 1만 명의 교원들이 개표업무에 동원되어 밤샘을 한다면 수업결손으로 피해를 보는 학생은 50만 명에 달하고 2만 명의 교원이 밤샘개표를 한다면 100만 명의 학생들이 수업결손으로 학습권을 침해당하게 된다는 것을 알아야 한다.

선거가 교육에 피해를 주는 것은 이것으로 그치는 게 아니다. 각종 선거 때마다 학교운동장을 선거유세장으로 사용함으로써 소음과 유세 뒤의 쓰레기 등으로 학교와 학생들은 손해와 피해를 보게 마련이다.

세계 어느 나라를 둘러봐도 국가선거사무인 투·개표업무에 교원을 강제 동원하고 학교운동장을 유세장으로 사용해 2세 교육에 피해를 주는 나라는 우리 말고는 없다. 이처럼 잘못된 관행은 건국 초기에 투·개표업무를 공정하게 집행할 만한 지식인 집단이 교원 말고는 별로 없었다는 데서 연유한 잘못된 관행에서 비롯된 것이다.

정부와 정치권은 교원들의 이익옹호단체인 한국교총이 낸 투·개표업무에 교원동원 자제와 학교운동장의 유세장 이용금지 건의를 받아들여 다음 선거에서부터는 시행할 수 있도록 입법화할 것을 촉구하고 싶다. 선거가 2세 교육을 희생시키면서까지 치러져야 할 명분은 어디에서도 찾아볼 수 없기에 하는 충고인 것이다.

(96. 3. 24.)

6) 효도도 못 받을 것을…

60년대까지만 해도 우리 사회에 차자분가제라는 것이 있었다. 장자가 부모를 모시는 게 철칙처럼 돼 버렸기 때문에 차자는 결혼하면 부모에게서 떨어져 나가 가정을 꾸려가야 하는 것이 우리의 기본적인 가족관계였다.

그러던 것이 핵가족사회가 되면서 대부분의 가정이 독자만 두기에 이르렀다. 차자분가제란 개념이 사라지고 독자인 장자가 분가하는 세상이 돼 버렸다. 그리고 부모들은 아들이든, 딸이든 구분할 것 없이 공부는 하겠다는 데까지 시키고 장가가고 시집가면 아파트든, 전셋집이든, 살 보금자리를 마련해 줘 딴살림을 할 수 있게 해 줘야만 부모가 할 일을 했다고 생각하는 무한책임의 자녀교육관이 계층을 가릴 것 없이 유일한 가치관으로 등장한 것이다.

부모들의 무한책임 교육관의 현실적 표현이 교육을 많이 시켜야 하는 것으로 나타내려 하다 보니, 왜곡된 고학력 풍조가 점점 심화하고 있으며 그래서 대학입시가 국가의 최대 최고 관심사가 되기에 이른 것이다.

6공 말기인 92년에 대통령 교육자문위원회가 국민 5,100명을 대상으로 실시했던 '교육에 관한 국민의식조사' 결과를 보면 우리 사회의 고학력 풍조가 얼마나 심각한가를 실감케 한다.

'대학 이상까지 교육을 시키겠다'는 응답이 아들의 경우는 96%, 딸의 경우는 93.7%를 차지했다. 3년 전인 89년에 다른 정부기관에서 조사했던 같은 설문에 아들은 86%, 딸은 76%가 응답했던 것과 비교하면 고학력 풍조가 해를 거듭할수록 심화되고 있음을 알 수 있는 것이다. 일본의 경우는 아들은 54%, 딸은 23%에 불과하다.

부모들의 고학력 열기가 전혀 식을 줄 모르니 해마다 30만 명이 넘는 고교졸업자들이 대학진학을 위해 재수와 삼수를 하는 풍조가 생겨나게 된 것이다. 대학입시 뒤끝이면 시험을 잘 못친 수험생이 자살하고 초등학생과 중학생까지도 성적부진에 좌절해 꽃망울 같은 삶을 스스로 꺾는 사회적 비극이 되풀이되고 있는 것이다. '고3병'과 '고3어머니병'까지 생겨난 지도 오래다.

그처럼 어렵게 대학을 보내 4년 공부를 마쳐 봤자 모두가 원하는 직장을 잡아 고생한 부모에게 생활비를 벌어다 주는 것도 아니다. 대학을 졸업하고도 40%에 가까운 학사들은 일자리를 잡지 못해 전문대학에 다시 입학하는 학력파괴 현상까지 유행처럼 번지는 것도 그 때문이다.

교육부가 집계한 4년제 대학졸업자의 취업통계를 보면 94년의 대졸자 취업률은 63.3%였고, 95년의 취업률은 60.7%였다. 올해의 대졸취업률은 아직 집계가 안 돼 알 수 없지만 95년 수준을 넘지 못할 게 분명하다. 대졸자 취업상황을 좀 더 분석해 보면 실질적인 취업률은 훨씬 떨어진다. 94년에 대학을 졸업한 17만 9,500여 명 중에서 대학원진학자 1만 4,800명, 군입대자 5,020명, 취업 여부를 알 수 없는 1만 7,300명을 취업희망자에서 제외, 14만 2,300명만이 취업희망자로 보고 이 중에서 9만 110명이 취업해 63.3%의 취업률을 기록한 것으로 계산한 것이다. 그러나 취직을 못해 대학원을 진학한 자와 조사에서 빠진 자를 계산하면 실질취업률은 60% 밑으로 떨어진다. 이런 식으로 따져보면 95년의 실질취업률은 50%가 될까 말까한 정도인 것이다.

그렇다면 우리 부모들은 자녀들을 공부시키고 사회진출을 도와 주며 결혼시켜 분가하게 되기까지, 자녀들만을 위해 책임과 의무를 다하느라고 자신들의 삶을 언제까지 희생해야만 하는 것일까. 그래봤자 지금 40대 중반을 넘긴 부모세대는 그들의 부모를 위해 나름대로 효도를 했지만 그들의 자녀들로부터는 효도도 받지 못할 세대가 되고 만다는 것을 알아야 한다. 마지막으로 효도를 한 세대이면서 효도를 받지 못하는 최초의 세대가 될 바에야 자녀교육에 인생의 모든 것을 거는 무한책임의 자녀교육관을 우리 모두가 한 번쯤은 되새겨 봤으면 한다. 이 문제에 대한 국민적 합의도출을 시도하는 일이야말로 교육개혁의 한 과제가 아니겠는가. 교개위가 개혁의 손길을 뻗어 보라고 권하고 싶다.

(96. 4. 28.)

7) 공신력 잃은 종생부

　서울의 한 중학교와 몇몇 외국어고등학교 그리고 대구의 한 실업고교에서 종합생활기록부의 성적 올려 주기 부정실태가 최초로 불거져 나온 것은 지난달 하순께였다. 학생들의 고교 및 대학진학에 유리하도록 중간고사를 쉽게 출제해 고득점자와 1등을 양산한 것이 탄로가 나 해당 교육청이 문제 학교에 재시험을 치도록 했다는 내용이었다.

　이 엄청난 반교육적인 부정행위를 접하면서 설마 그런 학교가 얼마나 되겠느냐는 생각이 앞섰다. 사회 어느 집단보다 양심과 양식을 중시하는 교직사회라는 신뢰성 때문이다. '성적 올려 주기' 부정이 일선 학교에서 학교단위로 자행됐다면, 그것은 분명히 교육개혁을 뿌리째 뒤흔드는 반개혁적인 행태임이 분명하다. 2세를 가르치는 스승으로서의 도덕성을 스스로 포기한 반교육적인 일선 교직자가 극소수에 그치기를 바랐던 것은 그래도 교육자들을 믿어 보려는 희망이 그만큼 컸기 때문이다.

　그러나 그러한 희망은 어제 조간신문의 사회면 톱 기사를 보면서 물거품이 돼 버렸다. 서울 시내 수많은 고교에서 학교단위의 '성적 올려 주기' 식 집단적 부정행위가 예상을 뒤엎고 광범위하게 확산돼 있음을 확인할 수 있었다.

　서울시 교육청이 1백95개 인문고교의 중간고사 성적 처리결과를 분석한 것을 보면, 성적 올려 주기 부정행위가 얼마나 심각했는가를 실감하게 된다. 기가 찬다. 고3의 경우 작년보다 평균점수가 10점 이상 오른 학교는 수학Ⅱ과목에서 58개교, 국어 45개교이고 수학Ⅰ 42개교나 됐다. 강남의 한 고교는 3학년 문학과목의 경우 자연계 4백3명 중 38.5%의 1백 55명이 1등이었다. 또 다른 고교는 1등짜리가 10명 이상 나온 과목이 17개나 됐다. 이 학교 자연계 문학과목은 평균점수가 작년 69.3점에서 90점으로 껑충 뛰었다고 한다. 이쯤 되면 종합생활기록부제 실시에 따라 일선 고교들의 '성적 올려 주기' 행태가 얼마나 일반화했는가를 가늠하기가 어렵지 않다.

대학들이 고교에서 그처럼 엉터리로 부풀려 기록한 성적을 점수화해 합·불합격 판정을 한다는 데 문제가 있는 것이다. 각 고교들이 집단이기주의에 휩쓸려 성적 올려 주기 경쟁을 계속할 때 종합생활기록부상의 학생성적에 대한 공신력을 누구도 믿지 않게 된다는 데 문제의 심각성이 있는 것이다. 결국 그렇게 된다면 종합생활기록부제는 시행도 해보지 못하고 그 폐지를 검토하지 않을 수 없게 됐다고 보게 되는 것이다.

종합생활기록부제는 1차 교육개혁 과제 중 핵심적인 사안이다. 종합생활기록부제는 교사들의 평가가 공정하고 공평하다는 것을 전제로 하는 제도인 것이다. 남을 평가할 때 사사로움이 배제되는 미국과 같은 신용사회에서 성공을 거둔 제도인 것이다.

그러한 제도를 우리처럼 집단이기주의가 판을 치고 남을 추천하거나 평가하는 일에서마저 사가 통하는 사회에서 충분한 준비기간도 주지 않고 시행하려 했으니, 엄청난 시행착오를 면할 수 없게 된 것은 너무나 당연한 일인지도 모른다. 일류대학 합격자를 한 명이라도 더 내야만 좋은 학교로 쳐 주고 유능한 교장으로 평가되며 잘 가르치는 교사로 인정되는 우리의 사회풍토에서 교사들에게 학생들의 성적 평가를 있는 그대로 하라는 것부터가 무리한 요구였는지도 모른다.

그렇다면 누구에게나 공신력을 잃게 된 종합생활기록부제를 그래도 계속 추진할 것인가 하는 문제가 현안으로 떠올랐다. 교육부는 전국적으로 중학교 2개교, 고교 2개교, 특수목적고 1개교씩 모두 75개교의 성적 관리에 대한 표본감사를 실시한 후 대책을 마련할 계획이라고 한다. 하지만 서울시 교육청의 인문고교 성적관리 실태분석 결과로 미뤄 보면 '성적 올려 주기' 부정은 전국적인 현상임을 부인할 수 없게 됐다. 그렇다면 종합생활기록부를 대학입시의 전형자료로 사용한다는 것은 입시제도의 개선이랄 수가 없다. 개악 내지는 후퇴가 분명하다. 종합생활기록부제 실시를 그래도 강행할 것인지에 대한 어려운 판단을 교육부가 내려야 할 시점이 아닌가 한다. 시작부터 잘못된 일은 빨리 중단하는 것이 피해를 줄일 수 있기 때문이다.

(96. 6. 9.)

8) 누더기 종생부

종합생활기록부(종생부)가 한 번도 써먹지 않았는데 벌써 누더기가 됐다. 누더기든, 걸레든, 하기야 그 겉모양이 무슨 상관이 있겠는가.

종생부를 도입한 취지만 살릴 수 있다면 그 정도의 시행착오와 부작용쯤은 마땅히 감내할 수도 있을 것이다. 그러나 이리 터지고 저리 솟아나는 문제점들을 틀어막는 데 임시방편의 미봉책만 쓰다 보니 종생부는 누더기가 될 대로 됐다. 이제 종생부는 누구를 위해 무엇을 하자는 것인지, 그 제도의 도입 취지마저 희미해지는 지경에 이르렀다.

종생부는 교육부와 일선 교사들에게는 수렁 같은 것이기도 하다. 지난 6월 하순 중·고교의 '성적 부풀리기' 사건이 터진 후 '종생부'란 수렁에 빠진 교육부는 한 발을 빼면 다른 발이 더욱 깊이 빠지곤 하는 고군분투를 되풀이하고 있으나 속시원한 개선방안을 아직은 내지 못하고 있다.

일선 학교 교사들은 학생들의 1학기말 성적 산출도 하지 못하는 종생부 파동에 휘말려 있다.

도대체 종생부가 뭘 하자는 것인가. 고교성적 내신제가 학생들의 성적을 상대평가함으로써 학생들 간의 지나친 경쟁심을 조장하는 폐단이 있어 이를 개선하자는 게 종생부 도입의 일차적 취지다. 내신제 때의 상대평가로부터 성취기준평가로 전환, 교과성적보다는 다양한 자질에 대한 절대평가로 중·고교육을 암기 위주의 입시교육에서 인성교육으로 전환을 유도하자는 것이었다. 그리고 이것을 대학입시 전형자료로 활용케 해 과외 없이도 대학에 진학할 수 있게 함으로써 학부모들을 사교육비 부담으로부터 해방시키자는 것이었다. 종생부야말로 국민들의 고통을 덜어주는 대학입시제도가 될 수 있다는 것이 '5·31교육 개혁안' 발표 때 교육개혁위원회의 설명이었다.

그러나 종생부의 첫 시행착오는 지난 4월 중·고등학교 중간고사에서 나타났다. 성적의 절대평가 방식을 악용, 시험문제를 쉽게 출제해 성적을 올리는 반교육적 행태가 교육현장에서 거의 일반화하는 양상을 보였던 것이다. 놀란 교육부는 부랴부랴 개선안을 마련, '100등급 석차 백분율 방식'을 제시했으나 또 다른 문제점이 드러나고, 이 개선안으로 인해 불이익을 당하게 될 특목고와 비평준화 지역고교의 집단적인 반발에 부딪쳐 첫 개선안은 써보지도 못하고, 또다시 개선안을 만들어야 하는 체면 안서는 일을 거듭하기에 이른 것이다.

교육부의 체면이 말이 아닌 것이야 어쩔 수 없는 일인지도 모른다. 그러나 이번에 만든 개선안만은 종생부의 시행착오와 부작용 등 그 심각한 파문을 잠재워 고교교육의 정상화에 기여하고 또 국민들의 고통을 덜어 주는 입시제도가 될 수 있게 해야 한다는 데서 다시 한 번 기대를 걸어 보게 했던 것이다.

하지만 거의 확정단계에 이른 것으로 전해지며 3일까지 흘러나오는 개선안의 일부 내용들로 보면 '문제의 공'을 대학 측에 떠넘기는 책임전가식의 개선안 수준을 넘지 않은 것 같아 또다시 실망을 하게 된다.

인문·실업계 고교는 석차 백분율을 폐지하여 과목별 석차만 표기하게 하고, 예·체능계는 학업성취도만을 기록케 하며 동점과 동석차를 인정하게 한다는 것은, 첫 부작용이었던 일선 학교의 '자기학생 성적 부풀리기'식 반교육적 행태에 대한 대응방안이 될 수 없다는 것을 지적하지 않을 수 없다.

종생부의 석차를 대학입시에 반영하는 방법과 특목고와 비평준화 지역 고교 출신자에 대한 학교차 반영 여부도 대학의 자율에 맡기겠다는 개선안은 교육부마저도 그 무거운 책임을 대학에 슬그머니 떠넘기고 물러나 앉겠다는 책임전가로 밖에는 달리 볼 수가 없다.

남을 평가함에 있어 객관성이 보장되는 선진국의 신용사회에서나 실시할 수 있는 종생부제도를 전제조건도 갖추지 않은 상황에서 성급하게 97학년도부터 실시케 한 교개위는 일말의 책임도 느끼지 않고 있는 이때에, 교육부마저 종생부의 어려운 난제들을 대학들이 알아서 해보라는 것은 문제를 해결하려는 의지의 부족이라 아니할 수 없다. 그래서 종생부가 누구를 위해 무엇을 하자는 것인지에 관한 근본적인 문제의식을 제기하게 되는 것이다. 괜한 제도를 도입해 문제만을 만들고 있는 것은 아닌지 냉철하게 되돌아봐야 할 때가 아닌가 한다.

(96. 8. 4.)

14. 고학력 저투자 한국교육

1) 천만대 시대의 부담

우리의 자동차 보유대수가 1,000만 대를 돌파했다. 1903년 이 땅에 자동차가 등장한 이래 94년 만이고, 지난 85년 5월 100만 대를 넘어선 후 12년 만에 10배가 폭증한 것이다. '1,000만 대 돌파'로 우리의 자동차 보급률은 인구 4.65명당 1대, 1.5가구당 1대가 됨으로써 세계에서 15번째로 '자동차 1,000만 대 보유국가'가 됐고 자동차 생산량 세계 5위의 자동차 대국으로 부상하게 된 것이다.

마이카 붐이 일기 시작하던 70년대 후반만 해도 자동차 소유는 바로 잘 사는 것과 같은 의미로 통했으며, 자동차가 틀림없는 문명의 이기인 점을 감안한다면 우리의 자동차 1,000만 대 시대의 개막은 경하해야 할 일일지도 모른다. 하지만 그것을 액면대로만 반길 수 만은 없는 이유가 너무 많다.

최근 10년간 연평균 27.6%씩 폭증한 자동차는 교통문제의 본질을 바꿔놓았다. 80년대까지의 수송수단 부족으로 인한 승차난을 90년부터는 자동차 폭증으로 인한 교통체증의 상시화로 소통난이란 더욱 어려운 난제를 몰고 왔다. 자동차 문화의 미정착 때문에 교통사고 다발과 사망자 과다로 인해 교통사고 후진국이란 불명예조차 면치 못하고 있다. 지난해만도 자동차 교통사고로 1만 2,653명이 사망했다.

자동차의 과다한 보유가 우리에게 안겨주는 비용과 손실은 이것만이 아니다. 지난해만도 교통체증으로 교통혼잡 비용이 GNP의 3.6%인 14조

700억 원이나 됐고 매년 2조 원씩 증가하는 추세이다. 서울의 대기오염 물질의 81%가 자동차 배기가스 때문이다. 자동차가 많다는 것은 이처럼 우리에게 인적·물적 손해와 함께 시간적·사회적·경제적으로 엄청난 비용을 강요한다. 자동차 '1,000만 대 시대 개막'은 또 다른 부담과 더 많은 비용의 요구를 의미한다고 할 수도 있을 것이다.

그렇다면 자동차 1,000만 대 시대를 어떻게 대처해야 할 것인가. 어물쩍하고 있다가는 12년 후인 2009년 자동차는 2,000만 대가 되고(건교부 추정) 서울을 비롯한 대도시는 교통체증으로 인해 자동차가 승차 포기 속도인 10km도 못 달리는 시대, 그래서 자동차에 걸려 사람이 살 수 없는 나라가 될지도 모른다. 때문에 정부가 대책을 서둘러 시행할 것을 촉구하게 되는 것이다.

물론 정부가 '1,000만 대 시대'의 교통 기본정책 방향으로 제시한 대중교통 중심의 교통체계 구축, 교통수요의 효율적 관리로 도시교통의 원활화, 선진교통 문화정책, 자동차 관련제도의 개선으로 국민불편 해소책 등을 긍정적으로 평가하면서도 그것만으로는 부족하다는 것을 지적하지 않을 수 없다.

도로·지하철 등 교통시설 공급은 막대한 재원과 장기간 소요 때문에 한계가 있을 수밖에 없다. 따라서 무제한적인 자동차 소유에 어떤 형태든 제한을 하는 정책 도입을 구상해 볼 때라는 논의들도 나오고 있다. 국민들의 입장에서는 승용차 덜 소유하고, 있는 차도 덜 굴리는 자제심을 발휘할 때가 왔다. 1,000만 대 시대가 우리의 '자동차 인식'을 바꾸는 출발점이 돼야 한다.

(97. 7. 15.)

2) 고학력 저투자 한국교육

'96 한국교육의 지표'를 보면 우리 교육의 명과 암이 무엇인지를 알 수 있다. 해결해야 할 근본적인 문제점이 어디에 있는가를 극명하게 증언하고 있다.

한국교육개발원이 교육관련 통계자료를 선진외국과 비교분석해 제시한 이 지표는 한국교육이 겉모양에서는 선진국과 어깨를 겨룰 정도이거나, 오히려 앞선 측면도 많이 있다는 것을 보여 주고 있다. 그러나 교육비 투자는 여전히 선진국 수준에 크게 못 미치고 있다. 그래서 교육현장의 교육여건은 낙후돼 있다. 교육내용 또한 부실해 후진국 수준을 벗어나지 못하고 있다는 것을 수치로 증언하고 있다.

우리가 '96 한국교육의 지표'의 참된 의미를 되새겨보는 이유는 이 때문이다. 따라서 교육개혁과 교육정책의 방향이 이 지표가 제시하는 우리 교육의 어두운 측면을 밝은 측면으로 바꾸는 데 초점이 맞춰져야 하겠다는 것을 강조하게 되는 것이다.

우리 교육은 국민들의 고학력화 측면에서는 벌써 선진국을 앞질렀다. 전문대학과 4년제 대학 등 고등교육기관 진학률은 지난해 78.9%, 올해는 79.4%를 넘어섰다. 우리가 지난해 가입한 경제협력개발기구(OECD) 국가들의 평균진학률을 훨씬 상회한 것이다. 고등교육 무제한 개방정책을 쓰는 미국 수준에 육박하게 된 것이다. 이 같은 국민들의 고학력화 추세는 순기능 못지않게 역기능이 크다는 데서 우리 교육의 자랑거리만 되는 것이 아니라는 데 문제가 있다. 3D업종의 취업기피 현상이 그 대표적 역기능인 것이다.

고학력화 추세는 이처럼 심화했는 데 반해 유치원 취원율은 40% 미만이다. 아직도 공교육 테두리 속에 들어오지 못하고 있다. 우리 교육의 어두운 측면을 가장 절실하게 대변하는 것이다. 어두운 측면은 이 밖에도 많다. 공교육비가 GNP의 5.5%밖에 안 될 만큼 정부의 교육투자는 여전히 빈약하다. 반면에 사교육비가 17조 4,000억 원(94년)으로 공교육비보다 많아 GNP의 5.7%에 이른다.

아직도 우리 교육은 학부모들의 호주머니에 의존하는 비중이 너무 크다. 이러한 교육비 투자부실은 학급당 학생수를 과중시키는 결정적 요인이 되고 있다. 학급당 초등 35.7명, 중등 46.5명, 고교 48.9명 수준은 OECD 국가의 평균치인 초등 18.5명, 중·고교 16.6명과 비교하면 우리의 국민기초 교육현장이 얼마나 열악한가를 가늠하게 된다. 실로 부끄러운 일이다.

하지만 우리 초·중등학생들이 공부하는 수업시간은 세계 최고다. 초등학생은 1,085시간, 중·고교는 1,156~1,330시간이다. OECD 평균인 초등 818시간과 중등 688~760시간보다 훨씬 많다. 학생들에게 공부를 많이 시킨다는 것이 꼭 나쁘다고 할 수 없지만 선진국들이 초·중등학생의 수업시간을 가급적 줄이는 교육정책의 배경을 참고는 할 만한 것이 아닐까 한다. 교육 당국은 '96 한국교육의 지표'가 드러낸 교육의 문제점들을 연례적으로 나온 통계쯤으로 봐 넘기지 말았으면 한다.

(97. 3. 15.)

3) 교육 GNP 5% 무산되나

교육재정 GNP 5% 확보계획이 차질을 빚을 지경에 이르렀다는 소식이다. 교육재정 GNP 5% 확보계획은 김영삼 정부의 최대 선거공약이다. 그것이 차질을 빚으면 교육재정 확보를 전제로 추진해 온 교육개혁정책의 많은 부문이 중단되거나 백지화될 수밖에 없게 됨을 의미하는 것이다.

교육부는 내년도 교육예산 요구규모를 21조 8,420억 원으로 정해 재경원에 신청했다. 그러나 재경원은 초긴축 예산편성 방침에 따라 교육부의 예산요구액보다 1조 8,000억 원 이상이 준 20조 원 규모밖에 반영할 수 없다는 것이기 때문이다. 교육부가 요구한 내년도 예산규모 21조 8,000억 원은 정부가 96~98년까지 3개년에 걸쳐 교육재정 GNP 5%를 확보하기 위해서는 절대로 필요한 액수이다. 그 같은 액수가 김영삼 정부의 마지막 예산편성에 반영되지 않는다면, 김 대통령의 교육재정 GNP 5% 확보 공약은 공약(空約)이 돼 버리게 되는 것이다.

김 대통령의 특명으로 재경원·교육부·내무부 등 관련 부처가 95년 8월 합동으로 확정 발표한 교육재정 GNP 5% 확보 3개년 계획을 보면, 교육부 예산을 96년에 15조 5,000억 원, 97년에 18조 3,000억 원, 마지막 해인 98년에는 21조 2,000억 원을 배정하도록 돼 있다. 지난해와 올해 예산 배정은 이 계획대로 했었다. 그러나 재경원은 공약이행의 마지막 해인 내년 예산을 편성하면서 초긴축 예산 방침을 내세워 교육 예산마저 크게 삭감하려 한다는 것이다.

재경원의 삭감 원칙대로 교육재정이 국가예산에 반영될 경우 교육재정 결손액은 무려 2조 8,000억 원에 달해, GNP 5% 확보계획은 4.9%선에도 못 미치게 된다는 계산이 가능해진다. 더 설명을 하면 GNP 5%의 재정확보가 되면 3개년 동안 9조 4,700억 원의 추가재원이 생길 것이 6조 6,000억 원에 그쳐 추가재원의 29.6%가 결손이 난다.

초긴축 예산편성의 불가피성을 이해 못하는 바는 아니다. 또 대통령의 선거공약이 모두 실현되는 것만도 아닌 현실을 이해할 수는 있다. 그러나 교육재정 GNP 5% 확보계획이 마지막에 와서 차질을 빚게 된다면, 너무나 많은 문제를 야기하게 된다는 데서 쉽게 넘길 일이 못 된다는 게 우리의 견해다.

첫째 문제는 김영삼 정부가 추진해 온 교육개혁 시책 중 가장 큰 치적으로 평가받아온 교육재정 GNP 5% 확보 계획마저도 막판에 물거품이 되고 만다는 것은, 김 정부의 교육개혁 의지 퇴색을 드러내는 것이 된다. 정권의 치적과 신뢰에 엄청난 결손이 될 게 분명하다. 둘째 문제는 그러한 추가재원을 전제로 추진해 온 교육여건과 환경개선 사업, 교육정보화 사업, 대학경쟁력 제고사업의 많은 부문들이 중단될 수밖에 없게 된다.

그에 따른 혼란과 실망을 어떻게 감당할 것인가. 따라서 우리는 현재 10%의 교육세율을 좀 더 늘려서라도 교육재정 GNP 5% 확보만은 실현했으면 한다. 김 대통령의 결단을 요하는 사안이다.

(97. 8. 24.)

4) 후보들의 '님비' 조장

4·11총선에 출마할 국회의원 후보자들이 '님비' 공약을 남발하고 있다는 보도다. 득표만을 의식해 지역주민들의 집단이기주의에 편승, 여·야당을 가릴 것 없이 경쟁적으로 쏟아 놓고 있다는 님비공약은 선거가 끝난 후 행정불신과 엄청난 민원의 소지를 낳게 될 것이 틀림없다. 그래서 우리는 후보자들에게 실현 가능성 없는 님비공약의 남발을 자제할 것을 촉구한다. 또 유권자들은 후보자들의 님비공약에 현혹되는 우를 범하지 말라고 권하게 되는 것이다.

우리의 이 같은 우려는 결코 괜한 소리가 아니다. "쓰레기 소각장 부지 문제를 선거운동에 이용하지 말라"는 의견서를 국회의원 후보자들에게 보낸 조원극 군포시장의 경우에서 우리 모두는 허튼 공약이 얼마나 큰 행정의 차질과 시민들의 불편을 초래하는 것인지를 실감하게 된다.

조 시장이 누구인가. 지난해 6·27지자체장선거 때 문제의 '쓰레기 소각장 부지 백지화'란 님비성 공약을 내걸고 시장에 당선된 후 군포시의 소각장 건설문제가 벽에 부딪쳐 쓰레기전쟁을 몇 차례나 치르게 한 바로 그 장본인이다. 그러한 조 시장이 선거사상 처음인 이색적인 의견서를 보낸 것은 스스로 님비공약으로 뼈를 깎는 고생 끝에 터득한 결과여서 교훈적 가치가 충분하다고 할 만하다.

국회의원 후보들이 마구 해대는 님비공약 중에는 국책사업으로 추진되는 원자력 발전소 건설사업도 포함돼 있다. 그리고 지역사회 존립에 필수시설인 장애인시설·유류저장소 건설·장제장과 쓰레기 소각장 건설부지 선정문제가 주를 이룬다는 것이다. 또 이미 사업계획이 확정됐거나 심지어 공사가 진행중인 공익시설 사업을 인근 주민들이 반대한다 해서 백지화나 공사중단을 공약으로 내걸고 있다는 것이다.

표로 뽑히는 정치인은 '하천이 없는 곳에 다리를 놓겠다'는 민주주의 본산의 영국의 속담처럼 전혀 실현성 없는 공약을 마구 하기 쉽다. 우리의 지난 시절 선거사를 되돌아봐도 선거가 끝나면 정치권이 행정기관에 부당한 행정행위를 강요함으로써 행정불신과 또 다른 민원의 소지를 만들었던 폐단이 수없이 많았다. 그러나 이러한 억지공약이 통하던 것은 임명제 지자체장이 있던 지난날의 잘못된 선거관행이랄 수 있다.

이제는 국민의식도 많이 달라졌다. 관권선거나 억지공약이 더 이상 통할 수 없는 민선 지자체장이 주도하는 지방자치시대다. 님비공약을 남발한 후보자들은 설령 당선이 된다 해도 공약의 공약화 때문에 국회의원 역할을 다하기 어렵다. 유권자들은 이번 선거에서만은 님비공약이나 하는 자질부족의 후보를 틀림없이 가려내는 지혜로움을 보여 줬으면 한다.

(96. 3. 23.)

5) 겉도는 수도권 인구대책

지난 3년 동안 서울의 인구가 37만 3천9백19명이나 줄었다. 서울시가 95년 말을 기준으로 조사집계한 서울의 주민등록인구는 1천59만 5천9백43명으로 94년의 1천79만 8천7백 명보다 줄었으며, 서울인구가 최고로 많았던 92년 말(1천96만 9천8백62명)보다는 3.52%인 37만 3천9백 명이 준 것으로 나타났다는 것이다.

그러나 3년째 계속되는 서울인구의 감소추세는 서울을 떠나는 인구가 서울에서 먼 지방으로 이전한 것이 아니라는 데서 그 감소추세를 반길 수가 없다. 경기도와 인천광역시 다시 말해 광역수도권으로 옮겨 간 것에 불과하기 때문이다. 따라서 서울인구의 계속되는 감소추세는 서울의 과다집중 현상이 빚 어내는 숱한 문제의 해결에 별로 도움이 못 된다.

사실 같은 기간 동안 경기도와 인천광역시 인구는 1백47만 2천6백24명이 증가해 1천16만 2천8백 명을 넘었다. 16.9%의 폭발적인 증가추세를 보였으니 서울에서 옮겨가는 인구와 자연증가를 감안해도 수도권에는 다른 시·도의 인구가 엄청나게 몰려들고 있다는 것을 말해 준다.

전국토의 11.8%밖에 안 되는 수도권에 폭발적으로 인구가 집중해 수도권 인구는 이제 2천75만 8천8백 명에 달했다. 전국 인구의 45.3%가 몰려 사는 이상비대 현상을 보여 주고 있는 것이다.

문제를 더욱 심각하게 하는 것은 수도권의 인구집중 추세가 정책 당국의 예측보다 훨씬 빠르다는 것과 그로 인해 수도권 인구 억제정책은 사실상 없는 것이나 마찬가지라는 점이다. 정부 당국의 예측으로는 수도권 인구가 올해 말에 2천만 명을 넘을 것으로 추정했으나 93년에 이미 2천만 명을 돌파, 3년의 인구예측 오차가 났던 것이다.

수도권의 과다한 인구집중은 역대 정권이 추진했던 수도권 인구 억제정책이 말에 그쳤으며 특히 6공 정부의 분당·일산 등 수도권의 5개 신도시 건설이 지방인구를 오히려 수도권으로 끌어모은 결과를 빚었음을 입증하는 것이다. 분당과 일산 신도시를 낀 성남시와 고양시 인구가 지난 3년 동안 1백40~1백10%의 폭증세를 보인 것이 그것을 말해 주고 있는 것이다.

서울을 둘러싸고 있는 21개 시를 가진 경기도의 과다한 인구집중은, 비록 서울의 인구가 조금 감소한다 해도 초과밀 서울의 고질적인 난제인 교통난·주택난·공해유발과 환경파괴 등의 심각한 문제들을 광역수도권으로 확대 재생산하고 있다는 데서 우려를 하게 되는 것이다.

수도권은 더 이상 비대해져서는 안 된다. 정부는 더 늦기 전에 수도권 인구의 집중을 막을 수 있는 획기적인 대책을 서둘러야 할 것이다.

(96. 3. 19.)

6) 무속이 판치는 사회

을해년이 저물어 간다. 하루밖에 안 남았다. 모든 사람들은 송구영신의 감회에 사로 잡혀 반성과 회한에 잠길 그런 순간이다. 올해를 되돌아보면 다른 해와는 유별난 것들이 너무 많다.

대구의 지하철 공사장에 가스가 폭발해 엄청난 희생자를 냈다. 삼풍백화점 붕괴사고는 5백 명 이상의 목숨을 앗아가 단일사고로 희생자가 많기는 세계적으로 기록적인 것이었다. 참사에 못지않게 정치적 사건도 건국 이래 최대였다. 노태우 전 대통령이 5천억 원대의 비자금을 모아 부정축재한 것이 드러나 철창신세가 됐다. 전두환 전 대통령은 12·12와 5·18을 주모한 반란의 수괴혐의로 역시 영어(囹圄)의 신세가 됐다.

이처럼 올 한해는 예측불허 사고와 사건의 연속이었다. 그래서 사람들은 불안에 떨며 살아야 했다. 세상이 어지러우면 사람들은 종교에 의탁한다. 유한한 능력밖에 없는 인간이 무한한 능력을 가졌다고 믿는 신에게 기대게 되는 것은 어쩌면 당연할지도 모른다. 그러나 사회의 불안이 극심하면 종교보다도 무속이 약한 사람들을 더욱 유혹한다. 혹세무민의 세상을 역사 속에서 많이 보아 왔다.

올해야말로 바로 그런 해였다. 지난해 북한의 김일성 사망일을 족집게처럼 맞혔고 삼풍백화점 붕괴 참변을 정확히 예고했다는 한 젊은 무녀가 자전적 수기를 내놓으면서, 우리 사회는 그 젊은 무녀의 신통력에 명운을 맡기거나 한듯한 분위기가 됐다. 일부 언론과 외신까지 가세해 '무속만능의 세상'을 만들어 놓았다. 그 무녀의 책이 30만 부가 팔려 베스트셀러 1위에 올랐고 무녀가 거처하는 산사에 점을 보려는 행렬이 줄을 섰다. 97년까지 점보기 예약이 끝났다 할 정도로 무속이 판을 치는 사회가 되어 버린 것이다.

이게 도대체 무슨 망발이고 망령이란 말인가. 인간이 달에 상륙한 지 오래다. 무속은 어느 시대에나 있었고 무속에 빠지는 사람은 언제나 있는 것이라지만, 여느 때보다도 더 유난히 무속이 사람들의 혼을 사로잡고 있다니 우리 사회가 큰 병에 걸린 것은 분명하다. 무녀를 맹신하는 한심한 미신만 탓할 것도 못 될는지 모른다. 문제는 무속에 기대는 사회 분위기에 있다. 무속에 기댈 만큼 불안해 떠는 국민들이 많다는 데 문제의 심각성이 있는 것이다.

이 문제를 해결하자면 정치와 종교가 제기능을 할 수 있어야 한다. 예측가능한 정치가 이뤄져 국민들이 안심하고 일상의 삶을 영위할 수 있게 해야 한다. 그리고 종교가 국민들의 영적 삶의 공백을 메워 주고 위안할 수 있어야 한다. 정치와 종교가 더 이상 젊은 무녀에게 설 자리를 빼앗긴

대서야 어찌 이 나라를 현대 문명국가라 할 것인가.

(95. 12. 30.)

7) 교육자치의 개혁

현행 지방교육자치법은 민선 시·도 교육위원회의 위상과 기능을 시·도 의회의 전심의결기관으로 해놓아 허울뿐인 교육자치기구로 전락시켰다는데서 근본적인 문제가 있다. 교육위원 선출방식을 시·군·구의회에서 2명을 선출하고 이 중에서 1명을 시·도의회가 선출토록 하는 이중 간선제를 채택해 교육위원 선출에 정치성이 개입할 여지를 터놓았다. 이에 따른 부패선거 운동소지까지 있다.

지방교육의 수장인 교육감 선출방식은 얼굴 없는 선거로 규정돼 있어 그 부작용 또한 여간 심각한 게 아니다. 더 정확히 설명하면 교육감을 무등록·비공개방식으로 교육위원회가 투표로 선출케 해, 이른바 교황 선출방식을 본떴다는 이 방식은 교육감 후보의 자질을 검증할 수 있는 기회를 박탈했다는 데서 문제가 많다.

특히 엊그제까지 선출을 끝낸 2기 교육위원 선출에서 서울시 의회의 경우 의회를 거의 독점한 한 정당의 입김이 노골화됐다는 잡음까지 들리는 것을 보면, 잘못된 선출방식을 개선하는 것은 시급하고도 지극히 당연하다고 할 수 있다.

이러한 문제점들로 해서 교육개혁위원회가 마련해 공청회에 부친 지방교육 자치제도 개혁방안에 지대한 관심과 기대를 갖게 되는 것이다.

그러나 교개위와 개혁방안 핵심은 교육재원 확보를 위해 교육자치와 지자체인 시·도와 연계를 강화한다는 명분 아래 교육위원회 위상과 기능을 더욱 약화시켜 시·도의회의 분과위원회로 전락시킬 요소를 담고 있어 교육계의 극렬한 반발을 불러일으키고 있다.

교육위원회의 위상을 독립형 의결기관으로 하는 것처럼 규정하면서도 조례제정·예산결산·특별부과금의 부과징수에 관한 사항은 시·도의회에서 최종 의결한다는 합의제 집행기관의 기능만을 부여해 현행처럼 시·도의회의 전심의결기관으로 하고 있다는 데서 개혁안은 여전히 문제가 있다고 보여진다.

교육위원 선출방식도 학교운영위원회 대표들이 위원후보를 추천해 시·도의회가 선출한 위원과 정당 출신의 시·도의원이 겸직하는 위원(교육위원 정수의 2분의 1)으로 구성한다는 혼합위원 방식은 교육에서 정치성을 배제해야 한다는 교육자치의 기본정신에 위배된다고 할 수 있다. 학교운영위원회가 후보 추천권을 갖는다는 것도 지역대표성 유무로 논란의 소지가 있다.

교육감 선출개혁방안은 더욱 문제가 많다. 시·도 지자체장이 2인, 시·도의회 의장이 1인, 교육위원회 의장 1인, 교육부장관 1인씩 지명하는 5인 추천위원회가 2명의 교육감 후보를 추천해 교육위원회에서 선출케 한다는 개혁안은 자칫하면 관선 교육감이 되어 버릴 위험소지가 많다. 차라리 교육위원회에 후보등록을 받아 직선케 하는 방식을 고려해 볼 수도 있을 것이다.

(95. 8. 25.)

15. OECD가 본 한국 교육

1) 교육개정과 재정

24일로 예정됐던 교육개혁안 발표가 연기됐다고 한다. 교육개혁위원회는 개혁안 발표 이틀을 앞둔 22일 갑작스럽게 기자 간담회를 자청, 교육재정 GNP 5% 확보방안에 관해 관계 부처와 합의를 이루지 못해 교육개혁을 위한 재정확충방안을 확정할 수 없기 때문에 전체 교육개혁안의 발표를 10일 내지 14일 연기할 수밖에 없다고 발표한 것이다.

교개위는 연기된 기간 안에 정부예산 총괄부처인 재경원 및 지방자치단체 예산을 관장하는 내무부 등과 합의를 이루게 될 것을 기대하면서 이들 관련 부처와 합의도출에 실패할 경우에는 '심각한 논의'를 할 수밖에 없다고 밝혔다는 것이다. 그러나 심각한 논의가 무엇을 의미하는지에 관해서는 언급을 회피했다고 한다.

김영삼 대통령도 교육개혁안 발표가 이달 안에 있을 것이라고 두세 차례 공언한 바 있었고, 개혁안 내용에 국민적 관심도 집중돼 왔는데 이처럼 발표가 내달로 연기됐다는 것은 우선 유감스럽다. 그러나 교육개혁안을 실현시킬 교육재정의 뒷받침도 없이 개혁방안만을 덜렁 발표하는 것보다는 어떻게 해서라도 재정이 전제된 교육개혁안을 내놓겠다는 교개위의 의지에는 긍정적인 측면도 있다 하겠다.

5공시절 교육개혁심의회가 3년 반 이상 수십 차례의 전국 공청회를 해가면서 심혈을 기울여 만들었던 교육개혁안이 재정 뒷받침이 없어 한낱 휴지조각이 되고만 전례가 새삼 상기되는 것이다.

문제는 교육재정을 어떻게 확보해 교육개혁을 뒷받침할 것이냐는 데 있다. 재경원은 김 대통령이 선거 때 공약한 교육재정 GNP 5% 확보 개념에 관해 일찍부터 다른 생각을 하고 있었던 게 사실이다. 교육부나 교개위는 교육부 예산대 GNP 비율로 따져 5%를 주장했다. 반면에 재경원은 교육부 예산과 지방교육청 수입 및 공립학교 수업료 등 교육비 중 학부모의 부담까지 합친 것이 교육재정이라고 주장, 교육부 예산증액을 반대해 왔다.

이러한 개념차이 때문에 교육부나 교개위는 지금의 교육재정이 GNP의 3.89%밖에 안 된다고 보고 있고, 재경원은 GNP의 4.4% 수준이라고 반론을 내세운다. 결국 교육부가 보기에는 재경원의 반대란 95년의 교육부 예산을 기준할 때 연간 3조 5천억 원의 교육재정 결손을 의미하는 것이다. 김 대통령 집권 5년을 계산하면 18조 원 이상의 교육재정이 부족하게 된다는 것이다.

이 엄청난 문제 해결을 하는 데는 교육부나 교개위의 힘만으로 역부족이다. 김 대통령이 직접 간여해 현재 11.8%인 지방교육재정 교부금의 교부율을 최소한 13%로 끌어올리는 용단을 내려 줘야만 교육재정의 GNP 5% 확보가 사실상 이룩될 수 있다. 그래야만 대통령이 그렇게 강조해온 교육개혁이 성공할 수 있다. 결국 김 대통령의 특단을 기대할 수밖에 없겠다.

(95. 5. 23.)

2) 그래도 또 무너지는가

세상에 날벼락도 이런 날벼락이 어디 있겠는가. 생지옥이 따로 있겠는가. 어찌 이렇게 허무하게 무너져 내릴 수 있단 말인가. 지상 5층 지하 4

층에 연면적 2만 2천3백여 평의 서울 서초동 삼풍백화점 건물 백화점부 8천여 평이 순식간에 붕괴하는 최악의 대참사가 발생했다.

사고순간을 목격한 사람들은 백화점 건물이 5층부터 무너지기 시작, 지축을 울리는 굉음과 함께 1~4층 건물이 한쪽 외벽 일부만 남은 채 순식간에 차례로 내려앉으면서 먹구름 같은 먼지와 함께 차마 눈뜨고 볼 수 없는 참혹한 아수라장이 돼 버렸다며 전율했다.

무너진 5층 건물 잔해의 대부분은 지하층을 덮쳐 가라앉았고 남은 잔해는 폭격을 당한 것처럼 산산조각이 났다. 건물의 골조인 철골과 가스관·수도관 등이 마구 휘어 툭툭 삐져나와 있었으며 그 틈으로 부상당한 생존자들의 "살려달라"는 비명소리가 여기저기서 들려왔다. 도시가스까지 새어나와 상황은 최악의 상태였다. 무너진 건물 잔해 속에서 피를 흘리며 기어나오는 부상자도 많았다. 생지옥을 방불케 하는 참혹한 현장이었다.

왜 이러한 대참변이 또 일어났는가. 정확한 붕괴 원인이야 조사 후에 밝혀지겠지만 붕괴 전날부터 백화점 5층 건물에 금이 간 것이 나타났고 사고 당일 하오부터는 건물에 균열현상이 지하층까지 나타났으며, 붕괴 직전에는 백화점 건물 여러 곳에서 건물이 뒤틀리는 듯한 이상한 소리까지 들렸다는 점 등으로 미뤄 볼 때 백화점 건물이 아예 부실공사로 건축돼 건물이 붕괴한 것으로 추정된다.

87년 착공, 90년에 완공했다는 지상 5층밖에 안 되는 백화점 건물이 완공 개장한지 5년도 채 안 돼 스스로 붕괴할 정도라면, 공사가 얼마나 부실하게 시공된 것인가를 가름하기 어렵지 않다. 백화점이 아무렇게나 지어졌다니 상상이나 할 수 있는가. 다중이 이용하는 백화점 건물을, 그것도 자기회사 백화점을 이같이 부실 시공한 삼풍건설의 잘못은 더 이상 따질 여지가 없다. 그리고 이러한 부실건물을 준공검사를 해줘 버젓이 백화점을 하도록 한 관할 행정관청은 도대체 무엇을 했다는 말인가. 아무리 부실이라도 이런 터무니없는 부실이 어디 있단 말인가.

개장한 백화점이, 그것도 많은 고객이 찾아와 쇼핑을 하는 대낮 한순간에 붕괴하는 전례 없는 대참변은 결국 건축업자의 부실공사와 그것을 눈감아준 행정관청이 어우러져 빚어낸 천인공노할 인재라고 밖에는 달리 볼 수가 없다.

돈벌기에 눈이 먼 백화점 측의 잘못도 결코 용서받을 수 없다. 백화점 건물에 균열이 발견돼 안전에 조금이라도 이상이 생겼다면, 백화점을 폐장하여 고객을 받지 않았어야 했다. 그런데도 설마하면서 쉬쉬했고 심지어는 5층 귀금속부의 귀금속만을 옮기면서도 나머지층 객장에 고객을 그대로 받아 엄청난 인명피해를 낸 악덕 상혼을 생각하면 분노를 금할 수 없다.

서울시에 의하면 삼풍백화점은 최근 평슬래브 지붕이 기울어져 보수를 하려 했다는 것이다. 5층 건물의 평슬래브 지붕이 기울 정도였다면 이 건물은 지반부터가 잘못 다져진 것으로 추측할 수 있다. 그런데도 좋은 아파트로 명성을 날리는 삼풍아파트를 건설한 종합건설회사인 삼풍건설이 단순히 지붕만이 기운 것으로 가볍게 봤다니 말이 안 된다. 지붕이 기울기 시작했을 때 백화점 건물에 대한 안전진단을 철저히 하고 객장을 폐쇄, 보수공사를 했다면 참변은 예방할 수 있었을 것이다.

그렇지 않아도 정부는 성수대교 붕괴사고를 계기로 전국의 교량은 물론 고층 아파트, 백화점 등 다중이 이용하는 건물에 대한 안전점검을 명령했었다. 대상 건축물들은 그에 따른 것으로 돼 있다. 8개월 전의 일이다. 그런데도 대참변을 빚은 삼풍백화점 같은 부실 건축물이 그대로 남아 있었다는 것은 정부의 명이 전혀 먹혀들어가지 않았다는 것을 입증하는 것이 아니고 무엇이겠는가.

서울시의 외눈박이 안전시책에도 근본적인 문제가 있음이 드러났다. 교량이 무너졌다고 해서 다리의 안전보수공사에만 치중했을 뿐 민간의 소유인 고층 아파트와 대형 건축물에 대한 안전점검과 보강공사를 민간에 맡겨 놓은 채 그 결과를 따지지 않은 부실행정에 대한 책임도 이번 참변을 계기로 추궁돼야 한다.

우리가 선진사회로 진입하려면 GNP 1만 달러를 넘어서는 국민소득의 증대만으로 안 된다는 것을 알아야 한다. 선진사회가 되자면 우선 안전의식이 달라져 원시적인 사고나 되풀이되는 인재를 발본색원할 수 없을 것이다. 제발 국민을 인재적 참변으로부터 보호하는 정부가 되는 마지막 계기로 삼아야 할 것이다. 거듭되는 참변에 국민들은 참담한 심정을 더 이상 누를 길이 없다. 삼풍백화점 희생자들에게 머리를 숙일 뿐 무슨 말을 할 수 있겠는가.

(95. 6. 30.)

3) 예고된 태풍에도 방심

설마 하던 방심이 허를 찔렸다. 사람의 힘으로는 감당키 어려운 천재인 태풍의 무서움에 경각심을 높여 조금 더 대비했다면 얼마든지 줄일 수 있었던 인명피해를 또 내고 만 것이다.

올여름 들어 첫 상륙한 3호 태풍 페이는 우리 사회의 천재지변에 대한 안일한 대처자세와 구멍뚫린 안전대책의 허점을 또 한 번 강타, 40여 명이 사망 또는 실종하는 큰 인명피해가 났다. 대형 유조선이 좌초해 여천 앞바다가 기름으로 뒤덮이기도 했다.

삼풍백화점 붕괴 참변으로 재난에 대한 경각심이 그 어느 때보다 고조돼 있었다는 데도 예고된 태풍에 또다시 허점을 드러내는 우리 사회의 재난대처 자세와 행정 당국의 안전대책은 얼마나 더 많은 재난을 당해야만 정신을 차리게 될 것인지를 알 수 없어 안타깝다.

태풍 페이는 A급으로 무서운 태풍이었다면 이에 대처하는 행정 당국의 안전대책이나 선박 운행자 그리고 해안주민들의 안전의식은 각별했어야 한다. 그러나 실제는 방만하기만 했다.

여수 오동도 방파제에서 승합차가 태풍이 몰아온 해일에 휩쓸려 16명이 사망, 실종한 사고가 그렇다. 여천군 작도 해상에서 태풍경보 속에 호남정유 정유탱크에 원유를 하역하다가 시간을 놓쳐 피항 중 좌초, 61만 배럴의 원유를 바다에 흘려 내고 있는 유조선 프린스호 사고도 다를 게 없다.

부산남항 방파제 앞 해상에서 급유 바지선 부일11호와 예인선 207대길호가 침몰, 경찰관 1명 등 8명이 실종된 것도 태풍을 무서워하지 않는 경각심 부재가 부른 사고였다. 태풍주의보에 대피를 하지 않고 태풍경보가 내릴 때까지 급유를 하다 당한 변이었다. 태풍이 몰아닥치는 시간에 바다보다 별로 높지 않은 오동도 방파제 도로를 승합차로 나오는 무모함이나, 태풍경보가 내릴 때까지 원유 하역작업을 하며 태풍을 우습게 보는 안전의식 부재가 사고를 스스로 불러들인 것과 무엇이 다르다 하겠는가. 그리고 위험지역에 대한 당국의 허술한 통제체제에도 큰 책임이 있다.

우리 사회는 이제부터라도 재난의 무서움에 대한 경각심을 새롭게 해야 한다. 안전의식을 높이고 재난대비의 1차적 의무가 있는 행정 당국의 재난대책을 철저히 점검하여 가능한 데까지 피해를 줄이는 데 행정력을 모아야 한다.

특히 지방자치시대를 맞았고 민선지자체장이 책임지고 행정을 이끌어가는 시대의 시작에서부터 대비 가능한 피해마저 속수무책으로 당한대서야 어떻게 지방책임 행정의 꽃을 피울 수 있겠는가. 또 중앙정부조차 재난대비도 지방의 책임이라며 외면하는 책임회피가 더 이상 생겨서는 안 된다.

(95. 7. 25.)

4) OECD가 본 한국교육

경제협력개발기구(OECD)가 진단한 우리 교육의 현주소는 평소 교육에 관심있는 사람이면 대부분은 알고 있는 것들이다. 그래서 별로 놀랄 만한 것은 못된다. 그러나 OECD가 한국을 신참 회원국으로 받아들이면서 첫 사업으로 우리의 교육정책 등 12개 교육 분야에 대한 분석을 통해 교육 현실을 진단·평가했고, 문제점을 개선하기 위한 권고안을 준비하고 있다는 것은 의미부여를 하기에 충분하다.

그 이유는 우선 OECD그룹이 공유하는 가치기준, 정확히 말하면 선진국의 시각으로 우리 교육의 수준을 종합적으로 진단·평가한 것은 이번이 처음이라는 것을 들 수 있다. 우리 교육이 객관적인 평가를 받는 첫 기회를 갖게 된 것이다. 또 우리 교육이 선진국 수준에 도달하기 위한 최소한의 과제가 무엇인가를 남을 통해 알게 돼, 잘만 활용하면 교육 선진국 진입을 앞당기는 새로운 촉매제가 될 수 있을 것이기 때문이다.

우리의 교육은 우리의 경제발전 수준이나 국가경쟁력에 걸맞지 않은 것이 OECD의 이번 평가로 거듭 확인됐다. 그들이 진단·평가한 내용들은 거의 모두가 사실에 부합된다.

중·고교생 과외의 만연, 실상 가르치기에 바빠 연구의 여력이 없는 교수들, 낙제점에 달한 대학의 연구시설, GNP의 6.02%에 달하는 엄청난 사교육비, 교육개혁만으로는 해소될 것 같지 않다는 대학입시 과열현상, 그래서 10년은 더 갈 것이라는 입시지옥 등등 모두가 올바른 진단이다.

그러나 여기서 우리가 OECD에 거꾸로 권하고 싶은 게 몇 가지 있다. 그 첫째는 OECD교육위원회가 집어 낸 우리 교육 문제점의 많은 부분들은 우리 정부도 대부분은 익히 알고 있었다는 사실이다. 선진국처럼 해결하자면 막대한 교육재정과 세월을 필요로 한다는 것을 이해했으면 한다.

둘째는 OECD의 권고안을 그대로 받아들이기에는 우리의 교육현실이 선진국과 너무 다르다는 것을 감안하는데 인색해서는 안 된다는 점이다.

한 예로 4년제 대학 증원 권고는 잘못하면 전국민의 대학졸업화 정책이 될 수 있다는 것을 알아야 한다. 국민의 고학력 열기를 더 이상 부추길 수는 없는 것이다. 과외를 실상대로 인정하라는 권고 또한 선진국 시각답다 할만하다. 그러나 정부가 빈곤계층에 과외비까지 보조하라는 것은 그대로 수용하기 어렵다. 교원들의 단결권 인정권고도 마찬가지다.

OECD의 권고안이 의무적인 것은 아니라지만, 우리 정부에 새로운 부담감을 지울 것은 틀림없다. 그렇다고 해서 정부가 권고안을 따르기 위해 무모하고 성급한 교육정책을 펴서는 안 될 줄로 믿는다. 어려운 것은 OECD를 설득해 시간을 두고 해결하는 자주적 자세를 견지해야 할 것이다.

5) 대북치안의 격상

북한의 대남 보복위협이 엄포로 그칠지 아니면 실제행동으로 나타날지는 남한의 입장에선 아무도 모를 일이다.

그러나 북한 당국이 잠수함까지 동원해 무장공비를 남파했다가 목적을 달성하지 못하고 완전 실패로 끝난데 대한 상부의 문책과 또 그 사건으로 인해, 국제사회에서 지탄의 대상이 되고 있는 궁색한 처지를 모면하기 위해서라도 연이은 협박발언대로 '백 배 천 배의 보복'은 어떤 형태로는 자행할 공산은 크다고 보지 않을 수 없다.

북한의 보복행동이 군사분계선 등 접적 지역이나 서해 5도 등 휴전선 근방의 우리 낙도에서 노골적인 군사도발 행동을 무모하게 자행할 수도 있을 것이고, 블라디보스토크 주재 최덕근 영사가 당한 것처럼 해외에 주재하는 우리 외교관이나 주재상사원 혹은 여행객을 해칠 수도 있을 것이다. 그렇지 않으면 국내 요인을 겨냥한 테러행위를 할 수도 있을 테고 지하철·백화점 등 다중이 이용하는 시설이나, 발전소·공항·항만 등 국가 주요시설을 파괴하는 행동을 서슴지 않을지도 모른다.

북한이 과거에 자행한 미얀마의 아웅산 폭파사건, KAL기 폭파사건, 김포공항 폭발사건 등으로 미뤄 볼 때 그들은 마음만 먹으면 어떠한 비인도적 행동도 불사하는 집단이라는 것은 세계인들이 이미 다 알고 있을 정도인 것이다. 따라서 우리 군이 전군에 비상경계령을 내리고 완벽한 대비태세를 갖춘 채 24시간 북의 동정을 예의주시하고 있는 것은 너무나 당연한 대응태세라 할만하다.

또 국무총리 주재로 안보·치안장관회의를 열고 범정부 차원에서 대비태세를 확립키로 했다는 것도 시의적절한 조치라고 할 것이다. 그러나 이러한 비상시국에서 우리가 특히 당부하고 싶은 것은 경찰의 반공의식과 안보대응자세가 보다 철저하게 갖춰져야 한다는 점이다.

안보·치안장관회의에서 결정한 요인 신변보호나 다중이용시설과 국가 주요 시설물의 경비강화 등이 대부분 경찰이 감당해야 할 업무이다. 이뿐만이 아니다. 우리 사회 속에 숨어든 북한 고정간첩이나 친북세력들이 때를 만났다며 암약과 준동을 한다면, 그들을 감시하고 추적해 잡아 내는 후방의 안보를 신속하고도 효율적으로 집행할 주체가 바로 경찰의 책무인 것이다. 전방을 군이 책임지듯이 후방의 안보책임은 경찰의 몫인 것이다.

이 중대한 비상시에 경찰은 행여나 해이했을지도 모를 기강을 바로 세우고 혹시라도 있을지 모를 북한의 보복을 사전에 예방하는 데 한 점의 허점을 보여서는 안 될 것이다. 그리하여 국민들 마음속에 번져가 하루속히 평상심으로 회귀하도록 해야 한다. 건국 초기에 국기를 다지고, 6·25전쟁 때 보여 줬던 선배경찰들의 완벽했던 대공대응자세를 모든 경찰들이 새삼 되새겼으면 한다.

(96. 10. 5.)

6) 물난리는 늘 천재인가

장마 뒤끝의 집중호우가 엄청난 재산피해와 인명피해를 냈다. 경기 북부와 강원 서북부 지역에 26, 27 양일간 시간당 70~80mm, 지역에 따라 300mm 또는 430mm씩 쏟아부은 집중호우로 인해 경기 연천군 연천읍 부근을 흐르는 차탄천과 청산댐이 27일 새벽에 범람했다. 연천읍이 완전 침수돼 4만여 주민들이 긴급대피하는 소동을 벌렸다. 강원 철원군 3개 읍도 침수돼 3천여 가구 주민들이 대피하는 등 수만명의 이재민이 발생했다. 집중호우는 곳곳에서 산사태를 빚어 고성과 화천에서 또 다시 2개 군부대 막사가 매몰돼 34명이 사망·실종했다. 집중호우에 속수무책으로 당하고 만 셈이다. 허망감을 금키 어렵다.

하루 이틀 사이에 300~400mm 이상의 폭우를 쏟아부을 정도의 집중호우라면 천재지변이라 할 수도 있다. 그러한 천재 앞에서 무기력할 수밖에 없는 것은 어쩌면 불가항력인지도 모른다.

그러나 이번 장마철을 맞으면서 해마다 되풀이되는 연례행사인 여름철 천재에 대비하는 행정과 주민들의 대응태세는 처음부터 빈틈이 엿보였던 게 사실이다. 장마가 시작되자마자 허술한 대비로 수십억 원의 재산피해가 났던 것을 보며 마음을 놓을 수 없었다. 하지만 예년보다 강우량이 턱없이 적은 장마철은 큰 피해를 내지 않고 물러가는 듯했다.

지난 주말 '장마 끝' 예보가 나온 뒤에 주 후반부터 경기·강원 북부지역을 덮친 집중호우는 재난 대비의 허점을 여지없이 강타했다. 또 우리가 아직도 천재의 위험에서 여전히 탈피하지 못하고 있음을 각인시켜 주는 또 한 번의 계기가 됐다. 천재든, 인재든, 재난은 사전에 예비하고 사후에 어떻게 대응하느냐에 따라 피해를 얼마든지 줄일 수 있다는 것을 우리는 잘 알고 있다. 여름 장마철이면 1,200mm 이상의 비가 내려 수난을 겪어야 했던 것은 조상 전래의 연례행사와도 같은 일이다.

그런데도 큰 비만 오면 하천이 범람할 만큼 허술한 제방관리와 도시 저지대의 침수 위험지역을 그대로 방치하고 있다가 당하고 마는 것은, 우리 행정의 재난대비 태세와 능력이 아직도 후진국 수준을 탈피하지 못했다는 것을 말해주는 것이다. 삼풍백화점 붕괴 참사를 계기로 내무부에 설치한 재난대책본부는 장마철 대비를 어떻게 했기에 또 당하고 만 것인지, 책임을 따져 봐야 한다.

또 민선지자체장 체제의 일선 시·군들이 자치란 구실 아래 재난대비 기능마저 허술하게 내팽개쳐 뒀던 것은 아닌지도 철저히 점검해 볼 것을 우리는 촉구하게 된다. 불의의 수재로 생명을 잃은 병사들의 유가족들과 아픔을 나누고, 수재민을 돕는 일에 모두가 힘을 합쳐야 할 때다.

(96. 7. 28.)

7) 국립 서울대학교의 도전

교육선진을 자랑하는 나라들에는 나름대로 독특한 학풍과 정통 그리고 '앞서가는 학문'으로 이름을 떨치면서 자기나라를 '산업선진' '국제경쟁에서 승리자'로 만드는 데 결정적인 역할을 하고 있는 대학들이 있다.

미국의 하버드대학과 MIT 등 수많은 명문대학들이 미국을 지탱하는 지성과 지도자들을 길러내 20세기를 이끈 1등 국가를 만드는 초석이 되어왔다는 것은 우리 모두가 다 아는 사실이다. 영국의 옥스퍼드와 케임브리지대학, 프랑스의 국립 파리 제4대학, 일본의 동경대학 등도 마찬가지다. 그러나 우리는 대단히 유감스럽게도 이들 세계 초명문대학에 비견할만한 대학은 고사하고, 국제적으로 수준급에 속하는 대학 하나도 아직 갖고 있지 못한 것이 거짓 없는 현실이다.

이러한 때에 서울대가 개교 46주년을 맞아 국제수준의 연구중심대학으로 발전하기 위해 △교수연구 업적과 강의평가제를 도입하고 △학사업무 심사분석제를 도입하며 △백화점식으로 세분화되어 교양과목 강의가 소홀해질 수밖에 없는 학부학사 과정을 개편, 대학원 중심대학으로 지향하겠다는 것 등을 골자로 하는 학사운용 쇄신방안을 확정, 내년부터 시행키로 했다는 것은 여간 반가운 소식이 아닐 수 없다.

우리의 대학들이 선진국의 우수한 대학들처럼 되려면 여러 가지 필요충분조건들이 마련돼야 한다. 학교재정이 튼튼해야 하고 강의실과 실험실습 기재도 충분히 갖춰야 하며 도서관과 장서도 부족함 없이 마련해야 한다.

그러나 그보다 더 우선하는 것은 우수한 제자들을 제대로 가르쳐 낼 수 있는 교수와 날로 발전하는 학문과 신기술 연구에 전념하는 연구 교수를 충분히 확보하는 일이다. 또한 우리 대학들에서 최우선적으로 해야 할 시급한 과제는 교수들 자신이 '교수로서 학문연구와 가르치는 일'을 과연 얼마나 충실하게 하고 있는가 하는 자기반성부터 해보고 새롭게 출발하는 것을 꼽지 않을 수 없다.

전임강사가 되고 그럭저럭 부교수까지만 되면 교수로서 65세 정년이 자동 보장되는 풍토에서라면 교수인들 나태해지지 않을 까닭이 없다. 교수들의 입장에서는 과다한 강의시간, 타율에 얽매여 학문의 자유마저 위축당해야 했던 지난 시절의 학내분위기 등을 들어 적당히 현실과 타협하다 보니 현실 속의 안주가 우리만의 탓이냐고 말할 수도 있을 것이다.

그러나 이제 사회는 달라지고 있다. 교수들도 뼈를 깎는 경쟁을 해야 할 그런 시대가 온 것이다. 우수한 학생들이나 뽑는 것으로 대학의 서열을 파정할 것이 아니라, 보통의 학생을 받아 우수하게 가르쳐 내는 실적으로 대학이 평가되는 대학사회의 새 풍토를 조성하는 데, 대학과 교수들이 앞장서고 경쟁해야 한다. 그래야 국민과 국가의 기대에 부응하는 대학이 될 수 있다.

서울대의 학사운용 쇄신방안은 이러한 시대적 요청에 부응하기 위한 것이라고 보기 때문에 우리는 그 실행이 차질없이 착수되고 지속되기를 진정으로 바란다. 정부와 기업이 서울대의 도전을 뒷받침하는 데 인색하지 말았으면 한다. 한 단계 수준을 높여 보려는 서울대의 이 계획과 의지가 우리나라 모든 대학들의 깊은 잠을 깨워 발전의 대열에 뛰어들게 하는 계기가 됐으면 하는 기대까지 걸어 본다.

(92. 10. 19.)

8) 문제 잘못짚은 3당 교육공약

민자·민주·국민 등 3당이 대선을 겨냥하고 풍성하게 내건 교육공약들은 기대를 걸어 볼 만한 부분이 있어 보이기도 한다. 특히 지나간 어떤 대선 때보다도 후보들이 "교육입국으로 나라를 다시 일으켜 세우겠다" "교육대통령이 되겠다"며 저마다 교육문제에 유례 없이 높은 관심을 보이고 있음은 매우 바람직한 현상이다.

중학교까지의 의무교육을 앞당겨 실시하겠다는 것이나, GNP의 3.6% 밖에 안 되는 교육 투자비율을 교육선진국의 수준인 5%로 높이겠다는 등의 정책의지는 긍정적으로 받아들일 만하다.

이러한 두 가지 기본적이고 중대한 교육문제에 대한 재원염출 세부방안이 불분명하고 언제까지 하겠다는 실시시기 등이 당마다 다르기 때문에, 결국 그 공약도 공약화하는 것이 아니겠느냐는 의구심이 없는 것은 물론 아니다. 설령 그렇다 치더라도 교육재정난 해소와 교육복지 실현의 의지만이라도 확인할 수 있다는 면에서 우리는 반기고 싶은 것이다.

그러나 3당이 제시한 교육공약 중 대학입시난을 해소한다는 공약내용을 보면 정당들이 이 나라 교육 만병의 근원을 거꾸로 알고 있는 게 아닌가 하는 우려를 하지 않을 수가 없다. 3당이 제시한 대학입시난 해소 공약은 말만이 약간씩 다를 뿐이지 기저에 흐르고 있는 골격은 4년제 대학입학정원을 무제한으로 풀어 대학에 갈 사람은 모두 수용해서 입시지옥을 속 시원하게 없애겠다는 식이다.

그렇지 않아도 우리는 고학력자의 양산으로 인해 학사·석사 실업자 사태가 날 지경에 이르렀다. 인구와 대학생 숫자의 비율이라든가 대학취학 연령자의 대학진학 비율이 미국·아르헨티나에 이어 세계 3위가 된 지 오랠 만큼 우리의 고학력 풍조는 심화돼 있다.

5공정권이 대학의 졸업정원제를 한답시고 대학입학정원만을 7만 명 이상 늘려 놓았고, 6공에 와서도 해마다 5천~8천 명씩 증원해 이번 대학입학 (93학년도) 정원은 22만 3천 명이 넘었다. 이는 대학진학이 목적인 인문계 고교 졸업예정자(47만 3천 명)의 47.14%를 수용할 만한 규모다. 취업이 목적인 실업고교 졸업예정자(26만 5천 명)까지 합친 전체 고졸예정자 73만 9천 명과 비교해도 30.19%나 된다.

우리의 현재 121개 4년제 대학입학정원은 영국·서독·프랑스·일본 등과 비교할 때 결코 적은 것이 아니다. 우리의 대학입시난이 전쟁화·지옥화하게 된 것은 '정원이 적기 때문'이 아니다. '터무니없이 많은 고졸자가 대학으로 몰리기 때문'이다. 이같이 왜곡된 고학력 풍조가 고3 전체 재학생 숫자의 절반 가량인 30만 명 이상의 재수생을 누증시켜 놓고 있다는 데 문제의 핵심이 있다는 것을 알아야 한다.

대학입시난은 대학정원을 확 풀어서 해결될 일도 아니고 입시제도를 고친다 해서 손쉽게 해결될 문제가 아니다. 이러한 문제의 본질을 제대로 알지도 못한 채 대학정원 조정권한을 대학에 맡겨 해결하려 한다든가, 이미 실패한 조정제를 다시 들고 나오는 3당의 입시난 해소 공약은 차라리 없느니만 못하다. 그런 식으로 된다면 더욱 큰일이 날 것이 분명하므로 우리는 우려를 하게 되는 것이다. 대학을 덜 가도 되는 사회를 만드는 종합적인 대책이 없이는 입시난은 결코 해소할 수 없는 난치의 질환이며, 교육 만병의 근원임을 3당의 정책·공약개발팀은 다 같이 깨달아 줬으면 한다.

(92. 11. 12.)

16. 기여입학제의 전제

1) 행정'개편'인가 '혁명'인가

민자당은 건국 이래 최대이고 그대로만 된다면 일대 혁명과도 같은 대대적인 행정구역 개편을 검토하고 있다는 보도다.

김영삼 차기 대통령에게 당정책위가 보고한 행정구역 개편 중·장기 과제의 핵심내용들은 인구가 1천80만 명이 넘는 초거대도시인 서울특별시를 몇 개의 시로 분할하고, 5개 직할시를 폐지하며 시·도 → 구·시·군 → 동·읍·면의 3단계 행정계층을 2단계로 축소하며, 통일 때의 남북 총선에 대비해 우리 측의 선거구 수를 북측과 균형이 맞게 조정하는 것 등이라는 것이다.

개편내용은 앞으로 2년 정도의 연구기간을 거쳐 확정할 계획이라니 개편사안 하나하나에 대한 시시비비를 논하기는 시기상조이지만, 밝혀진 대강의 개편방향에 대해서도 놀라움을 금할 수가 없다. 따라서 우리는 그와 같은 혁명적인 행정구역 개편이 성공, 정착하려면 행정의 간소화가 앞서야 하고 국민정서와의 합일점 도출 등 전제조건 먼저 마련하면서 신중하고도 단계적인 개편계획을 만들어야 한다고 권하고 싶다.

서울과 같은 초거대도시가 필연적으로 안고 있는 행정의 비능률문제는 말할 것도 없거니와 그 규모도 1인 시장이 이끌기에는 너무 벅찰 만큼 비대해졌다는 것을 모르는 바는 아니다. 4대문안 도심만을 특별시로 하고 나머지를 시로 승격, 행정의 능률을 높여야 한다는 제안이 학계 일부에서 나온 지도 오래다.

지방자치 실시와 더불어 위상이 애매해진 직할시나 특별시 체제를 개선해야 한다는 논의도 역시 오래전에 제기됐었다. 또 그동안 교통·통신·산업의 발달로 생활권역과 행정구역이 불일치, 그곳 주민들이 겪는 불편이 많다는 것도 틀림없는 현실이다. 과대한 도와 구도 많이 생겨났다. 때문에 행정구역을 행정수요에 맞추고 주민편의 위주로 개편하는 것이 불가피한 과제 중의 하나라는 데는 이의가 없다.

그러나 서울시를 몇 개의 시로 찢어서 나누고, 3단계의 행정계층을 2단계로 축소하는 것과 같이 기본 골격을 마구 개혁하는 대대적인 개편만이 과연 옳은 개편의 방향이냐는 데는 선뜻 동의하기가 어렵다. 경기도를 쪼개고 강원도를 분할하는 것도 마찬가지다. 그러한 행정구역 분할이 앞으로 실시될 지자체장 선거구에 어떤 영향을 미치게 될 것이며, 행정조직 간소화계획에는 상치되지 않는지도 검토해야 한다.

특히 행정계층을 축소한다면 동·읍·면단위 행정계층을 폐지할 공산이 큰데, 과연 우리의 실정에서 그것이 능률과 편의에 보탬이 된다고 보기는 어렵다. 행정계층을 줄이려면 주민들이 행정관서에 가서 봐야 할 민원사무를 대폭 줄여야 가능하고, 우편행정과 전화행정이 정착돼야 한다.

그렇지 않고 기초행정계층만을 없앤다면 동·읍·면에 가면 되는 주민들을 구·읍·시로 불러들이는 불편만 가중시킬 뿐이다 거대도시와 도를 분할할 때는 상수원관리, 쓰레기와 폐기물처리, 도로와 지하철 건설 등 광역행정에 맞는 행정기구를 새로 만들어야 한다는 부담도 감안해야 한다. 이러한 부작용과 역기능 그리고 당해 주민들의 정서까지도 생각하고 행정구역 개편계획은 신중하게 추진돼야 한다. 그렇지 않고 서두르면 혼란과 부작용만을 낳고 정착시키지도 못한다는 것을 잊어서는 안 된다.

(93. 1. 31.)

2) 기여입학제의 전제

정부가 대학의 기여입학제를 서둘러 도입하기로 정책의지를 굳히고 있는듯하다. 몇 해 전부터 사립대학들이 주축이 되어 기여입학제 도입문제를 거론해 왔으나, 교육부는 국민계층간의 위화감 조성을 이유로 검 자체를 기피해 왔던 것이 정부의 공식입장이었던 것이다.

그처럼 신중했던 정부의 자세가 지난달 12일 윤형섭 교육부장관의 '기여입학제 적극 검토'로 선회를 시작하는가 했더니 4일 정원식 국무총리가 "기여입학제는 일정한 성적과 비율을 정해 제한적으로 실시되어야 한다"고 구체적인 도입방법론을 못 박고 나오는 단계에까지 이르러 정부의 기본 입장이 변화한 것처럼 보인다.

기여입학제에 대해 결론부터 말한다면 사학들이 원하는 방식이나 정부 당국자들이 구상하는 내용은 현재로서도 시기상조일 뿐 아니라, '방식자체'가 옳다고 보기 어렵기 때문에 결코 동의할 수 없다는 우리의 이견을 밝히고자 한다.

기여입학, 더 정확히 표현해 기부금 입학으로 생기는 재원으로 사학의 재정난을 보전하겠다는 내용의 발상 자체는 정부로서는 사학지원을 하지 못하는데 대한 면책의 길을 모색하자는 저의 같기도 하고, 사학들로서는 재단이 스스로 할 일을 다하지 않고 손쉽고 부도덕한 방법에 의존해 대학을 경영하겠다는 안이한 자세를 보인 것이 아닌가 한다.

기여입학제 찬성론자들은 미국과 서구대학들의 정착된 기여입학제의 장점을 역설하지만, 구미의 어느 대학을 봐도 우리가 하겠다는 식으로 '돈을 받고 입학을 파는 방식'은 없다. 사회유지나 동문들로부터 많은 기부금을 유치하지만, 입학과 직접 맞바꾸는 기부금은 받지 않는다. 그런데 우리가 하겠다는 기여입학제는 쉽게 말해 현금을 받고 입학허가증을 팔겠다는 것이다. 교육은 도덕성의 기반을 떠나서는 존재하기가 어렵다. 대학입학 자격을 돈으로 사고파는 것은 교육의 핵심적 가치를 파괴하고 금전만능주의를 조장할 뿐이다.

그렇지 않아도 빈부격차의 갈등이 심화돼가고, 과외를 시키느냐, 못시키느냐로 위화감이 팽배해져 가고 있는 이 사회에서 여유계층에게 대학입학마저를 돈으로 해결할 수 있게 한다면, 사회정의와 교육의 공평성은 말할 것도 없고 전체 사회의 정통성까지 흔들리게 되는 국면으로 치달을 가능성이 높은 것이다.

더욱이 오늘의 사학들이 국민들로부터 받고 있는 불신의 골은 너무 깊다. 모든 사학들이 재정난으로 금방 쓰러진다고 비명인데도 대학 설립신청 경쟁은 치열하기만 하다. 정말 밑지는 대학이라면 왜 서로 하겠다는 것일까. 대학운영비의 85%를 학생등록금으로 충당하고 심한 경우는 재단의 기여가 1%도 안 되는 대학들이 그래도 건재하다는 것은 아무리 따져 봐도 납득이 가지 않는다. 부정입학을 하고서도 재정난 때문이라고 강변하며 양심의 가책을 느낄 줄도 모르는 사학재단이 도사리고 있는 풍토에서 섣불리 기여입학제를 허용한다면, 그나마 정착된 대학입학 질서마저 엉망이 될지도 모를 일이다.

때문에 기여입학제를 도입하겠다면 먼저 사학재단이 책무를 다하고, 대학재정 실상을 떳떳하게 공개할 수 있을 만큼 되어 국민들로부터 잃은 신뢰를 회복하는 일부터 해결하는 게 전제가 돼야 한다. 그때까지 정부는 사학지원금을 늘려 주고, 대학은 산학협동의 기여 프로그램개발로 어려운 재정에 대처해야 한다. 5공정부의 최대 교육실책이었던 '대학졸정제 도입'을 방불케 할 우를 6공정부는 피해야 한다.

(91. 9. 6.)

3) 규제완화냐, 행정방임이냐

지난 시절 금지와 규제 위주로 펴왔던 행정을 새 정부가 자율원칙으로 방향을 일대 전환해서 각종 행정규제를 폐지 또는 완화하는 행정쇄신 방안을 부처별로 마련하고 있는 것은 잘하는 일이라고 본다. 재무부·건설부·보사부 등 손빠른 부처에서는 벌써 행정규제 완화방안을 발표했다. 관련법과 시행령 개정작업에 착수했다고도 한다.

완화된 내용들 중에는 실현성도 없는 금지 규정이나 불필요한 과잉규제도 많았다. 사실상 사문화한지 오래이지만 법규나 시행령 속에서만 살아있는 것들이 허다했다. 그러나 이러한 금지와 규제 조항들은 해당 공무원들의 이현령비현령식의 적용으로 부정과 비리 그리고 부패의 요인이 되기도 했던 것들이다. 또한 국민의 경제활동과 생활권을 적지 않게 침해했던 것이 사실이다. 행정규제 완화계획에 우리가 박수를 보내는 데 인색하고 싶지 않은 이유는 바로 그 때문이다.

그러나 '규제완화를 많이 하는 부처가 일 많이 하는 곳'처럼 경쟁을 하는 것으로도 보이고, 꼭 필요한 구제마저도 확 풀어 버리는 부분도 많으며, 그리하여 행정의 감독 권한까지 포기해 버리려는 것같이 느끼게 된다. 공무원들의 업소출입검사를 제한하는 것 또한 부패방지를 위해서는 좋을지 모르나 소신 없는 행정의 책임회피가 아니고 무엇이란 말인가.

보사부의 완화방안 중에 특히 이해 못 할 것들이 많다. 다방과 제과점, 피자 및 햄버거 판매점의 24시간 영업허용이 누구를 위한 것이며, 술을 팔지 않는 업소의 심야영업 허용이 말대로 지켜진다고 보는가. 결혼식장과 장의업소의 물품판매대금 및 수수료 자율화가 국민들에게 얼마나 많은 부담을 가중시킬 것인지를 생각해봤는가. 식품제조를 신고제로 전환한다거나 식품제조업과 접객업소의 시설기준을 완화한다는 것도 그렇다. 도대체 보사부는 국민의 건강과 위생을 위한 행정을 하겠다는 것인지, 공무원 보호와 업소이익만을 위해서 일을 하겠다는 것인지를 묻지 않을 수 없다.

건설부의 완화방안 중 수도권 변두리의 개발유도나 자연보존 권역에서 도시형 공장의 개별적인 신축허용 같은 규제완화는 엄청난 자연훼손의 위험이 있다. 그린벨트 내 토지이용계획도 특별히 신중을 기해야 할 부분이다.

지나친 구제나 금지를 현실에 맞게 완화하는 것은 좋다. 그러나 지난 시절의 모든 규제는 악이고 새 시대의 해제와 완화는 선이라는 식의 흑백논리 사고에서 비롯된 완화사태는 곤란하다. 이 사회의 준법 정도와 자율 기능의 수준도 감안해야 한다. 규제완화와 자율이 불법과 탈법 또는 퇴폐풍조를 부채질해서는 안 된다. 부처별로 경쟁하듯이 또 다른 전시행정으로 탈바꿈한다면 새 정부의 '변화와 개혁'이란 통치의지마저 훼손시킬지도 모른다. 행정규제를 푸는 데 있어 각계의 의견을 듣고 신중을 기했으면 한다.

(93. 3. 17.)

4) 수단이 목적이 될 소지 있다

경제기획원과 상공부가 주관해서 마련한 '기술 및 기능인력 양성제도 개편안'은 얼른 보면 대단히 이상적인 것 같다. 알맹이 없는 현행의 공고를 비롯한 실업계 고교교육을 졸업과 동시에 산업현장에서 써 먹을 수 있도록 실사구시 교육으로 전환해 보려는 '정책의지' 또한 분명해 보인다. 때문에 긍정적으로 평가할 만한 부분이 적지 않다.

그러나 개편안의 주요 골자들을 면밀하게 검토해 보면 '정책의지'는 대단히 그럴싸하지만 잘못하면 수단이 목적으로 변질될 소지가 있다. 핵심 개편안끼리 상호 모순되는 부분도 없지 않다. 이 안이 실효를 거두려면 필요충분조건을 모두 갖춰야 한다고 우리는 본다. 이번 안 중에 이 개편안을 확정할 경제장관회의에서는 예상되는 문제점에 대한 대책과 전제조건들을 충족시킬 보완책을 마련하라고 주문하게 되는 것이다.

첫 번째 준비태세를 갖춰야 할 부분은 실업계 고교의 3년 교육과정을 2년의 학교 공부와 1년의 현장실습으로 개편한다는 이른바 '2+1시스템'에 대한 것이다. 학교의 교육프로그램이야 그에 맞춰 개편하면 별문제는 없을 것이다. 문제는 제조업 등을 비롯한 산업체들이 '1년의 실습과정'을 과연 교육적 차원에서 감당할 수 있겠느냐는 데에 있다. 현장견학이나 시키고 기계나 돌려보게 하는 것이 현장실습의 전부가 되어서는 안 된다. 프로그램을 개발, 전공에 맞도록 교육적인 실습이 되도록 해야 한다. 이 정도의 현장교육을 해낼 수 있는 기업체가 대기업 중에도 몇 곳이나 될는지 의심스럽다.

두 번째 예상되는 문제는 전문대 입학정원의 30% 정도를 공고 등 실업고 출신들에게 '무시험 전형'으로 입학할 수 있게 할애한다는 부분이다. 이 제도가 실시되는 95학년도에 가면 전문대 입학정원은 21만 명을 넘게 된다. 이 중 30%라면 약 7만 명선이다. 그때 실업계 고교졸업자 수는 공고생 22만 명을 비롯, 30만 명에 육박하게 된다.

이 중 7만 명을 전문대에 '무시험 입학'하게 한다면 그 수혜율은 23% 정도다. 이는 인문고 진학 희망 학생들을 실업고 쪽으로 유인하는 아주 효과적인 수단이 될 게 분명하다. 그러나 무시험으로 전문대에 진학하는 편법으로 악용될는지 모른다. 종국에는 교육기관의 낭비적인 학력인플레를 조장할 소지도 크다. 또 '2+1시스템'으로 현장실습까지 한 학생들이 전문대 진학으로 몰린다면 결국 유인수단이 목적으로 변질될 소지까지 있는 것이다.

정책은 취지가 좋다고 해서 반드시 성공하는 것은 아니다. 시행할 때 예상되는 부작용과 역기능을 최소화하는 대비책은 그래서 필요충분조건이 된다. 경제장관회의가 잊지 말고 심도 있게 논의해 주기 바란다.

(93. 5. 31.)

5) 교육과정 개정의 방법

6차 초·중등학교 교육과정 개정시안에 대한 논란이 분분하다. 우리 교육 43년사 속에서 기왕에 있었던 다섯 차례의 교육과정 개정이 관련 학자들 이외에는 관심 밖에서 진행됐었던 것과 비교해 보면 활발한 논의 자체부터가 바람직한 것이다. 개정시안의 기본 방향과 핵심 설정은 대체적으로는 무난하다고 할 수 있다. 구체적으로 본다면 지나치게 많은 각급 학교의 필수과목을 최대한 줄이고, 개인의 적성과 소질을 좀 더 다양하게 개발할 선택과목을 세분화해서 선택의 폭을 넓게 한 점, 변모하는 생활환경과 시대조류 및 기술발전에 적응케 할 컴퓨터·환경 교과목에 비중을 둔 것, 이수과목 지정권한 행사에 지방교육청과 단위학교의 재량권을 크게 확대해 교육과정 결정의 중앙집권화와 획일성 탈피를 시도한 것 등을 우리는 긍정적으로 평가한다.

그러나 이번 개정시안을 마련하면서도 과목 축소에만 주력하다가 본과 말이 뒤바뀐 부분도 있으며, 이 개정 교육과정으로 교육을 받게 되는 2세들이 사회에 진출하게 되는 10~20년 후의 사회변화에 대한 예측과 교육철학이 뒷받침된 예견이 결여된 듯한 아쉬움 또한 없지 않다고 본다. 첫째 일반계 고교의 12개 공통필수 과목에서 국사를 제외시킨 것은 대단히 잘못된 일이라고 지적하지 않을 수 없다. 한민족공동체의 일원으로서 가장 기본적으로 가르쳐야 할 교과목을 꼽는다면 국어와 국사를 빼놓을 수 없다. 제아무리 외국어를 잘하고 기능이나 기술이 뛰어나 생활인으로서는 만족한다 해도 민족혼이 결여되었다면 그러한 인간은 얼간이일 수밖에는 없다.

더욱이 국사과목은 그 분야 전공학과의 대학을 가지 않는 절대다수의 2세들에게는 고등학교 때까지 배운 국사에 대한 이해와 실력으로 평생을 살아야 한다. 앞으로의 세계추세는 경제의 블록화로 개별국가 개념이 더욱 흐려질 판이고 지구촌의식의 보편화로 제 나라, 제 민족 문화에 대한 의식과 애정이 쇠퇴해 갈 조짐이다. 그런 만큼 역사의식 고취는 더욱 필요하게 된 것이다. 때문에 고교의 국사과목은 현행처럼 필수과목으로 놔 두고 교육내용을 더욱 강화하는 방향으로 개정시안을 바로 잡아야 마땅할 줄로 안다.

둘째 중학교에서의 한문 교과목을 폐지, 국어시간에 흡수토록 한 것도 옳지 않다. 영어가 아무리 국제언어의 제왕격이라 해도 우리 문화의 뿌리는 한자 문화권에서 비롯됐다는 것도 부정 못 할 사실이다. 실제로도 한자교육을 덜 받은 요즘 세대들이 사회에 나와 한자 문맹으로 겪어야 하는 고충을 감안한다면, 한문교과도 또한 그렇게 소홀히 다뤄서는 안 될 것이다.

교육과정개정연구위원회는 시안공개 후 제기되는 문제점들과 오류의 지적에 대해 괜한 아집으로 맞서지 말고 적극적이고 허심탄회하게 수용해서, 보다 나은 2세 교육을 위한 새 교과서와 교육과정을 마련해 줘야 할 것이다.

(91. 10. 5.)

6) 다시 떠오른 과외망국론

유치원을 비롯한 초·중·고교의 학부모들이 지난 한 해 동안 지출한 사교육비가 무려 7조 1천5억 원에 달했던 것으로 통계청이 추계했다고 한다. 이 엄청난 사교육비는 각종 학원수강비와 과외교습비가 대종을 이루는 것이라니 학부모들이 자녀들의 과외비 지출로 등골이 휘는 실상을 짐작하고도 남을 만하다. 과외망국론을 다시 생각해 보지 않을 수가 없다.

말이 7조 1천억 원이지, 이는 지난해 정부의 일반회계 최종예산 27조 4천5백60억 원의 25.9% 즉 4분의 1을 넘는 어마어마한 금액인 것이다. 정부가 유치원, 초·중·고교 교육에 투자하는 교육예산과 학부모들이 내는 수업료·입학금·육성회비 등을 합친 총 공교육비 8조 6천억 원에 거의 맞먹는 것이고, 교육부의 교육총예산 5조 3천억 원보다는 훨씬 많은 것이다.

정부의 공교육비 투자 빈약과 학부모들의 지나친 교육열로 인해 사교육비 지출이 세계 어느 나라보다도 많았던 것은 50~80년대를 통해 이미 입증된 사실이기는 하다. 그러나 문제의 핵심은 85년에 3조 3천억 원에 달했던 사교육비 지출이 불과 5년 만에 2.13배나 급증했다는 사실에 있다. 또 우리의 초·중·고교의 교육환경이나 교육내용이 사교육비 지출이 급등한 만큼 비례해서 좋아지고 내실이 다져진 것이냐는 점과 교육목적에 가까운 교육이 이뤄지고 있느냐는 데 있는 것이다.

어느 면으로 보나 우리의 대답은 결코 긍정적일 수가 없다. 유치원부터 대학입학을 하는 고교 3년 때까지 우리의 2세들은 각종 학원수강과 과외로 '점수따기 기계'로 키워지고 있을 뿐이다.

도덕과 철학이 밑바탕이 된 전인교육은 말뿐이고, 각급 학교 역시 입시학원화해 가는 판국이다. 학부모들이 지금처럼 대학입학이란 한 가지

목적에만 매달려 있는 상황에선 제아무리 많은 사교육비를 물 쓰듯 쓴다고 하더라도 노벨상을 탈 과학자나 문호를 길러 낼 수는 없는 것이다.

사교육비 급등은 지난해부터 다시 허용한 중·고교생 과외와 방학 중의 학원수강이 주요 원인이 됐다는 것도 간과 못할 일이라고 본다. 물론 학부모들의 이 엄청난 교육열을 꼭 비난할 것만은 아니다. 정부가 이를 올바르게 유도해 정말로 훌륭한 2세, 더 구체적으로 말해서 우리 민족공동체와 전 인류의 발전과 행복에 기여할 만한 인재를 기르는 데 투자하는 식으로 사교육비를 유용하게 쓰도록 해야 할 것이다.

또한 정부는 미국·일본·영국 등 선진국에 비해 초등학교는 5분의 1, 중·고교는 4.6분의 1밖에 안 되는 공교육비 투자규모를 연차적으로라도 대폭 늘려 교육환경 개선과 교육내용 충실에 정책의지와 행동을 보여야 할 줄로 믿는다.

중학교까지 의무교육 확대도 서둘러 농촌과 중·소도시 학부모들의 사교육비 부담을 덜어 줘야 할 것이다. 선진국 진입을 코앞에 뒀다면서 공교육투자 빈약을 학부모들이 사교육비로 보전해 주기를 정부가 계속 바란다는 것은, 나라 체면을 위해서도 안 되는 일이지만 국가장래를 위해서도 바람직한 일이 아님을 깨달아야 한다.

(91. 9. 21.)

7) 교수보충 다다익선

미국의 하버드대학·MIT·칼테크(캘리포니아 공대), 영국의 옥스퍼드와 케임브리지대학, 프랑스의 국립 파리 제4대학, 일본의 동경대학은 전 세계의 대학인들에게는 가슴을 설레게 하는 이름들이다. 대학인들이면 누구나 한 번쯤 가서 공부해 보고 싶고 그 강단에 서 보고 싶어 하는 선망의 명문들이다. 교육선진을 자랑하는 나라들에는 나름대로 독특한 학풍과 전통, 그리고 '앞서가는 학문'으로 명성을 드높이고 자기 조국들을 '산업선진·국제경쟁에서의 승리자'로 만드는 데 결정적인 역할을 해내고 있는 대학들을 갖고 있다.

그러나 우리는 이 세계적인 명문대학에 적지 않은 유학생을 보내는 것으로 자위하고 있을 뿐이다. 언제쯤이나 국제수준의 대학을 가져 볼 수 있을까 하는 꿈은 막연하기만 했다. 그러던 차에 서울대가 연구 위주의 '대학원 중심대학'으로 발전하기 위해 앞으로 10년 동안에 현재 확보한 교수 총수보다도 3백 명 정도가 많은 1천7백92명의 교수를 새로 증원하겠다는 의욕 넘치는 장기계획을 마련했다는 소식(한국일보 8일자 조간 1면 보도)을 보게 되니 관심과 기대가 자못 크지 않을 수 없다.

교육부도 서울대의 파격적인 교수요원 확충계획을 대폭 수용, 우선 이번 학기 중에 53명의 교수충원을 위한 예산 뒷받침을 긍정적으로 검토키로 했다고 하니, 정말 다행한 일이라 하겠다.

우리의 대학이 선진국의 우수한 대학들처럼 되려면 강의실과 실험실습 기자재를 충분히 갖춰야 하고 도서관과 장서도 제대로 마련해야 함은 물론이다. 그러나 그보다 더 우선하는 것은 제대로 가르칠 수 있는 교수와 심오한 진리를 탐구하는 데 전념하는 연구교수를 충분히 확보하는 일이 될 것이다.

우리 대학들의 현실은 어떠한가. 국내 대학들의 교수 1인당 학생수는 평균 1대 33명이다. 국내 제1인 서울대도 평균 1대 23명이고 가장 중요한 서울공대 경우는 1대 31명이다. 칼테크와 MIT는 교수 1인당 학생수가 3명과 4·5명이다. 동경대학은 1대 10명이다.

미국보다는 10배, 일본보다는 3배가 넘는 학생을 떠맡겨 놓고 '제대로 가르쳐 내라'고 요구한다는 것은 한국교수들이 초능력자가 아닌 이상 가능한 일이 못된다. 우선 교수대 대학생 비율을 1대 10으로, 동경대학 수준까지 해보겠다는 서울대의 교수확충계획을 그래서 우리는 매우 긍정적으로 보는 것이다.

하지만 서울대의 이 같은 야심적인 교수확충계획이 현실화하는 데는 적지 않은 걸림돌이 있을 것 같다. 11개나 되는 종합 국립대학 중 유독 서울대만을 위해 교육부가 그 엄청난 예산 뒷받침을 해줄 수 있겠느냐는 것이 첫 번째 의문이다. 이 문제의 해결을 위해 교수 대폭증원에 소요되는 예산을 국가재정에만 의존하다가는 계획 자체가 '꿈'으로 그칠 공산이 크다. 산학협동과 같은 재원개발방안을 달리 마련해야 할 것이다.

두 번째는 교수확충을 하는 것도 좋지만 충원되는 교수들이 이제까지 방식인 '서울대 출신 위주'의 '학문 근친상간' 현상이 되풀이돼서는 안 될 것이다. 타 대학 출신을 과감하게 채용해 다양·다원주의 방식을 도입해야 할 것이다.

우리 대학의 수준을 한 단계 높이는 시도와 계획은 국가차원이든, 대학자원이든 서둘러야 한다 모든 대학을 대상으로 한꺼번에 한다는 것이 어렵다면 '국립 서울대'만이라도 먼저 착수하는 게 옳다. 그러한 의미에서 서울대의 교수확충 계획이 차질없이 실현되도록 정부와 기업이 힘을 모아 줬으면 한다. 그것이 바로 나라와 국민이 국제경쟁에서 살아남는 지름길이 될 수 있을 것이다.

(92. 3. 10.)